纪检监察专业方向系列教材
西安文理学院精品教材培育项目

纪检监察案件
审理工作概论

主编◎常利娟　　副主编◎魏晓春

中国政法大学出版社

2019·北京

图书在版编目（ＣＩＰ）数据

纪检监察案件审理工作概论/常利娟主编.—北京：中国政法大学出版社，2019.3
（2025.1重印）
　ISBN 978-7-5620-8945-2

　Ⅰ.①纪… Ⅱ.①常… Ⅲ.①中国共产党－纪律检查－案件－审理－教材②行政－
监察－案件－审理－中国－教材 Ⅳ. ①D262.6②D630.9

　中国版本图书馆 CIP 数据核字(2019)第 055869 号

出 版 者　中国政法大学出版社

地　　址　北京市海淀区西土城路 25 号

邮寄地址　北京 100088 信箱 8034 分箱　邮编 100088

网　　址　http://www.cuplpress.com（网络实名：中国政法大学出版社）

电　　话　010-58908285(总编室) 58908433 （编辑部） 58908334(邮购部)

承　　印　保定市中画美凯印刷有限公司

开　　本　720mm×960mm　1/16

印　　张　15.75

字　　数　300 千字

版　　次　2019 年 3 月第 1 版

印　　次　2025 年 1 月第 4 次印刷

定　　价　53.00 元

前 言
PREFACE

　　全面从严治党，是实现"两个一百年"奋斗目标和中华民族的伟大复兴的重要政治保证。十八大以来，反腐败斗争取得压倒性的胜利，十九大提出全面从严治党向纵深发展。面临新时代国家监察体制改革的需要，纪检监察专业的理论发展和人才培养就更加迫切。

　　近几年，纪检监察机关和一些高校及廉政研究中心对纪检监察专业建设和理论研究高度重视。在西安市纪委和学校的大力支持下，我们率先在全国开设纪检监察专业方向。目前的相关教材基本是培训类教材，不能满足本科人才培养的需要。所以，教材建设成为我们专业建设的重中之重。

　　纪检监察案件审理是调查处理违纪案件必经的法定程序，是纪律审查的必经环节和最后关口，负责对执纪审查工作的审核把关和监督制约，是体现纪检监察工作质量的关键环节。十八届六中全会对新时期从严治党工作提出战略要求，即将纪律挺在前面，要运用好监督执纪的"四种形态"，纪检监察审理工作也面临巨大的挑战。2016 年，从中央到地方，"四种形态"具体实践与机制探索同时推进。2018 年，随着国家监察体制改革的深入推进，纪检监察审理工作面临翻天覆地的变化。这些国家层面的政治改革对纪检监察审理工作将提出更高的要求。所以，《纪检监察案件审理工作概论》的编写成为专业建设中教材建设的必需工作，也是理论研究的进一步深化。

　　纪检监察案件审理属于实务类专业核心课程，是一门应用性较强的课程。所以，教材的结构以 2016 年出版的《纪检监察执纪审理工作图解》

为基本框架，确保结构的权威性和完整性。但是具体编写中仍然为满足专业发展需要，增加了部分理论性较强、具有研究性的理论内容，将最新的"四种形态"和国家监察体制改革的最新规定和要求融入具体内容当中。教材对探索性、创新性的做法或成果以拓展阅读或讨论的形式展现，拓宽理论发展的空间，方便实务性应用思考和教学改革之用。教材包括三部分共九章，即第一部分总论主要介绍审理工作的内涵、基本原则、职责和组织建设；第二部分案件审理从总体要求和具体程序入手，体现案件审理的实体规范要求和程序要求；第三部分申诉复查从自身监督的角度介绍纪检监察案件审理的纠错职能。

本教材适用于本专科专业学习和纪检监察工作人员理论学习之用。但由于编写时间仓促，加之水平有限，本专业理论尚有很多还处于起步阶段，所以书中难免存在缺陷和漏洞，诚恳希望学界专家和读者在使用当中批评指正，以便再版时及时修订。

CONTENTS

目 录

■ **附　录**

第一部分

总　论

第一节 审理工作的概念与特点

一、审理工作的概念

审理工作是根据《中国共产党章程》（以下简称《党章》）、《中国共产党纪律处分条例》《中国共产党纪律检查机关监督执纪工作规则（试行）》（以下简称《监督执纪工作规则（试行）》）、《党的纪律检查机关案件审理工作条例》（中纪发［1987］12 号，以下简称《案件审理工作条例》）、《中华人民共和国监察法》（以下简称《监察法》）、《公职人员政务处分暂行规定》等党内法规和国家法律法规的规定，由纪检监察机关审理部门和相关部门承担的案件审理、申诉复查工作，以及为完成两项主要工作而开展的业务指导、处分执行、组织协调、监督制约、制度建设、调查研究、教育帮助等工作的总称。

案件审理，是指纪检监察机关案件审理部门和人员对审查终结的违反党纪和政纪的案件进行最后审核处理的工作。

申诉复查，是指纪检监察机关承担申诉复查职责的部门和人员对不服党纪政务处分和其他处理提出的申诉，按照规定的程序进行审核处理的工作。

审理工作对保障和提高案件质量、维护党纪政纪严肃性、端正党风政风和社会风气和全面依法治国、促进社会和谐有积极作用。执纪审理工作有以下特点：

1. 专业性。审理工作是纪检监察机关的专门活动，并由专门的机构和人员承担。在审理工作中，案件审理和申诉复查工作，都有着自己特殊的规律、原则、要求和程序，具有很强的专业性。这要求审理阶段需要不断加强审理部门的专门性和审理工作人员的专业性。随着国家监察体制的改革，执纪审理部门尤其是基层审理部门应该逐步实现独立性和专业性。审理工作人员也应逐步实现专业化、高素养的目标要求。《监察法》规定，国家实行监察官制度，依法确定监察官的等级设置、任免、考评和晋升制度。这一规定进一步体现出国家对审理工作专业化的要求，是新时代纪检监察干部的专业化提升机遇。

2. 法定性。《党章》第 46 条第 2 款规定：各级纪律检查委员会要经常对党员进行遵守纪律的教育，作出关于维护党纪的决定；对党员领导干部行使权力进行监督；检查和处理党的组织和党员违反党的章程和其他党内法规的比较重要或复杂的案件，决定或取消对这些案件中的党员的处分；受理党员的控告和申诉；保障党员的权利。《案件审理工作条例》第 9 条规定：案件审理工作的任务是审查处理党员、党组织违犯党的纪律的案件和复查的案件。实事求是地核对违犯党的纪律的案件的事实材料，审核鉴别证据，根据党的政策和国家的法律法规，分析认定问题的性质，按照党章的规定和党对犯错误党员的一贯政策以及规定的程序，正确地处理违犯党的纪律的党员或党组织。此外，《监督执纪工作规则（试行）》《监察法》对案件审理、申诉复查都作出了明确而具体的规定。审理工作要履行法定的职责，遵循法定的程序。这体现了审理工作无论是在权限分工还是在审理程序要求方面，都有严格的法律依据。审理部门和工作人员必须严格按照法定的规范和程序履行职责，公平公正地行使监督执纪权力，从而净化党内和政治环境。

3. 多样性。审理工作承担着以案件审理和申诉复查为重点的多种职责。从目前的实践来看，除了两项最基本的职责以外，审理工作同时还承担业务指导、执行纪律、组织协调、监督制约、制度建设、调查研究、教育帮助等七项职责，从而共同构成了审理工作职责的完整体系。后七项职责对前两项职责的有效履行具有积极的促进和保障作用。

二、审理工作的新要求

十八大以来，中央和中纪委多次对审理工作提出新的要求，要有效运用监督执纪"四种形态""执纪监督要用党纪尺子衡量，用纪律语言描述"，确保审理取得良好的政治效果、纪律效果和社会效果。这对新时期审理工作提出了新的要求。

1. 突出审查重点。要将违反党的政治纪律和政治规矩、组织纪律、中央八项规定精神和廉洁自律规定等行为列入纪律审查重点。对不如实报告个人有关事项、干扰妨碍组织审查等行为，一律作为违纪事实予以认定；对党的十八大后、中央八项规定出台后、党的群众路线教育实践活动开展后仍然顶风违纪的行为，在量纪处理上充分体现"越往后执纪越严、处分越重"的精神；对既违纪又违法的案件，不再把大量时间和精力用在对违法行为的补充完善证据和准确定性上，而是用于把违纪事实审清定准，尽快作出党纪处分，将审理的主要精力由审理涉嫌贪污贿赂等严重违法行为转移到审透、定准违纪行为上来，将涉嫌违法犯罪的问题和线索及时移交司法机关处理，真正把纪律和规矩挺到法律前面，挺在党风廉政建设和反腐败斗争的前沿。

2. 创新工作方式。合理安排审理力量，优化执纪审理工作组织形式，采取提前介入审核等多种方式，在确保案件质量的前提下提高审理工作效率；突出纪律审查特色，体现执纪行为的政治性。综合运用给予纪律处分和降低职级待遇、调离重要岗位、改任非领导职务等组织处理相结合的处理方式，确保监督执纪问责方式适应全面从严治党、把纪律和规矩挺在前面的新要求。

3. 改进审理文书。在违纪违法事实的排序上，改变原来先违法后违纪的排序，按照新修订的《中国共产党纪律处分条例》分则规定的六类违纪行为次序对违纪事实进行排序；在事实表述上，用纪律的语言表述违纪行为。文书撰写详简得当，案件违纪事实较多的，在审理报告的主报告中作简要表述，在附件中详细表述；在审理意见中，要突出纪律审查特色，结合被审查人的违纪违法事实，对其理想信念丧失、走向腐化堕落的主客观原因作深入透彻的剖析，在实事求是认定违纪行为性质和后果的基础上，总结其违纪行为的个性和共性特征，以充分发挥警示教育作用。

第二节　审理工作的历史发展

一、审理机构的沿革

1955 年 3 月 31 日，中国共产党全国代表会议通过了《关于成立党的中央和地方监察委员会的决议》，决定成立党的中央和地方各级监察委员会，替代各级党的纪律检查委员会。中央监察委员会初建时，除设办公厅、来信来访处以外，还按专业分工设立了案件审理处。

1977年8月，中国共产党第十一次全国代表大会通过的《党章》，明确规定恢复设置党的纪律检查委员会，各级纪委由同级党委选举产生。1979年3月9日，《中共中央纪律检查委员会、中共中央组织部关于设立纪律检查委员会有关问题的通知》要求，省和县各级党的委员会，都应设立纪律检查委员会，地委成立纪律检查组。1979年4月25日，中共中央纪律检查委员会、中共中央组织部《关于迅速建立健全各级纪律检查机构的意见》要求，省、市、自治区、地、州、县纪委、纪检组（或筹备组）要在1979年5月底前普遍正式建立起来。各省、市、自治区党委纪委一般应设立纪律检查、案件审理、来信来访以及办公室（包括纪律教育）等办事机构；地、州、县纪委（纪检组）也要设相应的组织或由专人负责。

1986年12月2日，第六届全国人民代表大会常务委员会第十八次会议决定设立中华人民共和国监察部。1987年6月，监察部成立。1987年8月15日，国务院下发了《关于在县以上地方各级人民政府设立行政监察机关的通知》，全国县以上各级行政监察机关恢复组建。1988年10月，监察部"三定"方案确定。根据该方案，监察部机关设立14个职能厅、司，其中包括案件审理司，其职责是：负责审核需要给予行政处分的部办案件，审理监察对象不服政纪处分的申诉；拟订案件审理工作程序，统一平衡处理标准；指导全国行政监察系统的案件审理工作。1989年，监察部成立案件审理司。

1992年10月，中共中央、国务院决定，中央纪委和监察部合署办公。合署办公后，中央纪委案件审理室和监察部案件审理司合并成为一个案件审理室，负责党纪政务案件的审理、申诉复查以及指导纪检监察系统的案件审理和申诉复查工作。这样，除了深圳市以外，各地方纪检机关和监察机关也都进行了合署，并同时承担了相应案件审理和申诉复查职责。

2003年召开全国纪检监察案件审理工作会议之后，中央纪委监察部根据工作需要和有关规定，提出了省一级纪检监察机关要逐步实行审复分设的要求，一些地方的纪检监察机关逐渐把申诉复查职能从案件审理部门中分离开来，成立了专门的申诉复查室或者办公室。有的地方则明确由信访或法规部门承担申诉复查职能。

2005年上半年，中央纪委监察部在案件审理室成立法制（协调）处，承担监察部行政复议、行政应诉职能。全国 31 个省区市监察厅（委、局）均先后明确了具体承担行政复议、行政应诉职能的机构。其中，除少数几个地方的监察机关确定由法规部门承担以外，绝大多数监察机关均确定由案件审理部门承担行政复议、行政应诉工作。

2017 年，随着国家监察体制改革的推进，从中央到地方，监察委员会和纪委合署办公后，审理部门也需重新组合。

二、审理工作的历次会议

中央纪委、监察部根据不同历史时期纪检监察工作的重点，通过召开工作会议、座谈会等形式，对审理工作的进一步开展提出要求，推动了审理工作的不断发展。

1983 年 7 月，中央纪委在北京召开第一次全国案件审理工作会议，总结了历史的经验，指出在执纪办案工作中必须坚持党的实事求是的思想路线；经常注意防止和克服"左"的和右的错误倾向；必须坚持严肃慎重、区别对待的原则；必须切实保障犯错误党员的合法权利；必须按规定程序办案等审查处理案件五条办案基本原则和经验，提出了"事实清楚、证据确凿、定性准确、处理恰当、手续完备、程序合法"二十四字办案基本要求；同时也提出了办理案件必须经过审理部门审理的工作制度。

1986 年 6 月，中央纪委第一次全国纪检案件审理工作会议在北京举行。会议提出案件审理工作要体现党的路线、方针、政策，严格执行党的纪律，自觉维护纪律的严肃性；《案件审理工作条例》是办理违纪案件重要的程序性法规，是开展案件审理工作的法规依据，各级案件审理部门要认真贯彻和执行条例，加强案件审理工作的规范化建设，保证案件质量。

1987 年 4 月，中央纪委在湖南桑植召开了全国纪检案件审理工作座谈会。会议推广了桑植县建立基层案件审理小组的经验，随后下发了《关于进一步加强案件审理工作的几点意见》，强调要进一步加强基层的案件审理工作，建立健全案件审理小组。

1990 年，监察部在辽宁省锦州市召开第一次全国行政监察案件审理工作会议。会议强调了案件审理部门的地位和作用，探讨了案件审理工作的方式和方法。其后，在北京召开了监察部派驻各部、委监察局（监察专员办公室）案件审理工作座谈会，对锦州会议精神进行了贯彻。

1991 年 1 月，中央纪委为贯彻实施已颁布的八个党纪处分方面的实体性条例，在湖北省武汉市召开全国纪检案件审理工作会议。会议提出中央纪委颁布的几个党纪处分条例，是同各类违犯党纪的行为作斗争的有力武器，是处理违纪案件的政策依据，突出强调各级案件审理部门要认真学习和执行中央纪委颁布的党纪处分条规，进一步增强条规意识。

1991 年和 1992 年，中央纪委先后召开了部分大型企业案件审理工作座谈会和边远地区案件审理工作座谈会，强调要适应新形势，进一步做好国营大中型企业和边远地区、少数民族地区纪检案件审理工作。

1994 年 10 月，全国纪检监察案件审理工作会议在大连召开。会议回顾、分析和总结了纪检监察机关合署办公以来案件审理工作面临的新情况、遇到的新问题，研究和探索进一步做好纪检监察案件审理工作应注意的问题。

1995 年 10 月，全国纪检监察案件审理工作座谈会在北京市举行。按照加强案件审理工作，努力提高办案效率和质量的要求，会议提出了加强领导，健全机构，提高素质，进一步强化审理职能，采取切实有效措施，加大工作力度，努力提高办案质量和效率的工作思路。

1998 年 11 月，全国纪检监察案件审理工作会议在广东省东莞市召开。会议全面回顾总结了 1994 年以来案件审理工作的情况，高度概括了七条基本经验，分析了新形势下案件审理工作四个方面的特点，对审理干部素质提出了六条具体要求，并就进一步做好新形势下的案件审理工作进行了全面部署。

2003 年 8 月，全国纪检监察案件审理工作会议在山东省青岛市召开。会议全面总结回顾了 1998 年以来审理工作所取得的成绩，高度概括了案件审理工作的八条经验，会议指出，审理大计，质量第一。会议分析了案件审理工作面临的新形势，并明确提出案件审理工作要在今后五年实现以下目标：对审理工作的认识明显提高，领导更加重视，队伍充实加强，审复处理恰当，执行指导有力，协调监督有效，程序法规健全，调研教育深入，工作成效显著。

2004 年 6 月 12 日至 13 日，第一次全国纪检监察申诉复查工作座谈会在北京召开。会议回顾了申诉复查工作的情况，总结了申诉复查工作的八条经验，研究了申诉复查工作遇到的新情况、新问题，明确了申诉复查工作的指导思想、目标任务和基本思路，并对今后四年的申诉复查工作进行了全面部署。

2005 年 4 月 10 日至 11 日，全国纪检监察案件审理暨申诉复查工作年会在浙江省杭州市召开。会议传达贯彻了中央纪委主要领导同志关于案件审理工作的指示精神，总结了 2004 年的审理工作，并按照《建立健全教育、制度、监督并重的惩治和预防腐败体系实施纲要》（中发［2005］3 号，以下简称《实施纲要》）的要求，研究部署了 2005 年的工作任务，明确提出要坚持以科学发展观为统领，按照构建社会主义和谐社会的要求做好审理工作，提出了"复查大计，公正第一"的工作理念和要求。

2006 年 4 月 6 日至 7 日，全国纪检监察案件审理暨申诉复查工作年会在湖北省武汉市召开。会议回顾总结了 2005 年审理工作所取得的显著成绩，强调要以邓小平理论和"三个代表"重要思想为指导，全面落实科学发展观，认真学习贯彻胡锦涛同志重要讲话精神和党章，推动案件审理和申诉复查工作再上新台阶。

2006 年 11 月 13 日至 14 日和 2007 年 3 月 6 日至 7 日，中央纪委监察部先后分别在福建省厦门市和甘肃省兰州市召开了部分省区市纪检监察申诉复查工作经验交流会和部分省区市（西部）纪检监察申诉复查工作座谈会。会议总结交流了申诉复查工作的经验，强调要以邓小平理论和"三个代表"重要思想为指导，全面落实科学发展观，认真贯彻党的十六届六中全会精神，进一步做好申诉复查工作，为构建社会主义和谐社会服务。

2007 年 4 月 18 日，中央纪委监察部召开全国纪检监察案件审理暨申诉复查行政复议工作年会和全国监察机关行政复议工作会议。会议强调要以邓小平理论和"三个代表"重要思想为指导，全面落实科学发展观，深入学习贯彻胡锦涛总书记在中央纪委第七次全会上的重要讲话和中央纪委第七次全会、国务院第五次廉政工作会议精神，依纪依法全面履行案件审理、申诉复查和行政复议、行政应诉工作职责，开拓进取，扎实工作。

2009 年 4 月 20 日，全国纪检监察案件审理工作会议在江西南昌召开，会议强调各级案件审理部门要紧紧围绕中心，服务大局，不断提高全面履行案件审理工作职责的能力和水平；坚持按照反腐倡廉建设的总体部署，充分发挥案件审理工作在贯彻落实《建立健全惩治和预防腐败体系 2008~2012 年工作规划》中的作用；坚持贯彻依法治国基本方略，促进纪检监察机关依纪依法履行职责；坚持发展社会主义民主政治，维护和保障党员干部合法权益；坚持解放思想、实事求是、与时俱进，不断推动案件审理工作创新。要关心案件审理干部成长进步和身心健康，帮助他们解决实际困难，为他们创造良好的工作和生活条件。纪检监察机关的广大案件审理干部要按照"做党的忠诚卫士、当群众的贴心人"的要求，进一步增强责任感、使命感，以对党和人民高度负责的态度，满腔热情地投身纪检监察事业，不断提高工作水平，努力开创纪检监察案件审理工作新局面。

2015 年 11 月，中纪委召开执纪审理工作座谈会。会议强调要深入贯彻落实关于把纪律和规矩挺在前面、把握运用监督执纪"四种形态"的要求，进一步加强执纪审理工作，共同推进纪律审查工作转型。

做好新形势下执纪审理工作，要强化政治意识，把对违反政治纪律问题的审核处理放到首要位置；认真履行审核把关、监督制约职责，把案件质量作为核心价值和生命线；扭住"四风"不放，持之以恒做好对违反中央八项规定精神问题的审核处理；强化责任追究，加强对落实"两个责任"不力问题的审核处理；加强两项法规的贯彻落实和研究指导，坚决维护党规党纪的严肃性；加强沟通协调探索创新，充分发挥审理职能作用；正确处理纪与法的关系，形成工作合力；加大业务指导力度，推动纪律审查方式转型向基层延伸。

会议强调，执纪审理工作是一项政治性、政策性、专业性、纪律性很强的工作，要牢固树立"四个意识"，建设一支忠诚干净担当的审理干部队伍。

第三节　审理工作的基本原则

审理工作的基本原则是贯穿整个审理工作的始终，体现履行审理工作所有职责的总精神，能够指导审理工作中规范不够明确的执纪行为，起到补充效能和指导作用。

一、实事求是原则

（一）实事求是原则的概念和意义

实事求是，是审理工作最基本的原则。"实事"就是客观存在着的一切事物，"是"就是客观事物的内部联系即规律性，"求"就是探索与研究。就审理工作而言，实事求是就是通过对客观存在的事实进行研究，达到主观和客观的统一，得到正确的结论。审理工作中主观和客观的统一，包含有两层意思：一是对客观存在的违纪行为要全面、客观、准确地予以反映；二是按照有关规定对违纪案件进行公正恰当的定性处理。因此，必须用辩证唯物主义和历史唯物主义的立场、观点和方法认定案件事实，客观地反映案件的本来面貌，分析认定案件的性质，对案件作出正确的判断和处理。这是正确执行纪律、保证办案质量的必要条件。审理人员必须摒弃一切与实事求是相违背的思想方法和工作方法，使办理的每一个案件都能够经得起历史和实践的检验。

审理党员或党组织违犯党的纪律的案件，必须坚持实事求是的原则。以事实为依据，重证据，不主观臆断，不带框框。对于处理错了的案件，一经发现，坚决予以纠正。

纪检监察机关审理工作必须坚持一切工作从实际出发，一切以事实为根据，以纪律、法律为准绳，在事实清楚的基础上，严格依规依纪依法处理。离开了实事求是，监督执纪问责和监督调查处置就从根本上背离了党章党规党纪和《宪法》《监察法》的要求，就谈不上依规依纪依法履行职责。

（二）在审理工作中如何贯彻实事求是原则

在审理工作中贯彻实事求是原则，具体应注意以下几个方面：

1. 必须以客观事实作为定案的根据。审理人员必须忠实于事实真相，根据案件材料，完整、准确、真实地反映案件的情况。不允许凭个人的好恶，主观臆断，随意决定材料的取舍，绝不允许把没有证据的线索作为定案的依据。

2. 必须以查证属实的证据作为认定案件事实的根据。就案件审理工作而言，只有证据充分、确实，才能认定被审查人员是否违纪、违纪性质以及违纪的严重程度。就申诉复查工作而言，只有实事求是地审核证据情况，才能作出是否维持、变更或撤销原处分的结论。

因此，审理人员必须采取实事求是的科学态度，对于调查收集的各种证据，进行系统、周密的分析，鉴别真伪，在准确判断证据的基础上，认定案件的真实情况，对案件事实作出切合实际的结论。另外，业务指导、调查研究，监督制约等工作也应该注重用证据来支撑，切忌用权力来左右和影响工作方向。

3. 必须准确认定案件性质。对于案件审理和申诉复查工作，准确地认定案件性质，是正确处理案件的关键。如果定性不准，就难以做到处理恰当。

认定案件性质要坚持实事求是,不能主观上先入为主,不能预先定调子、划框框,不能"无限上纲",更不能以任何理由随意夸大、缩小或歪曲案件事实和性质。

4. 必须恰当处理各类案件。对各类违纪案件的处理是否恰当,是衡量案件审理工作水平的重要标准。如在对受审查人作出处理决定时,要以查证属实的事实为依据,以党和国家的方针、政策、法律、法规及党纪政纪的纪律处分条规为准绳,客观看待案件发生的历史背景和环境,科学地分析认定受审查人员应负的责任,公正地把握从重、加重、从轻、减轻或者免予处分的情节,根据有关规定,恰当地确定应该给予的处分。不以对受审查人员的印象好坏、职务高低或个别领导的意见而随意量纪。这样才能达到违纪行为、违纪责任和违纪处罚相适应的根本要求,最终实现案件审理工作在各级党员和公职人员和组织中的权威性。这对净化政治生态环境可以起到一定的内化作用。从而,这样才能真正打造出忠诚干净有担当的干部队伍。

5. 必须做到有错必纠。由于社会现实的复杂性,审理工作人员在查处案件中难免发生差错,对此也应该坚持实事求是的原则。不管在案件审理过程中,还是在申诉案件的复查、复议、复审、复核中发现错误,都应坚持全错全纠、部分错部分纠、不错不纠的原则。如果发现差错,不论是什么时候、什么情况下作出的,不论是哪一级组织、哪一个领导人批准的,都应坚决予以纠正。

二、惩处与教育相结合原则

(一)惩处与教育相结合原则的含义和意义

惩处与教育相结合是指纪检监察部门在惩处违法违纪人员时,必须对违法违纪人员进行教育。这是中国共产党"惩前毖后、治病救人"的方针在纪检监察审理工作中的具体体现。如果只惩处不教育,惩处就失去了意义;如果只教育不惩处,姑息迁就,就失去了纪律的严肃性,教育也起不到应有的作用。惩处不是目的,只是手段。惩处与教育相结合既使本人能够认识、改正错误,不再重犯,也使广大党员和监察对象从中吸取教训,引以为戒,提高遵纪守法的自觉性。要立足于教育,惩治极少数腐败分子,教育挽救大多数党员干部,真正做到惩治违纪者,教育失误者,保护改革者。

（二）在审理工作中如何贯彻惩处与教育相结合原则

要正确地贯彻这一原则，应注意以下几点：

1. 对违犯纪律的党员和监察对象，给以恰当的处理。既要坚持原则、是非分明，又要给他们改正错误的机会。做到恰当处理，错罚相当，这是发挥纪检监察执纪审理案件教育作用的基础。错误的惩处不但难以使受处分人员受到教育，也不可能得到广大党员和监察对象的拥护，还有可能起到错误的导向作用。只有正确的惩处，才能使违纪人员认识到自己违纪的危害性，找出违纪的原因，从中吸取教训，进行改正；这样才能使广大党员和监察对象分清是非，从犯错误人员身上得到教训和警示。

2. 坚持在案件审理的过程中进行教育。审理人员要本着"治病救人"的目的，热心地对待被审查人员，体现党组织人文关怀。通过和被审查人员谈话，当面听取本人的意见。对确有错误的，应指出他们的错误，帮助分析原因，总结教训，帮助树立改正错误的信心，并为他们改正错误创造有利条件。

3. 挑选部分已经处理的典型案例，对广大党员和监察对象进行纪律教育。通过认真总结、深刻剖析、以案明纪、以案说法，做到处理一案、教育一片的社会效应。

三、严肃慎重、区别对待原则

（一）严肃慎重、区别对待原则的含义和意义

严肃是指纪检监察部门在处理违犯党纪政纪的党员、党组织和监察对象时，要严格按照党章、准则，国家法律、法规，党纪政纪条规来办理。慎重是指在处理具体案件的时候，要谨慎从事，不要轻率地作出决定，避免一切可能的错误。区别对待是指在弄清案件事实的基础上，具体问题具体分析。根据不同案件的具体情况，依据被审查人员违纪行为的性质、情节、危害、认错态度以及一贯表现等，根据党和国家的路线、方针、政策和法律、法规、党纪政纪条规，以及上级主管部门和本单位的有关规章制度，作出恰当的处理。这样可以达到错责罚相适应的效果，使得被审查人和申诉人领悟法律规范的权威性，从而将责任承担真正内化。

（二）在审理工作中如何贯彻严肃慎重、区别对待原则

要正确地贯彻这一原则，具体应注意以下几点：

1. 区分故意违纪违法和过失违纪违法。故意违纪违法是行为人明知自己

的行为必然或可能发生危害社会的结果，但希望或放任这种结果的发生，从而实施了违纪违法行为。过失违纪违法是行为人应当预见自己的行为可能发生危害社会的结果，由于疏忽或过于自信而没有预见或轻信能够避免，导致发生危害社会的结果。两者在违纪的客观社会危害性和主观心理态度上是不同的。

2. 区分案件性质。案件性质不同，处理则不同。要注意认真分析违纪违法行为的构成要件，准确把握违纪违法案件性质。

3. 区分违纪违法的后果。违纪后果不同反映出社会危害程度不同，对处理有着重要的影响，在审理时应予以注意。

4. 区分违纪违法责任。被审查人员在违纪案件中所起的作用不同，处理则不同。例如应将负主要责任的人与负次要责任的人相区别，将主动策划违纪违法的人同被动实施的人相区别，等等。

5. 区分认错态度的好坏。对确有严重违纪违法问题而又态度恶劣、拒不承认错误、对抗调查的，必须严肃处理；对虽有严重错误，但能够主动承认和改正，并配合组织查清自己和其他人问题的，要依照有关规定从轻、减轻处分；对犯一般错误的，可重可轻态度好的，一般可以从轻处理；可处分可不处分的，一般可以不处分。

此外，要善于综合运用纪律处分和组织处理两种手段。有的严肃批评教育或作组织处理，就不一定都给处分。

四、纪法面前人人平等原则

(一) 纪法面前人人平等原则的含义和意义

纪法面前人人平等是指党的纪律对一切党员，政务纪律对所有的公职人员一律平等，不因被审查人的地位、身份、职务、民族、财产、贡献大小等不同而适用不同的法律法规和纪律标准，给予不同的处理结果。在违纪违法事实的认定、违纪违法行为的定性、违纪违法责任的承担和违纪违法行为的处罚方面都应该一视同仁，绝不允许出现特权化、特殊化。纪律法律面前人人平等的原则，是社会主义民主和法治原则在纪检监察工作中的具体运用，是正确执行纪律、履行法律的重要保证。坚持这一原则，一方面有利于反对特权思想，维护党的纪律和政务纪律法律的权威性、统一性和严肃性；另一方面有利于保障党员和监察对象的合法权利，调动一切积极因素。

（二）在审理工作中如何贯彻纪法面前人人平等原则

审理工作中贯彻这一原则，应注意以下问题：

1. 审理人员要严格按照有关规定办案。不能因被审查人的地位、身份、职务、民族、财产等不同而有所区别。应当追究责任的追究责任，应当处分的就给予处分。对任何党员和监察对象的申诉或者申辩要一视同仁。

案件审理人员在对被审查人提出处理意见时，只能从案件的基本事实和情节考虑，依据党和国家的方针、政策和法律、法规以及党纪政纪条规。不因被审查人身份、地位、社会贡献大小和职务等的不同而在违纪违法定性、追究纪律责任和适用法律、法规或纪律条规方面有所不同。党员、党组织和监察对象必须遵守统一的纪律，维护纪律的统一性和权威性。

2. 审理人员应具有较高的政治素质。在审理工作中，审理人员必须坚持原则，不惧干扰，不畏权势，才能秉公执纪。国家监察体制的改革下，监察委员会的性质是政治机关，这也从一方面对审理人员的政治素养提出更高的要求。审理人员的工作要讲政治、讲大局、讲规矩，求质量、求效率。

五、民主集中制原则

（一）民主集中制原则的含义和意义

民主集中制原则是党和国家最根本的组织制度和原则，也是纪检监察部门的组织制度和工作原则。《党章》规定："党是根据自己的纲领和章程，按照民主集中制组织起来的统一整体。"1954 年《宪法》规定："全国人民代表大会、地方各级人民代表大会和其他国家机关，一律实行民主集中制。"

民主集中制是民主基础上的集中和集中指导下的民主相结合的制度原则。它既是党的根本组织原则，也是群众路线在党的生活中的运用。民主集中制的民主，主要是指党员和人民群众，通过会议、讨论、质询、选举、罢免、监督等各种渠道和形式，充分反映自己对处理党和国家事务的意见、要求、愿望，积极参与党和国家事务的管理，行使自己当家作主的民主权利。民主集中制的集中，主要是指在民主基础上产生的党的各级委员会和国家的各级领导机关，通过规定的程序，及时将广大党员、监察对象和人民群众对于处理党和国家事务的意见、要求和愿望、意志，加以正确总结和概括，形成路线、方针、政策、宪法、法律、法令等，用以指导、组织广大党员、监察对象和人民群众的活动。

在审理工作中贯彻民主集中制，可以充分听取不同意见，集思广益，使案件办理得更加扎实、公正、可靠，保证办案质量，提高办案效率。按照《中国共产党纪律处分条例》的规定，党纪处分工作应坚持民主集中制原则，按照规定程序经党组织集体讨论决定，不允许任何个人或者少数人擅自决定和批准。上级党组织对违犯党纪的党组织和党员作出的处理决定，下级党组织必须执行。按照《公职人员政务处分暂行规定》的规定，给予公职人员政务处分的，应坚持民主集中制，集体讨论决定。

（二）在审理工作中如何贯彻民主集中制原则

民主集中制原则在审理工作中应注意以下几个方面：

1. 坚持审理部门的集体审议制度。案件要经过审理部门集体审议，由审理部门集体对案件的事实、证据、定性、处理进行审核。在充分讨论的基础上，提出审理部门的意见，写出审理报告，提请纪委常委会议或监察机关领导办公会议审定。

2. 对案件作出处理决定，要经过纪委常委会议或监察机关领导办公会议集体讨论，实行少数服从多数原则，不能由个人或少数人决定或批准对党员、党组织或监察对象的处理。党的纪律监察委员会是委员会制。监察机关实行的是首长负责制。首长负责制也是民主集中制的一种表现形式，对重大问题也应经过监察机关领导办公会议集体讨论。在讨论案件时，要充分发扬民主，对少数人的不同意见，应当认真谨慎考虑。如对重要问题发生争议，双方人数接近，在不能统一意见的情况下，将不同意见向上级汇报，请求裁决。

3. 在执行纪律中，对案件作出处理决定时，要坚持下级服从上级的原则。下级党组织、行政机关或纪检监察机关对上级党组织、行政机关或纪检监察机关作出的决定有不同意见，可以保留自己的意见，也可以根据有关规定向上级反映或请求重新审查。但在上级党组织、行政机关或纪检监察机关改变处理决定前，必须坚决执行。

六、依规依纪依法原则

（一）依规依纪依法原则的概念和意义

依规依纪依法，是指审理人员在审理工作中要依照党章党规党纪和宪法法律法规来规范审理工作，防止权力滥用，保证审理工作依规依纪依法按程序进行。根据《党章》《宪法》、法律以及纪检监察法规的规定，纪检监察机关调查处理案件，必须严格依照法定的程序办案。2005 年 5 月，中央纪委下发了《关于纪检监察机关严格依纪依法办案的意见》，其中明确指出，严格依纪依法办案，是贯彻依法治国基本方略，提高依法执政、依法行政水平的必然要求，是加强党的执政能力建设、构建社会主义和谐社会的重要举措，是深入开展党风廉政建设和反腐败斗争的现实需要。2017 年 1 月中纪委七次全会通过的《监督执纪工作规则（试行）》要求，审理工作应当严格依规依纪。2018 年通过的《监察法》明确指出，国家监察工作严格遵照宪法和法律，以事实为根据，以法律为准绳。作为案件工作的重要组成部分，审理工作坚持依规依纪依法原则具有十分重要的现实意义。

纪检监察机关的审理权力由《党章》和《宪法》赋予，职责纪定、职责法定，依规依纪依法履行审理职责不是一般的工作要求，而是严肃的政治要求和政治责任。随着国家监察体制改革不断深入，纪委监委的监督范围扩大了、权限丰富了，社会关注度更高了，一旦出现执纪执法者违纪违法的问题，必然严重损害党的形象，严重影响改革成效和纪检监察机关公信力。

（二）在审理工作中如何贯彻依规依纪依法原则

在审理工作中贯彻依规依纪依法原则，必须注意以下方面：

1. 确立依规依纪依法审理案件的法治意识。在国家依法治国的进程中，很多领域还存在以言代法、以情代法、以权代法、以习惯性做法代替程序法等现象，因此弘扬法治观念，是贯彻依规依纪依法原则的前提。所以，审理工作中，要牢固树立依规依纪依法的工作理念，运用法治思维和法治方式开展工作。同时，审理工作一定要努力树立实体和程序并重的意识，把实体和程序贯穿于审理工作的全过程，两者不能偏废。严格依照党的原则、纪律、规矩和法定权限、规则、程序办事，分清纪法界限、推进纪法贯通、注重法法衔接，使权力运行既规范有序又顺畅高效。要把《监察法》和《监督执纪工作规则（试行）》的要求落实落细，不断探索完善依照法定权限行使权力、开展工作的具体流程。

2. 健全有关党纪条规，做到"有法可依"。要加强调研，针对审理工作中存在的问题，积极推动制度建设，逐步完善纪检监察法规制度体系。

3. 正确执行法规政策，提高审理工作规范化水平。做到依规依纪依法办案，必须正确贯彻执行党和国家的各项法规政策。要完善审理工作流程，形成科学、合理的体系。同时，案件处理还应该注意法律法规之间的关系，正确解决不同等级的法的规范之间的冲突，便于法的适用，保证法制的统一。

4. 加强对审理工作自身的监督制约。失去监督的权力必然导致腐败。加强监督制约是正确贯彻执行纪律和法律的保证。贯彻依规依纪依法原则，必须抓住关键环节，建立健全内部监督制约机制。一是发挥领导示范作用。完善党内政治生活制度，从领导方式、廉洁从政、政治学习、民主集中制原则等方面作出明确规定。身教与言行并举，用无声的行动影响和带动全体纪检监察干部；二是规范依规依纪依法的工作程序。对信访举报、执纪审查、案件审理、案件监督等关键性岗位，建立一套规范严密的工作程序和内部监督管理制度；三是严格实行执纪执法责任制和过错责任追究制。制定实行执纪执法责任制和执纪执法过错责任追究制的实施办法，将执纪执法人员在工作中应遵守的廉洁自律纪律、工作纪律、保密纪律予以明确和细化，对违反规定的纪检监察审理干部作出相应的党政纪处分和组织处理。同时，规定对办案过程中因失职出现差错的相关人员予以责任追究。

审理工作在实施监督的同时，必须通过规范信访举报、执纪审查、案件审理、专项检查等工作部门的权力配置，建立健全办案部门相互制约和监督机制。

七、保障权利原则

（一）保障权利原则的含义和意义

保障权利，主要指保障被审查人、申诉人的权利，一般多指党员和监察对象的权利。在特殊情况下，也包括保障公民的合法权利。

保障党员和监察对象的权利，既是国家依法治国下法治建设的基本要求，也是正确执行党纪党规的需要。因此，在审理工作中坚持保障权利原则，对于纪检监察机关正确处理案件，提高案件质量和水平有重要的意义。

（二）在审理工作中如何贯彻保障权利原则

在审理工作中贯彻保障权利原则，主要体现在以下几个方面：

1. 实行权利义务告知制度。权利义务告知制度的建立，应从告知的程序和内容两方面考虑。程序方面，应设立告知的主体、告知的时间阶段设置、告知书面记录并签字的要求等，需建立一套长效制度规范。告知的内容，也应本着有利于被审查人、申诉人的目的，全面设计权利义务告知项目。权利包括：申请回避权、与违纪事实材料及处分决定见面权、案件事实的陈述权和申辩权、作为定性依据的党纪党规的知情权、申诉权，等等。同时，义务也是对等的，包括：积极配合案件审理人员开展审理工作，不得故意推脱、逃避、阻挠审理工作的正常进行；自觉接受调查和询问，如实说明情况，实事求是地进行陈述和供述违法违纪错误事实，不得故意隐瞒、歪曲事实，不得捏造事实、诬告陷害他人，如实提供证据，不得出具伪证或隐匿、转移、篡改、毁灭证据，等等。

按照最新的《党章》规定，在党组织讨论决定对党员的党纪处分或作出鉴定时，本人有权参加和进行申辩，其他党员可以为他作证后辩护。依据《中共中央纪律检查委员会关于审理党员违纪案件工作程序的规定》（以下简称《审理工作程序规定》）和《中共中央纪律检查委员会关于所要作出的处分决定和所依据的事实材料同犯错误党员见面的具体办法》的规定，党组织对党员作出处分决定所依据的事实材料和处分决定必须同受处分人见面，听取本人说明情况和申辩。如果本人有不同意见，应如实记录，由被审查人形成书面材料，认真研究，进一步核对。依据《公职人员政务处分暂行规定》，监察机关经调查、审理，决定给予公职人员政务处分或免予处分的，应将调查认定的事实及拟给予政务处分的依据告知被调查的公职人员，听取其陈述和申辩，并应对其陈述的事实、理由和证据进行复核，记录在案，事实、理由和证据成立的应予以采信。

2. 坚持首诉必办制度。党员和监察对象对处分决定或审查决定不服的，有权提出申诉。对党员和监察对象提出的申诉，必须及时办理，并答复本人。对于不属于受理范围内的请求和申诉，要及时转递，不能扣压。凡是应当受理的不服党纪政务处分的申诉，都应当及时受理并认真进行复议复查、复审复核（复查复核），不得以任何借口推诿拖延。党和国家为保障党员和监察对象的合法权利，对党员和监察对象的申诉及其办理作出了一系列的规定，为申诉复查工作的有序开展提供了法律法规依据。但对申诉复查的规定还需进一步完善，使申诉复查工作更加规范，更具有可操作性。

3. 必须坚持回避制度。审理工作中的回避制度，是指审理人员和案件有利害关系或其他特殊关系，不得参与审理案件的制度。回避应包括申请回避和自行回避两种。被审查人员认为办案人员应当回避的，有权要求办案人员回避。案件审理人员有回避情形也应当自行回避。

《监督执纪工作规则（试行）》明确指出，严格执行回避制度。审查审理人员是被审查人或检举人近亲属、主要证人、利害关系人或存在其他可能影响公正审理的情形，不得参与相关审理工作，应当主动申请回避，被审查人、检举人及其他有关人员也有权要求其回避。

审理人员的回避要经过严格的审批，案件审理部门负责人的回避，由本级纪委分管案件审理工作的常委决定，其他案件审理人员的回避，审理部门负责人决定。未经批准之前，审理案件人员不得停止对案件的审理。

4. 给被审查人提供党纪政纪和政策咨询。给被审查人提供党纪政纪和相关政策咨询，尚在探索阶段，有关法规没有作出具体规定。一般而言，给被审查人提供党纪政纪和相关政策咨询可以有以下的渠道：

（1）执纪审查人员提供咨询。执纪审查人员如果负有提供咨询的义务，则是最直接最快捷的提供咨询的渠道。但是执纪审查人员由于受到思维模式的影响，提供咨询不一定都能够到位；被审查人由于担心执纪审查人员只从办理案件角度考虑，对执纪审查人员提供的咨询也会缺少信任感。

（2）被审查人所在单位提供咨询。被审查人所在单位如果能够提供相关咨询，既及时、便捷，又能够得到被审查人的信任。但是，被审查人所在单位往往缺少专业人员，可能对党纪政纪和相关政策研究不深，提供的咨询也可能不到位。加之，遇有纪检监察机关正在审查的案件，大多数人都抱着多一事不如少一事的想法，不愿意介入相关问题咨询。

（3）专门机构提供咨询。其一，如果在纪检监察机关内部设立专门的咨询监督机构，既能够为被审查人提供相关咨询，又能够监督执纪审查人员依纪依法执纪，效果将会很好。其二，可以利用党和政府的相应机构，担负提供咨询的职责，如信访部门、行政复议部门等。其三，由社会机构提供咨询。经批准设立的社会咨询机构，能够使被审查人得到较好的咨询服务，但也可能造成一定的负面影响。根据纪检监察机关纪委审查的性质，在相当长一段时间内，开放社会咨询是难以实现的。需要说明的是，根据2014年10月23日党的十八届四中全会《中共中央关于全面推进依法治国若干重大问题的决定》，各级党政机关和人民团体将普遍设立公职律师，被审查人遇有党纪政纪规定方面的疑惑，也可以向所在单位的公职律师咨询。

5. 审理谈话制度。审理谈话是指案件审理人员在对案件的事实、证据、定性、处理及纪律审查程序、手续等进行全面审核后，在案件提请本级纪委常委会议或监察机关领导办公会议决定前，与被审查人核对违纪事实并听取本人意见，有针对性地进行纪律教育的一项重要工作。案件审理人员与被审查人谈话是在补充审查之外专门进行的谈话。因情况特殊不宜进行谈话的，应当报分管领导批准。审理谈话是案件审理工作一般应履行的工作程序，为被审查人充分行使申辩权、依法维护自己权利提供了具体途径；对案件审理部门克服书面审理的局限性具有重要的现实意义。

6. 助辩制度。审理助辩制度是指在党纪案件审理程序中，被审查党员进行自我申辩的同时，可以聘请其他党员（简称助辩人）为其辩护。助辩人对审理部门关于违纪事实的认定及定性、证据的采信与运用、党纪条规的理解适用等相关内容提出质疑，进行辩驳，还可以为被审查党员提出从轻、减轻以及免于纪律处分或无错的辩护意见。审理人员当面听取本人或其聘请的助辩人员意见后，按照"二十四字"办案基本要求，决定采信与否，并将辩护意见写入审理报告，提交常委会议作为讨论处理案件的依据。这一制度是江苏省推行党纪案件审理工作方式改革中的一项制度创新，其实践成效及价值取向得到了上级领导和有关部门的充分肯定。助辩制度对提高纪检监察机关的案件审理质量、维护党员民主权利、促进党内民主制度建设具有重要的实践意义和理论价值。

思考题

1. 案件审理和执纪审查的区别是什么？
2. 十八大以来，审理工作的新要求是什么？
3. 审理工作的特点是什么？
4. 审理工作的基本原则有哪些，在审理工作中，如何贯彻这些基本原则？

阅读链接：

审理工作如何适应新形势新挑战

来源：中国纪检监察报　2018 年 5 月 16 日

国家监察体制改革是事关全局的重大政治体制改革，目的是加强党对反腐败工作的统一领导，建立集中统一、权威高效的国家监察体系，对所有公职人员行使权力情况进行监督，促进国家公职人员依法履职、秉公用权。

从新疆维吾尔自治区深化国家监察体制改革工作确定的任务看，监察体制改革以来，案件审理部门的工作职责有很大变化，不仅对内起着监督制约、审核把关的作用，对外还作为统一出口负责与司法机关有序对接。同时随着在监委调查中发现的涉嫌职务违法犯罪问题及线索处置模式的改变，审理工作将会面临工作量增大、审理时限紧张、证据标准要适应庭审等一系列新情况、新挑战。同时，新疆审理工作承担着大量涉及民族团结、地区稳定等违反政治纪律案件的审理，政治作用更为突出。

而从当前看，如何既审理好违纪问题又审理好违法问题是我们亟待破解的难题。为解决这一难题，我们积极借鉴各地宝贵经验并结合本自治区审理实务，从审理机构人员融合、审理模式转变、证据标准衔接等方面进行了有益探索。通过探索实践，我们对违纪违法行为的定性更加准确，审核把关作用进一步凸显，制度优势逐步转化为治理效能，执纪的政治效果、纪法效果和社会效果日益明显。

在审理人员方面，选优配强审理人员队伍，着力提高审理人员素质，合理搭配干部队伍，充分发挥各自优势。

一是牢固树立"四个意识"，选优配强审理人员队伍。站在政治和全局的高度，充分认识审理工作在改革后作为"关口"和"出口"的重要性，在改革过程中，增加审理部门编制，从纪委机关和转隶干部中选择政治素质好、纪律规矩严、能力水平高、工作作风实的人员加入到审理队伍，为审理工作打好基础。

二是全面融合，着力提高审理人员素质。做好思想政治工作，发挥理念先导作用，通过座谈交流、谈心谈话等形式，强化思想认同，增进改革共识，牢固树立"一家人""一盘棋"思想，切实做到思想上合心，工作上合力，行动上合拍；加强业务交流探讨，开展审理"小讲堂"，轮流安排纪委监委干部分别结合所办案件，就如何审理违纪问题和审理违法问题进行讲解，提高全室干部审理违纪问题的能力。采取"请进来，走出去"的方式，积极参加各种培训；加强学习，提高履职能力。从政治层面、纪律层面、政策层面突出审理工作的指导理念，增强审理工作的政治敏锐性和政治鉴别力，培养创新精神和前瞻思维，强化诉讼意识和程序意识，让审理干部既知纪懂纪，又知法懂法，在深入开展好违纪问题审理的基础上，积极稳妥做好违法内容的审理，准确运用监督执纪"四种形态"，贯彻"惩前毖后、治病救人"方针。

三是合理搭配纪委监委干部队伍，充分发挥各自优势。在具体案件审理人员组成上，审理组由一名副主任任组长，原纪委干部和有检察工作经历干部搭配组成审理组，工作中各有侧重，充分发挥各自特长优势，彼此融合，共同审理好违纪问题和违法问题。

在审理模式方面，适应监察体制改革新要求，转变审理方式，从严落实制度规定，修订完善审理文书，从严规范工作流程，改进审理报告和政务处分决定，从严强化实践运用。

一是转变审理方式，从严落实制度规定。在监察体制改革过程中，审理室参与监委法律组工作，对适用的工作规程、调查措施、与政法机关工作衔接、法律文书格式等全程参与、制定、讨论，为审理工作打下制度基础，并结合实际特别制定了提前介入相关配套办法，全程、全面规范审理。针对采取留置措施的案件审理时间更紧迫、阅卷任务更繁重、证据标准更严格的情况，整合优势资源，集中骨干力量，增强工作主动性。对重大、复杂、疑难或定性分歧较大的案件，原则上审理提前介入，以确保案件质量，体现"时间服从质量"的要求，为做好审理违纪问题和审理违法问题提供时间保证。

二是修订完善审理文书，从严规范工作流程。结合北京等3地改革试点和监督执纪工作规则的新要求探索尝试，修订完善审理报告、党纪政务处分请示、处分决定、处分执行通知等审理文书范本，力求在表述上既体现纪言纪语、法言法语要求，又体现监言监语特点；紧扣监督执纪工作流程，对事实证据、定性处理、程序手续、涉案款物、线索移交等进行严格审核，把工作做细做实，既体现党内纪律审查的鲜明特点，又能体现"纪法""法法"协调衔接的制度优势。

三是改进审理报告，从严强化实践运用。适应国家监察体制改革要求，把审理报告作为审理工作的核心环节，全面反映审理工作的重要性。改进移送司法的严重违纪违法案件审理报告模式，增加对违法部分的审核报告，依据党纪和相关法律法规，认定被审查人违纪违法或涉嫌职务犯罪性质，形成体现全案党纪特色审查的审理报告和体现监委调查职能的审核报告；在审理报告中增加对涉嫌犯罪问题的审查并形成监委移送起诉意见书，随案移送涉嫌犯罪款物、建议司法机关依法认定自首、退还违法所得情节等从轻、减轻处罚的意见；强化实践运用，注重在工作实践中发现问题、研究问题、解决问题，全面提升审理工作水平。

在证据标准方面，统一证据标准，坚持以刑事审判标准审核事实证据，强化监委与司法机关顺畅高效衔接，保障政务案件审理质量和效率。

一是制定《自治区监察委员会证据收集指引》，使监察机关在证据标准和证据规则等方面既符合刑事诉讼法方面的规定，又体现监察体制改革的要求，实现依法治国与依规治党的有效结合，确保监委移送的证据经得起司法机关的审查。

二是在证据标准上，牢固树立以审判为中心的证据标准理念，将纪在法前和纪法衔接要求具体贯彻到执纪审理过程中，提升办案质量和效率。在具体审理工作中，对涉嫌犯罪拟移送检察机关的案件，坚持以刑事审判标准审核事实证据，以证据的客观真实性、关联性、合法性为标准，认真甄别证据效力和证明力，审慎判断证据之间是否相互矛盾，是否存在证据不充分，能否排除合理怀疑等问题。

三是积极探索实践，建立和运行监委与司法机关互相配合制度，实现"法法贯通"。充分发挥案件审理部门作为统一"出口"与司法机关有序对接的重要作用。对于涉嫌职务犯罪并需要移送司法机关的案件，在审理阶段，经批准后适时商请检察机关派员开展提前介入工作。同时对于疑难复杂、存在分歧的问题，及时召开协调会进行沟通交流，确保每起案件经得起司法审判的检验。

（作者：田升　　单位：新疆维吾尔自治区纪委监委）

思考题

依据材料分析，新形势下纪检监察审理工作面临的新问题有哪些，如何解决？

第二章

审理工作职责与职能

第一节　案件审理

案件审理是纪检监察机关纪律审查工作的重要组成部分，是调查处理违纪问题的必经程序和最后环节。审理的职责权限实质涉及党纪处分的批准权限和政务处分权限的分工问题。对党员处分时，案件审理依属人原则按照隶属管理和级别管理的原则进行权限分工；在政务处分时，案件审理也是依属人原则按照分级管理的原则进行权限分工。但在实践中，案件审理还需要对违纪事实和证据进行大量审核，甚至需要和其他相关单位进行相互沟通和协调。为了提高案件审理的效率和质量，在必要时，我们还应探索审理权限以属地原则为辅的权限分工，从而实现以属人原则为主，属地原则为辅的职责权限分工。纪检监察案件审理工作的职责主要包括以下内容：

1. 审理本级纪检监察机关作出处分决定或批准的案件。包括以下四种：

（1）本级纪检监察机关直接立案调查，并由本级纪检监察机关直接作出处分决定的案件。

（2）按照处理党纪案件的批准权限和处理政务案件的处分权限的规定，审理下级纪检监察机关呈报的需由本级纪检监察机关审批的案件。

（3）下级纪检监察机关呈报的特别重要或复杂的案件。

（4）司法机关移送的案件。对司法机关已处理的案件中所涉及的党员和监察对象，需要给予党纪政务处分的，一般由案件审理部门受理；如需要进一步调查的，则应由执纪审查部门办理立案手续。

2. 审理需呈报上级党委、纪检监察机关，同级党委、政府审批的案件。

3. 审理下级纪委呈报的备案案件。

4. 审理征求意见案件。包括下级纪检监察机关征求意见的案件和本级纪检监察机关内部职能部门、派驻机构等征求意见的案件。

5. 审理虽然不属于本级监察机关政务处分权限之内，但由本级监察机关直接立案调查、提出政务处分建议的案件。

6. 审理本级纪检监察机关领导同志交办的其他案件。

第二节　申诉复查

申诉复查是检验纪检监察工作办案质量和效率的最后一道关口，是纪检监察机关查处案件内部监督制约的重要组成部分，起到案件审理的纠错和监督的作用。申诉复查的过程，既是解决申诉问题的过程，也是监督执纪审查和执纪审理的过程。申诉复查对于维护党纪政纪严肃性和保障申诉人合法权利有十分重要的作用，有利于树立党纪政纪的严肃性和威信，推进政治生态文明建设。纪检监察申诉复查工作的职责主要包括以下内容：处理申诉信件、接待申诉人员、办理申诉案件、监督案件的查审、教育申诉人员、组织协调各方、对下指导监督、起草程序性规定。处理申诉信件或办理申诉案件时，要按照党纪处分的批准权限和政务处分权限的规定实行分级审理，由有管辖权的纪检监察机关分别办理。其中，申诉案件的具体范围为：

1. 对本级党委、纪检监察机关批准或直接作出处分决定不服的申诉，以及对主管部门、下级政府作出的政务处分决定或政务处分决定的复核决定不服的申诉。

2. 对本级党委、纪检监察机关决定，并报上级党委、纪检监察机关批准的处分决定不服的申诉。

3. 对下级党委、纪委批准的处分决定不服，经下级党委、纪委复议、复查，申诉人对复议、复查决定仍然不服，由上级纪委再次进行复议、复查的案件。

4. 审理监察对象对复审决定或复查决定不服的申诉案件。

5. 审理下级纪委对同级党委处理案件的决定有不同意见，请求予以复议或复查的案件。在一般情况下，纪委应服从党委的决定。但是在纪委认为有必要的情况下，可以请求上一级纪委进行复议、复查。

第三节 业务指导工作

业务指导是指纪检监察机关审理部门依据职责，对下级纪检监察机关及其审理部门有关审理工作的引导、帮助、指点、督促和检查等活动。业务指导是纪检监察机关审理部门的一项经常性工作，是为案件审理、申诉复查、行政复议、行政应诉工作服务。做好审理业务指导，有利于解决审理工作的实际问题，提高审理人员的办案能力和水平，保证办案质量，正确执行纪律。

业务指导工作的主要任务是：根据上级纪检监察机关审理部门和本级纪检监察机关的要求，对审理工作进行安排部署，帮助下级纪检监察机关解决在审理工作中遇到的实际问题，引导和改进审理工作，监督检查审理各项制度的执行。

业务指导工作职责主要包括以下内容：

1. 按照上级纪检监察机关审理部门的规划，结合本地区审理工作的实际状况和工作需要，制订本地区审理业务指导工作计划。

2. 通过召开审理工作会议、举办培训班、下发通知和文件等方式，传达、部署本地区的审理工作，指导、督促本级纪检监察机关派驻机构和下级审理部门认真开展审理业务指导工作。

3. 对本级纪检监察机关派驻机构和下级纪检监察机关（机构）所审案件的质量进行检查，对存在的问题按程序督促纠正。

4. 按程序答复下级纪检监察机关及其审理部门在审理工作方面的业务咨询。

5. 研究、选择恰当案例，对本地区纪检监察系统开展案例指导。

6. 编发、出版审理业务指导资料。

7. 分区域、分层次地建立并管理审理工作联系点。

8. 上级纪检监察机关审理部门和本级纪检监察机关领导交办的其他审理业务指导工作。

纪检监察机关审理部门应坚持分级指导与分类指导相结合、个案指导与政策指导相结合、指导的针对性与实效性相结合等原则，注重发挥指导者与指导对象两方面的积极性，要从实际情况出发，合理确定业务指导的工作重点和具体内容。

业务指导的方式包括召开会议，业务培训，协助审理，办理征求意见案件，答复咨询，案件质量检查，案例指导，编写业务资料，建立联系点，规范审理工作程序、制度以及文书，等等。选择业务指导方式要按照指导方式服从指导内容的要求，结合指导者和指导对象两方面的实际情况，突出针对性，强化实效性。在合理运用审理业务指导的方式时，要积极借助现代通信传媒技术，提高业务指导的实效。

纪检监察机关审理部门要统筹兼顾、合理安排，切实做好业务指导工作。要把审理业务指导纳入工作日程，做到有计划、有安排、有督促、有检查。通过业务指导，既要解决下级纪检监察机关审理工作中的现实问题，更要从长远着眼，提高审理人员的综合素质，培养审理人员独立审理案件能力。在业务指导工作过程中，要加强对审理工作体制、机制、制度和工作方式方法改革创新的研究、指导和推广。

阅读链接：

黑龙江鹤岗：实施启发式个案指导 提升审理人员业务能力

来源：中央纪委监察部网站　2016 年 8 月 29 日

2016 年以来，黑龙江省鹤岗市纪委立足服务职能，围绕业务指导创新工作方式，通过个案指导、书面指导和微信平台指导，有效提升了全市执纪审理人员业务能力和水平，为保障执纪审查质量奠定了基础。目前，市纪委审查问题线索 46 件，指导基层审查问题线索 50 余件。

实施启发式个案指导。对基层纪委（纪检组）在审理工作中遇到的难点问题，改变以往直接解答方式，强调基层审理人员参与，共同查找问题线索政策依据，积极分析研讨、定性量纪。通过个案指导，既达到答疑解惑目的，又激发了基层审理人员主观能动作用。

实施工具式书面指导。针对《中国共产党纪律处分条例》适用以及基层经常咨询的问题，结合上级纪委工作精神，审理室编写了突出新形势、反映新理论的《审理参考》，设置了业务指导、纪律审查文书模板、条例热点解读、案例分析、党内法规速递以及工作动态等栏目，供基层参考使用，既突出刊物的时效性和实用性，又实现了审理室的指导职能。

实施网络式平台指导。建立问题线索审理法规库和审理文书格式资料库，将党内规章制度、国家法律法规、司法解释等常用条例规章制度，以及审理报告、处分决定等文书格式及时上传，并做到经常维护更新，既方便工作上的查找，又为基层提供了学习的平台。

第四节　执行纪律处分工作

执行纪律处分是指纪检监察机关审理部门依据职责和权限，为落实有关案件的处分决定（或处理决定）、复议复查决定、复审（复查）复核决定等所进行的活动。执行是案件处理的最后阶段。

执行纪律处分工作的主要内容，是指在有关决定的宣布、送达、处分落实等工作中认真履行有关职责，确保所执行事项落实到位。执行纪律处分工作应当遵循依纪依法执行原则，保障有关人员的合法权利原则，惩戒与教育相结合原则，按职责权限协调、监督原则。

由于执行工作涉及部门和工作环节众多、情况复杂、政策性强，纪检监察机关审理部门必须加强与组织、人事、相关单位的沟通协商，明确各自在执行纪律处分各个环节中的职责和分工，杜绝推诿扯皮。要积极会同有关部门，研究制定处分决定执行的配套措施，探索建立处分决定执行工作联席会议制度和具体的协作配合办法，明确各方责任，规范办理时限，定期组织检查，确保处分决定执行到位，切实维护执行的严肃性。

做好执行纪律处分工作，要认真执行和不断完善相关制度，结合审理工作实践，将执行工作纳入党风廉政建设责任制，实行执行情况跟踪督促、监督检查制度、执行工作责任追究制度，以及采取工作流程管理办法，建立受处分对象及其他受处理人员权利义务告知制度、处分决定送达回执制度、执行情况报告制度等，以促进执行工作的实效性。鼓励有条件的地方试行处分决定执行情况公开公示制度，提高执行纪律处分工作的效率，同时也可以起到在惩处的同时扩大警示教育的辐射面的作用。

纪检监察机关审理部门要重视执行纪律处分工作，把执行纪律处分工作纳入工作日程。加强对执行纪律处分工作业务知识的学习和对有关问题的研究，提高执行纪律处分过程中的协调、监督能力。创新执行纪律处分工作体制、机制、制度和方式方法，推动执行纪律处分工作的制度化、程序化、规范化建设。

第五节　审理协调工作

审理协调是指纪检监察机关审理部门、专兼职审理人员在纪检监察机关的领导下，依据审理工作职责和权限，围绕案件审核处理有关事项所开展的沟通协商、统一认识、解决问题的活动。审理协调是纪检监察机关审理工作的重要组成部分，是开展审理工作的重要手段和有效方法。做好审理协调工作，增强协调意识，提高协调能力，有利于案件审核处理工作的顺利进行，有利于保障案件质量，提高办案效率。

审理协调工作的任务是，根据纪检监察机关查办案件工作的总体要求，针对案件审理工作的具体情况，通过与相关单位、部门或人员进行沟通、协商，提出意见或建议，保证党纪政务处分决定及其他处理事项的顺利开展和全面、及时、正确落实。

审理协调工作的对象主要包括同级纪检监察机关内部职能部门、上下级纪检监察机关及其职能部门、同级组织人事部门、司法机关、行政执法机关、专业（主管）部门、相关涉案人员所在单位等。审理工作中的组织协调，对上是争取领导的支持；对左右是沟通情况、交换意见、支持配合、制约监督；对下是强化指导、督促检查。

审理协调工作，应当遵循纪检监察机关组织协调工作和审理工作的一般原则，同时结合组织协调工作的特点，坚持按职责权限协调，坚持全面、客观、公正反映协调事项，坚持平等协商、尊重协调对象，坚持注重实效。

审理协调工作，要在坚持原则的基础上，讲究工作方式方法。对需要协调的事项，可以采取意见征询、情况通报、案件会商等多种形式，以便加强沟通，统一认识，解决问题。

审理协调工作政治性、政策性强，涉及面广，必须坚持纪检监察机关的领导。对需要协调的事项，要积极主动向领导提出意见或建议，争取领导的重视和支持。对重大协调事项，应提请纪检监察机关领导组织实施并做好相关具体工作。

审理协调工作还需要审理人员不断提高协调能力和水平，加强政治理论学习，增强全局意识，提高政治素质；不断提高业务素质，讲究工作方法，注重实效，善于总结。

审理协调工作须加强协调工作机制和制度建设。在具体的协调实践中，充分研究协调工作的特点和规律，积极探索，创建审理协调工作机制和制度，使审理协调工作逐步制度化、法制化。

阅读链接：

重庆永川：出台文件规范案件审理协调事项

来源：中央纪委国家监委网站　时间：2018 年 3 年 29 日

近日，重庆市永川区纪委监委机关制定案件审理协调会议事项规则，对案件审理协调事项进行明确，为及时解决移送审理案件中出现的查审双方意见不能协商一致的情况提供制度遵循和规范，提高执纪审查效率，确保案件审查质量。

明确召开原则。协调会议按照民主集中制原则，集体讨论决定。

明确协调范围。对查审双方经协商后在事实认定、证据收集使用、违纪性质认定、纪法适用、办案程序以及其他方面仍存在争议，不能达成一致意见的案件，由案件审理室书面提请召开案件审理协调会。协调会由纪委书记（监委主任）或委托副书记（副主任）召集并主持，相关部室分管、协管领导和负责人参加。

明确执行要求。案件审理部门负责做好会议记录并编发会议纪要，报经纪委书记（监委主任）审批后印发执行。案件审理部门和审查调查部门应当严格执行案件审理协调会的决定，因特殊原因不能及时执行的，应当书面报告。对擅自改变案件审理协调会议决定或者故意拖延、拒不执行决定的或者违反保密规定，擅自查阅、抄录、复制会议纪要的，严肃追究相关责任。

第六节　监督制约工作

监督制约是指纪检监察机关审理部门在审理工作中对有关部门或机构的有关活动进行审查，并通过向相关部门、机构反馈或向纪检监察机关领导提出建议等方式督促相关部门、机构纠正、改进所进行的活动。充分发挥监督制约作用，有利于从严依纪依法办案，维护党员、监察对象的合法权益，更好地为案件审理的决定起参谋作用。

监督制约工作的基本内容包括对案件实体的监督和对案件程序、手续的监督两个方面。在实体方面，主要是对案件事实、证据、定性、处理审核把关，提出意见和建议。在程序、手续方面，主要是对案件线索的受理、初步核实、立案、调查、移送审理、审核把关等环节是否符合法定的程序以及涉及的有关文书是否规范予以监督。监督制约工作应遵循规范化原则、全面原则、平衡原则、监督与协调相结合原则和接受监督原则。

纪检监察机关审理部门履行监督制约职责主要包括以下方面：

1. 案件审理工作与执纪审查、监察调查工作的相互监督制约。案件审理部门在案件的审核处理工作中不仅要对审查调查部门移送案件的事实和证据等进行实体性审查、鉴别是非，同时也要对移送案件在调查阶段是否依照法定的程序办理进行程序性监督和制约。这是纪检监察机关依纪依法办案，经得起历史检验的重要保证。执纪审查、监察调查工作对案件审理工作本身具有监督制约作用，要求案件审理部门提出的意见要有理有据，以事实为依据，注重证据间的逻辑论证，保证案件质量，恰当处理违纪人员。

2. 申诉复查工作与执纪审查监察调查、案件审理工作的相互监督制约。申诉复查工作是纠正处理错误案件的重要途径和监督所办案件的重要程序。申诉复查工作对执纪审查监察调查、案件审理工作的监督，主要是通过办理申诉案件，对于事实是否清楚、证据是否确凿、定性是否准确、处理是否恰当、程序是否合法、手续是否完备加以再次监督。执纪审查、执纪审理对申诉复查的监督制约主要表现在经过复议复查或复审（复查）复核，需要变更或撤销原处分决定的，必须有理有据，论证充分，客观公正。

3. 对下级纪检监察机关处理案件的监督。纪检监察机关审理部门通过审查备案案件、案件质量检查等方式和途径，对下级纪检监察机关处理的案件进行监督。

审理部门在履行监督制约职责、发挥监督制约作用时，要处理好与相关单位、部门的关系。要树立与相关单位、部门互相理解、互相支持、互相配合，共同为案件质量负责的观念，做到换位思考，寓监督于沟通、服务和协调之中。对于审理工作中发现的问题或与相关单位、部门的分歧，反馈、交换意见时，要注意方式方法，以理服人，争取通过沟通协调取得共识。

审理部门要在纪检监察机关的领导下开展监督工作。要客观反映工作中发现的情况或存在的问题，遇到重要、复杂问题要及时向领导请示、报告，难以通过部门间沟通协调解决的问题，要及时提请领导组织协调，争取领导的重视和支持。

📚✏ 阅读链接：

构建案件质量保障体系要坚持"多方监督"

来源：中国监察　2013 年

保障办案质量是案件审理工作的核心职能，要积极探索创新纪检监察审理监督方式方法，拓展监督途径，确保所办案件质量经得起历史的检验。

一是开展全过程动态监管。改变传统对案件事实、证据、定性、处理等实体问题进行静态审核的单一模式，着力拓展审理监督的范围和内容，对案件办理立案情况、办案期限、办案措施和所取得的证据是否合法文明进行动态审查，并将领导干部问责案件、上级纪检监察机关调查后交本级处理案件、重要初核了结案件及以纪委监察局名义作出的纪律检查（监察）建议、决定纳入审理审核范围，切实发挥案件审理部门全面把关作用，确保办案行为全过程、全方位处于审理监督之中。探索实施自办涉刑案件审查移送制度，案件审理部门关口前移，在案件调查部门提出初步处理意见后就提前介入审理，并向纪委常委会提交移送审查报告，提出是否移送司法机关的审理意见，充分发挥案件审理部门在案件移送工作中的监督作用。

二是深化全透明审理模式。把促进案件审理公开透明，主动接受各类监督作为促进案件质量管理的重要工作来抓。探索实施党代表参与审议案件制度，邀请党代表列席纪委常委会审议案件会议，探索实施党支部会议"扩大式"公开审理、"谈话式"公开审理、"剖析式"公开审理等案件审理模式，邀请被调查人所在党组织、主管单位以及与案件处理有关的其他单位代表参加。通过这些审理工作公开形式，在案件审理过程中主动接受各界人士监督，广泛听取意见，确保案件质量，强化案件查处工作的惩处、教育、预防效果，进一步发挥办案工作的政治、经济和社会综合效应。

三是实施全景式电子监察。重视运用科技手段提高审理监督效能。通过依托网络科技，研发建立党纪政纪处分决定执行电子审核和监察系统，构建执行工作实时报告、同步审核、动态监管、及时纠偏的"数字化"互动监管模式。通过电子审核系统，组织人事等部门可同步对照执行标准进行审核，纪检监察机关能够对每一个案件的执行时间、执行内容、执行标准、执行结果、审核意见进行全程同步监管。（浙江余姚市纪委）

第七节　制度建设工作

制度建设是指纪检监察机关审理部门结合审理工作的实际，将审理工作中带有规律性、比较成熟的经验和做法，加以概括、抽象，使之定性化、规范化、条文化，用于指导和规范审理工作。这是严格依纪依法，安全文明办案的根本保证。

制度建设工作的任务是：根据审理工作的实践和认识，制定审理工作各个方面的行为规范和操作办法，同时在审理工作中贯彻和落实行为规范和操作办法，使之得到切实遵守，并且根据贯彻落实的情况以及更丰富、更广泛的审理工作的实践经验，对行为规范和操作办法进行进一步的修改、补充和完善，再用来指导审理工作的实践。

对于现行审理法规条例、程序和制度，一方面，要根据当前出现的新情况和遇到的新问题，对不完全适应的规定进行必要的修改、完善，使之适应形势发展要求；另一方面，对现行规定比较原则、笼统、抽象的，在程序、制度上分解、细化，在操作手段、工作方式方法上予以明确，制定与之配套的实施细则或补充规定，使之具有较强的操作性。

对于审理工作中还没有具体规则的方面，要结合工作实际，加强调查研究，抓紧起草有关规定和办法，努力做到有法可依，有规可循。一方面，对于审理工作的相关职责中没有具体程序和制度办法的，抓紧起草相关规定；另一方面，对于近年来经过实践检验行之有效的各种制度创新和审理方式，尽快形成完善的制度规定，以规范、制度的形式得以持续。

加强制度建设，规范审理工作的程序、制度，必须掌握正确的工作方法。要高度重视总结，善于运用总结，以总结来推动审理工作的制度化、规范化建设。要同党中央、中央纪委关于反腐倡廉工作的总体部署和战略要求结合起来，采取科学的态度，总结过去、立足当前、着眼未来。

阅读链接：

规范案件审理运作机制要坚持"多措并举"

在案件审理实践探索中，要以"标准化"模式为依托，以"体系化"制度为支撑，以"专业化"队伍为基石，在继承的基础上抓好机制创新，不断推动案件审理规范、高效运作。

一是完善审理"标准化"模式。在严格执行上级各项要求的基础上，根据不同案件类型，分别绘制司法机关移送、行政处罚后追究党纪政纪责任、乡镇街道自办案件等三类规范化办案工作流程图，并根据审理工作有关规定和上级要求精神，探索司法机关移送和行政处罚类案件办理简易程序，提高工作效率，节约办案成本，实现办案程序标准化。同时，还应按照上述三个案件类别，编印相应的电子版模拟案卷，统一样式、固化程序，实现审理文书档案工作标准化，进一步提高基层案件质量。

二是构建制度"体系化"框架。审理工作制度建设是严格依纪依法、安全文明办案的根本保证。要建立案件受理、集体审议、公开审理、提前介入和审理咨询等工作制度，对事实不清、手续不齐、材料不全、案卷不规范的移送案件，坚决不受理；对定性量纪严格实行"集体审议"；对典型案件实施"公开审理"；对复杂案件实行"提前把关"；对案件所涉及的专业性问题，进行定向咨询，切实保障案件处理客观公正准确。对基层纪检监察组织，建立基层案件协助审核制，在上级纪委案件审理室协助下，实行立案、处分、归档"三审定案"；完善协作片组"交叉审理"制度，充分保障基层案件查审分开；探索疑难案件"集体会审"制度，提高基层办案质量。

第八节 调查研究工作

调查研究是指纪检监察机关审理部门依据职责，对审理工作各方面情况有目的、有计划、有组织地运用一定的方式、方法及技术手段进行的调查、研究、分析、总结，提出有针对性的具体方案和建议的实践活动。做好调查研究工作，是审理部门正确认识形势、准确把握全局、科学决策的重要基础，是审理部门加强对下业务指导的前提条件，也是更好地承担新形势下日益繁重的审理任务的必然选择。

调查研究工作的任务是：准确了解和掌握新形势下审理工作面临的新情况和新问题，深刻认识审理工作的特点和规律，及时总结审理工作的经验和做法，积极探索进一步加强和改进审理工作的方式方法。

调查研究工作的对象主要包括以下方面：

1. 审理工作全局性问题。结合上级纪检监察机关每年对反腐倡廉工作的部署，调查了解审理部门的机构设置、队伍建设和审理工作等各方面综合情况，分析审理工作中存在的普遍性问题，思考和提出解决办法和思路。

2. 审理工作热点、难点问题以及新情况新问题。针对下级纪检监察机关及其审理部门反映强烈的热点问题、工作中遇到的难点问题以及其他新情况新问题，在审理工作体制、机制的创新方面进行对策性研究，加强对下级的业务指导。

3. 审理工作规律性问题。在实际工作中对带有倾向性、苗头性的问题，进行深入细致的研究分析，把握新形势下审理工作的特点和规律，取得审理工作的主动权。

4. 审理工作典型经验和主要不足。各地审理部门履行审理职责过程中存在的问题和不足及时总结，对所取得的典型经验进行认真总结，努力推广创新性审理经验，不断提高审理工作的质量。

调查研究工作的内容应围绕审理工作的职能展开，突出针对性、前瞻性、实践性、指导性。要按照上级纪检监察机关审理部门和本级纪检监察机关的要求，结合本地工作实际，合理确定调研课题，科学安排调研内容。审理部门在履行调研职责时，应坚持理论联系实际、客观全面、注重实效原则。

调查研究可以不断提升工作研究和理论研究能力，是一项经常性工作。审理部门要采取综合调研与专题调研、工作研究与理论研究相结合的方法，加强对案件审理工作中热点、难点和共性问题的研究。按照中纪委《关于进一步加强和改进新形势下纪检监察机关案件审理工作的意见》（中纪办〔2011〕）的要求，中央和省级纪检机关案件审理部门要根据情况选择一定数量的市、县级纪检机关开展蹲点调研，全面、准确掌握基层情况。要充分利用统计数据和具体案例，锻炼、提高案件审理人员研究、解决问题的能力。要充分利用党校、司法机关、高等学校的资源开展专题研究，拓展研究的广度和深度。中央纪委案件审理室进一步加强对理论研究工作的指导，适时组织理论征文活动，地方各级纪检机关案件审理部门需结合本地实际开展多种形式的理论研究。

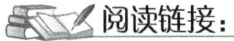阅读链接：

关于推进基层纪检监察机关集体审理
审议案件工作的调查与研究

来源：吉林省纪委监察厅 2016 年 8 月 22 日

党的十八大以来，中央和省市纪委对纪律审查工作的规范化、科学化要求逐渐提高，同时也对案件审理工作提出了新的要求。为适应形势发展，长春市南关区纪委根据基层纪检监察机关工作实际，从抓内因着手，整合审理工作力量，就如何保障和提高审理质量进行了深入研究和积极尝试。

基层纪检监察机关审理工作存在的主要问题

虽然基层纪检监察机关的案件审理工作从地位、规范性和健全机制等大的方面都得到了较好发展，但仍有一些细节问题，制约着各基层纪检监察机关审理人员和审理工作科学化水平的提高。

一是基层纪检监察机关人员配备不合理。普遍存在审理干部，特别是负责审理工作的领导干部调动比较频繁、流动性大的现象。同时基层纪检监察机关专职审理干部不足，难以满足当前大力开展纪律审查工作的形势需要。

二是案件分布不平衡也影响制约了审理工作水平的提高。深入研究发现，近年来，长春市各地区之间的案件总数平衡，但城区自办案件、街（乡）基层案件的比例存在明显差别。特别是在街（乡）一级，有的单位连续三四年都没有违纪案件立案，纪检监察干部对纪律审查程序完全不了解，更谈不上审理案件。

三是审理干部自身业务知识不足、缺乏系统的学习与培训。城区纪委及各基层纪检监察机关所配备的审理人员普遍受到自身理论基础和业务知识薄弱的限制。在实际工作中，能参加系统学习、接受专业培训的机会又少之又少，这些导致基层审理人员的业务水平提升较难。

四是存在工作人员的个体差异。由于每名审理干部的能力水平参差不齐，甚至个别案件的审理工作会出现由其他部门人员担任的情况。有的干部在独自审理时存在就案审案，缺乏有效的沟通协调；有的干部会觉得拉不下面子，临时担负一下审理工作，不要得罪人。

对提升基层纪检监察机关审理工作的探索

长春市南关区纪委就如何有效增强审理工作的透明度、强化审理工作内部控制管理，促进案件审理意见的民主决策，以及如何保障案件审理意见更加客观公正进行了深入思考。经过反复研究、实践，长春市南关区纪委根据自身情况，将内部讨论、公开审理、集体审议等审理形式有机结合，逐步摸索出一套集体审理审议案件的工作思路，并针对集体审理审议案件的原则、范围、成员、参与人员的权利义务、工作程序要求作了精心的设计。

确定工作机制。一是明确指导思想。在严格执行"二十四字"审查要求、坚持查审分开、不增加审查程序的前提下，以提升审查质量和效率为指导思想，对除依法受到刑事处罚后给予党纪政纪处理的案件以外，长春市南关区纪检监察局所有的自办案件进行集体审理审议。二是明确组织构建。该区纪委成立案件集体审理审议工作组，在审理室基础上扩大了参与人员范围，由主管副书记、分管副局长、审理室主任、主审人和协审人组成。疑难复杂案件邀请调查组成员、委局资深审查人员、相关专业人员参加。三是制定相关制度。包括：集体审议案件活动制度、学习制度、安全保密制度、文件归档制度等。

做好审议前准备。一是主审人阅卷。指定主审人，由主审人对移送审理的案件通过审阅案卷材料、与被调查人谈话等方式对案件进行审核，阅卷中在对被调查人所犯错误的主要证据、相关证据和证据间的链条认定的同时，特别要认真查找证据间矛盾和存在的疑点问题，并做好阅卷笔录。二是参与人员阅卷。协审人员，审理室主任、分管副局长、主管副书记分别阅卷，按照审理工作的"二十四字方针"审核案件，同时还要了解被调查人所犯错误的历史背景。三是拟定审核意见。参与案件审理的人员要初步形成个人对案件的审核意见，要具体阐明定案依据的党纪条规，案件关键环节的主要证据摘要，与案件相悖的证言和分析结论，做好提交集体审理审议前的准备。四是确定审议时间。在参与人员阅卷审理的基础上，审理室负责确定召开集体审理审议会的时间和地点，并通知参与人。

按程序科学审议。集体审理审议会由审理室主任负责召集，一般有三个议程。第一个议程是汇报阐述案情。先由主审人分别从案件的实体、程序、手续、文书规范等方面汇报案件审理情况及审理意见。协审人可以补充汇报事实和证据情况。汇报结束后，审理室主任、分管审理的副局长和主管副书记根据阅卷情况分别发表审理意见。第二个议程是辩论、讨论审核情况。会议参与人围绕不同意见展开辩论，由审理室主任梳理提出的审核意见，主管副书记组织进行讨论，并对讨论的要点问题反复敲定，逐一进行解决。第三个议程是集体审议决定。在参与人充分对个人审理意见说明论证后，集体审理审议会对合理部分积极采纳，达成对案件的共识，形成明确的集体审理审议意见。

抓好意见落实。长春市南关区纪委重点抓"三个一"。一是做到形成审理部门统一的对移送案件的审理意见。由主审人形成书面审理报告，提交纪委常委会或监察局局长办公会讨论。二是做到问题一次性告知。主要是针对需要退卷进行补充调查的案件，由主审人形成该案的审理意见，并代表审理部门，对案件的事实、证据、手续文书、定性、量纪等方面存在的问题一次性告知调查组。三是及时反馈调查组对审理意见的看法，做到一次性解决。对调查组提出的问题给予解答，对调查组反映的工作中的难点问题帮助解决，对有争议的问题及时联系相关专业人员共同商讨化解，对重要疑难复杂案件由分管审理工作的领导亲自沟通督促集体审理意见的一次性落实。

(作者：野川 单位：长春市南关区纪委)

第九节 教育帮助工作

教育帮助是指纪检监察机关审理部门在履行职责的过程中实施的对违纪党员、监察对象和申诉人进行教育以及对其他党员和监察对象宣传党纪政纪规定并进行警示教育，提高其思想认识水平，化消极因素为积极因素的活动。纪检监察机关案件审理部门应坚持"惩前毖后，治病救人"方针，将处理人、教育人和挽救人有机结合，侧重审理教育，创新教育形式，努力实现惩防并举，注重预防，使特殊预防和一般预防、纪律惩戒和教育防腐有机结合。

审理谈话是审理教育的有效途径和重要方式。在审理谈话过程中，要根据其违纪事实与性质，有针对性地进行教育，寓教育于审理谈话的具体工作环节中。审理谈话中，实行权利义务告知，利用与被审查人核对违纪事实，听取申辩意见之机，有的放矢地进行法律法规、党纪政纪教育，帮助被审查人认识错误、分析原因、吸取教训。

处分见面环节要注重发挥案件审理的教育转化功能。在处分决定见面、宣布阶段，审理人员注意倾听受处分人意见，有针对性地做好心理疏导教育，帮助提高认识，引导改正错误。做好政策规定的解释说明，告知涉及受处分人职务级别、工资待遇、年度考核、提拔任用等相关处分决定执行事项，以及处分期满后解除处分的程序和要求，畅通受处分人合法权利的保障路径。

公开审理中注重发挥案件审理的警示教育功能，利用支部会议扩大式、案件处理通报式等案件公开审理形式，开展法纪教育、思想教育和政策宣传工作，扩大了教育对象的覆盖面。一些地方吸收党代表、人大代表、政协委员等参加案件审理，引入社会公众力量实施监督，提升了案件质量和处理效果。积极探索证据公示，通过宣读出示、质证辩论等方式适度公开证据，增强了案件审理透明度。

案例教育是教育帮助的重要方式。案件审理部门利用掌握案例丰富的优势，认真选编典型案例，深入剖析，突出针对性，认真总结其中值得汲取的教训，开展以案施教、以案育人，发挥警示、震慑和教育作用。

开展回访教育，努力建立回访教育工作的长效机制。在回访中通过个别谈话、座谈走访等方法，了解受处分人的思想动态、工作表现、生活情况和处分决定落实情况，帮助解决困难和实际问题，使其真正感受到组织的温暖和关爱，从而正确对待处分，重拾生活信心。同时通过完善回访工作制度、机制，提高回访工作质量，深化回访工作的教育效果。

阅读链接：

关于对受党纪政纪处分的人员进行回访工作的意见

来源：汉中市纪检监察网 2014 年

为进一步规范受党纪政纪处分的人员回访工作，维护受党纪政纪处分人员的合法权益，根据《中国共产党纪律处分条例》《行政机关公务员处分条例》《事业单位工作人员处分暂行规定》《中国共产党党员权利保障条例》等规定，制定本意见。

一、回访工作的目的意义

开展受处分人员回访工作，是全面贯彻"惩前毖后，治病救人"的方针的体现，充分体现惩处与教育相结合的原则，按照"实事求是，教育为主，加强监督，分级管理"的办法，发挥案件查办的治本功能，把教育延伸到党纪政纪处分之后，化解消极因素，帮助和关心违纪人员提高认识和改正错误，正确执行党纪政纪处分，使受处分人员的合法权益得到保护，体现组织对受处分人员的关心和爱护，为促进社会和谐提供保障。

二、回访工作的主体、原则、对象及时间

1. 回访主体。由纪委监察局、组织、人社部门及受处分人员所在单位（或主管部门纪检组、纪委）组织实施。

2. 回访原则和对象。按照"谁处分谁回访"的原则，每年由决定、批准处分的组织确定当年回访工作对象。回访工作的对象是：党员中因违反党纪受到党内警告、严重警告、撤销党内职务、留党察看处分的人员、开除党籍的在职人员；行政机关工作人员中因违反政纪受到行政警告、记过、记大过、降级、撤职处分的人员；事业单位工作人员中因违纪受到警告、记过、降低岗位等级或撤职处分的人员。

对行政降级、党内撤职以上处分的人员进行重点回访。

3. 回访时间。回访工作原则上每年开展一次，主要对回访对象是否在岗以及思想工作状态、处分执行、现实客观表现等情况进行回访。将回访工作与受理申诉案件、解除政务处分、恢复党员权利等工作结合进行。对处分执行期满或者限制使用期满的受处分人员，对是否纳入正常的年度考核及工资、职级升降情况进行回访。

三、回访工作的组织形式及方法

1. 回访工作根据回访对象按"谁处分谁回访"的原则确定工作小组，由处分决定机关确定两人以上组成，可从纪检、监察、组织、人社部门选派。小组成员应熟悉回访对象的违纪案情和与案情相关的政策法规，精心制定回访工作方案，有针对性地开展访谈活动。纪委监察局案件审理室具体负责开展回访工作的管理、协调和指导工作。

2. 对受处分人员进行回访，面对面地听取本人的思想状况、现实工作、生活情况的汇报，以及对组织的意见和要求，实事求是地肯定成绩，指出不足和改进意见。对受处分人员提出的合理要求以及个人在工作、生活等方面的困难，要积极反映，帮助解决，充分体现组织的关怀和温暖。

3. 到受处分人员单位进行回访，听取受处分人所在单位负责人介绍和走访群众，进行民主测评等方法，了解其思想状况、现实表现和工作实绩及处分执行等情况。

四、工作要求

1. 建立回访工作档案。回访工作结束后，回访工作小组认真填写《受处分人员回访工作情况登记表》，作为恢复党员权利、解除政务处分的重要依据。对于能正确认识所犯错误、积极改正，作出突出成绩的，可建议原批准机关给予提前解除处分。

2. 加强回访工作监督。克服重处分轻教育的思想，将回访工作纳入本单位日常教育工作规划，统筹安排，定期或不定期组织实施。被处分人员单位要严格管理被处分人员，杜绝受党纪政纪处分后不上班仍领取工资的情况发生。

3. 进行回访工作反馈。回访小组将被回访对象的处分执行情况、思想动态、工作表现和存在的主要问题、解决方法等情况，及时向被回访对象所在单位、主管党委（党组）或组织、人社部门反馈，建议为改正错误快、工作业绩突出的受处分人员在重新任用上创造条件和机会。

中共汉中市纪委

受处分人员回访工作情况登记表

姓　　名		性　　别		年　　龄		是否党员	
工作单位				处分后岗位 及职务			
受处分时间		处分种类		处分机关			
处分执行 情　　况							

本人对 错误的认识	
单位鉴定 意 见	
上级主管部门 （或党组织） 意见	
回访组意见	
处分机关 意 见	

备注：本人对错误的认识可另纸附后。

思考题

1. 审理工作的职责有哪些？

2. 如何实现审理工作的教育帮助职责？

3. 审理工作中，案件审理、申诉复查和其他七项职责之间的关系是什么？

第三章
审理工作的组织建设

第一节　审理部门

审理部门是承担纪检监察审理工作的职能部门，包括案件审理部门、申诉复查部门。

一、案件审理部门

（一）案件审理部门

案件审理部门是纪检监察机关内部承担案件审理工作的职能部门。各级纪检监察机关根据案件审理工作的职责和任务，结合本地区或本单位的具体情况，设置了专、兼职的案件审理机构，或配备了专、兼职的案件审理人员，基本情况如下：

中央纪委监察部设置了案件审理室。

省（自治区、直辖市）、市（自治州、地级市）、县（自治县、县级市）纪检监察机关设置了案件审理室（处、科）。

派驻纪检机构设立了专兼职案件审理小组或专兼职案件审理人员。中央纪委十八届五次全会明确提出，中央一级党和国家机关要全面派驻，实现党内监督不留死角。派驻机构充分发挥"驻"的优势，与驻在部门是监督与被监督的关系。2015 年 11 月，按照《关于全面落实中央纪委向中央一级党和国家机关派驻纪检机构的方案》，确定中央纪委设置 47 家派驻机构，其中综合派驻纪检组 27 家，实现了中央一级党和国家机关派驻全覆盖。在设置形式上采取单独派驻和综合派驻两种形式。

省市级派驻机构也已全面落实派驻机构组织建设。

县以下的基层纪检监察机关，根据当地的实际情况，设立了兼职案件审理小组，或配备了专、兼职的案件审理人员；中央国家机关各部委和省直、地直、县直机关以及国有大中型企业的纪检监察机关，结合本单位的实际情况，设立了专、兼职的案件审理机构，或配备了专、兼职的案件审理人员。目前，县级也逐步实现派驻机构的设置，全面实现了派驻机构的各级组织建设的覆盖。

（二）案件审理小组

案件审理小组是基层纪检监察机关和党委、政府直属机关以及国有大中型企业的纪检监察机关审理党纪政务案件的一种组织形式。它是基层纪检监察机关在纪检监察工作的实践中，为了达到查审分开，保证案件质量而建立的。案件审理小组由专职纪检监察干部和组织、人事、宣传、保卫等部门的干部组成。

从目前基层案件审理小组展开工作的情况看，主要有以下几种形式：

1. 专兼职结合的案件审理小组。这是最常见的一种案件审理小组的形式。它主要是由专职纪检监察干部和组织、人事、宣传等部门的干部组成，负责审理本地区或本部门的违纪案件。

2. 联合案件审理小组。联合案件审理小组，是指某一行政区域内相邻的各单位联合建立的案件审理小组。这种形式是以行政区域为单位，由各单位的纪检监察干部参加，一般由 3 人到 5 人组成，负责本地区的案件审理工作。

3. 综合案件审理小组。综合案件审理小组是指某企业内部的纪检监察干部与组织、人事、保卫等部门的干部组成的案件审理小组，一般由 3 人到 5 人组成，负责本企业的案件审理工作。

设置案件审理小组，要因地制宜，从实际出发。各级单位设立案件审理小组不要流于形式，应采取积极的措施，保证案件审理小组的组织和队伍的稳定性。各单位应重视队伍建设的长效性，不断总结经验，及时加以推广。案件审理小组由不同业务部门的人员组成，在案件审理工作中还应加强保密纪律的教育和要求。

阅读链接：

江汉区纪检监察案件审理小组工作办法（试行）

来源：江汉廉政网　　　2015年9月15日

按照"把纪律挺在前面"，深化"三转"和《湖北省纪检监察机关案件质量标准（修订版）》的要求，结合全区纪检工作实际，为整合办案力量，创新审理方式，提高我区基层案件审理工作规范化和科学化水平，增强基层纪检干部审理案件能力，全区成立纪检监察案件审理小组（以下简称审理小组），具体办法如下：

一、指导思想

为落实全面从严治党，把纪律和规矩挺在前面的重大战略部署，遵循纪律审查"抓早抓小、快审快结"的工作要求，依托全区基层纪检监察人员力量，设置审理小组。审理工作采取交叉审理的方式，以提高案件审理的质量和效率。

二、机构设置

全区基层设置2个审理小组，各组设组长1名，组员1名~2名。

审理小组工作由区纪委领导、区纪委案件审理室具体指导，做到统一归口管理、统一案审分配、统一调配人员、统一质量把关。审理小组采取平时分散、突审集中的工作模式。审理小组组长、组员由区纪委案件审理室从基层纪工委书记、纪检监察干部中提出人选，区纪委常委会研究确定。审理小组工作由各组长调度，案件办理完毕后，提交区纪委案件审理室进行质量审核，填写质量评估报告，并备档。每年度由区纪委对审理小组的工作情况和审理质量进行一次考评，成绩突出的给予一定表彰和奖励。

三、职责权限

1. 审理区纪委指派的党纪、政纪案件；

2. 承办区纪委交办的其他相关事项。

四、工作要求

1. 坚持审案工作的"二十四字"基本要求：事实清楚、证据确凿、定性准确、处理恰当、手续完备、程序合法；

2. 坚持实事求是、客观公正的原则，杜绝畸轻畸重、冤、假、错问题出现。若出现问题，实行责任追究制度；

3. 严格遵守纪律审查的保密纪律、组织纪律和工作纪律等审查纪律；

4. 业务学习、培训每季度开展一次，由区纪委案件审理室组织实施；

5. 各审理小组在案件审理期间的资料设备购置、办案经费、办案补贴等费用均由区纪委按照中央、省、市纪委的规定予以列支。

二、申诉复查部门

（一）申诉复查部门

申诉复查部门是纪检监察机关承担申诉复查工作职能的部门。各级纪检监察机关根据申诉复查工作的职责和任务，结合本地区和本单位的具体情况，设置了专、兼职的申诉复查机构，或配备了专、兼职的申诉复查人员。特别是党的十六大以来，各级纪检监察机关大力推动审复分设，申诉复查工作机构建设取得很大进展。基本情况如下：

中央纪委监察部在案件审理室设立两个复查处，并成立申诉复查工作协调小组。

截止到 2007 年 6 月，全国 31 个省（区、市）纪委监察厅（委、局）都明确了承担申诉复查工作的机构，如，有的成立独立的申诉复查室；有的由案件审理室承担该项职责；有的由纪检监察机关其他职能部门承担该项职责；有的在案件审理室内设复查处或申诉复查办公室；有的在案件审理室确定专人负责申诉复查工作。

省以下的纪检监察机关，根据当地的实际情况，成立申诉复查专门机构，或配备专、兼职的申诉复查人员。

申诉复查机构设置不统一，不利于申诉复查工作的规范化展开。在有些地方，尤其是基层纪委，由于人员编制少、业务不熟悉等原因，申诉复查工作仍然是由审理部门负责，没有设置专门的申诉复查部门，依然沿用审复不分、不公开的材料审查模式。申诉人没有自行辩护的机会，缺乏有效监督，不能保障申诉人的合法权益，更不能体现公平正义。所以，纪检机关应加强申诉复查机构与申诉复查工作人员队伍建设，科学设置申诉复查机构，充实配强申诉复查人员，确保申诉复查案件处理的质量和效率。为有效推进申诉复查工作，可以推行"审复分离、公开审理"，以保证程序的公正，同时要实行原案件主审人员回避制度。按条例规定，各级纪检机关特别是市级以下的基层纪检机关可以成立专门的复审复查工作组，由纪检监察机关的一名领导分管，也可以交由信访室专门负责复审复查工作，或是跨区域"交叉"进行复审复查工作。申诉复查工作组人员采取分散集中的工作方式，平时没有复查任务时，可以在原部门工作，有任务时集中工作，机动灵活地受理和承办申诉复查案件。另外，有条件的地方应在省级范围内建立复查复议人才库，有目标、有方向地探讨试行异地交叉复审、联片会审、公开听证等工作方式，在实际工作中解决审复不分等违反程序的问题。

因缺乏相应的制度保障，没有严格的程序机制，推行公开审理还有很多困难。我们可以借鉴自办审理环节，首先在谈话环节保障申诉人的自行辩护权，逐步借鉴法院公开审判的成熟路径，建立一套科学合理的公开申诉复查复审程序。

（二）申诉复查工作协调小组

申诉复查工作协调小组是对申诉复查工作的重要事项进行研究，提出建议的一种组织形式，是纪检监察机关在申诉复查工作实践中，为提高决策水平和工作效率建立的。申诉复查工作协调小组由申诉复查的工作人员、分管领导或主要领导以及相关部门的工作人员和领导同志组成。

有的申诉复查工作协调小组还加强制度建设，制定实施了《申诉复查工作协调小组议事规则》，用来规范申诉复查工作协调小组的议事活动，明确协调小组的职责、任务和议事程序。

第二节　对审理人员的要求

审理人员是从事纪检监察审理工作的人员，它主要包括案件审理人员、申诉复查人员。

审理部门作为纪检监察机关的重要职能部门，担负着繁重的案件审理任务，直接反映了纪检监察工作的质量和效率。特别是十八大以后，在新形势下，审理工作责任重大，任务重，对审理干部的综合素质提出了更高要求。审理干部要按照"政治坚强、公正清廉、纪律严明、业务精通、作风优良"的要求，结合审理工作的实际需要，努力做到坚持原则、秉公执纪，甘于寂寞、乐于奉献，熟悉法规、掌握政策，明辨真伪、审慎明断，以更高的标准、更严的纪律要求自己，铸就敢于、甘于担当的纪检审理干部。

阅读链接：

纪检监察干部的专业精神

来源：中国纪检监察报　2018年10月11日

专业精神，是指纪检监察干部把专业能力、专业水平提升到思想高度和价值追求，并凝练升华为一种标识性、先进性、代表性的共同信念、价值标准和行为准则，避免主观性、盲目性、随意性和不确定性。专业能力是专业精神的现实基础，专业精神是专业能力的理性升华，两者内在统一，相辅相成。

一是忠诚精神。忠诚精神是纪检监察干部的立身之本。纪检监察干部必须牢固树立"四个意识"，提高政治敏锐性和政治鉴别力，把对党忠诚、为党分忧、为党尽职、为民造福作为精神追求，内化于心、外化于行。增强担当精神，坚持原则、敢于碰硬，无私无畏、迎难而上。什么损害党的利益、破坏党的集中统一，就坚决查处和惩治什么；人民群众反对什么、痛恨什么，就坚决防范和纠正什么。

二是求实精神。求实精神是纪检监察干部的成事之基。纪检监察干部必须坚持实事求是，一切从实际出发，一是一，二是二，客观审视工作面临的新形势新任务，客观处置监督检查中发现的新问题新矛盾，客观认定被监督对象的违纪违法事实，不能随意放大或缩小。大兴调查研究之风，掌握全面、真实、丰富、生动的第一手材料，搞清楚客观实际中的"实事"。强化精准思维，精准发现问题、精准把握政策、精准作出处置，精心工作、尽职尽责，严谨细致、一丝不苟。

三是科学精神。科学精神是纪检监察干部的职业品质。纪检监察工作是一门科学。纪检监察干部必须养成科学的思维方式，全面地、历史地、客观地看待纪检工作中的问题，看长远、抓重点、讲布局。善于用理论指导实践，注重总结工作中科学的方式方法，把实践上升到理论，形成规律性认识。提高科学文化素质，拓宽知识视野，把文化知识转化为解决实际问题的具体方案。提升业务素质，熟练掌握纪检监察业务知识，熟悉所监督领域的专业知识，把纪检监察工作的思路举措搞得更加科学、严密、有效。

四是法治精神。法治精神是纪检监察干部的思维方式。纪检监察干部必须切实增强运用法治思维和法治方式履行职责的思想自觉，促进纪法贯通、法法衔接。强化职权法定思维，坚持"法无授权不可为、法定职责必须为"，进一步清晰界定权力和责任归属问题。强化程序性思维，严格依照法定权限、规则、程序办事，一言一行、一举一动都要合规、合纪、合法。

（作者：陈瑞武）

一、审理人员的政治素质要求

政治素质是审理人员做好各项工作的最基本素质，也是做好审理工作所必须具备的基本素质。没有良好的政治素质，是不可能做好审理工作的。案件审理权是党和人民赋予的，所以，审理人员一定要忠诚于党、忠诚于国家、忠诚于人民、忠诚于党纪党规。提高审理人员的政治素质，主要应从以下几方面进行：

1. 坚持实事求是的思想路线。没有实事求是的精神，就做不好审理工作。实事求是是马克思主义的精髓，是党的思想路线，也是审理工作必须遵守的基本原则。审理工作必须坚持一切从实际出发，实事求是，具体问题具体分析，以事实为依据，以党规党纪为准绳，切忌主观片面，先入为主。这里的"以事实为依据"在执纪实践中主要是以证据为依据。

2. 坚持党性原则。审理人员要有坚定的党性和高度的责任感。"做党的忠诚卫士"，就是要忠于党、忠于新时代中国特色社会主义事业，履行好审理工作各项职责，坚持原则，秉公执纪，坚决捍卫《党章》，坚决维护党的纪律的严肃性，为保证党的先进性作出应有的贡献。"当群众的贴心人"，就是要按照"为民、务实、清廉"的要求，结合审理工作实际，切实维护党员和监察对象合法权利，深入基层群众中，发现和解决群众关心和棘手的问题，及时处理群众身边的违反党规党纪的问题，树立纪检监察干部的良好形象。

案件审理中，审理人员要刚正不阿，秉公办案，不徇私情，不唯书、不唯上、只唯实，敢于和一切违反党纪政纪的行为作斗争。凡事客观公正、实事求是，依法依纪确定案件的证据和适用依据，合情合理考虑案件的量纪情节，切实让党员干部和人民群众在每一个案件中都能感受到公平正义，切实维护党员和监察对象的合法权利。

3. 坚持讲政治，讲大局。增强政治观念和全局观念，要具有较强的政治鉴别力和政治敏锐性，善于从政治上和全局上考虑和处理问题。作为一名审理人员，需要有很强的政治洞察力、政治敏感性、政治辨别力，牢固树立政治意识、大局意识、核心意识、看齐意识，体现监督执纪的政治性，严守政治纪律和政治规矩，这样才能确保审理工作正确的政治方向。审理人员如果缺乏应有的政治觉悟，审理实践中就会把自己当作党纪党规的"工匠"，就无法能动地处理违纪案件，容易就案办案、孤立办案，从而无法服务大局、服务人民，无法通过违纪案件的审理实现从严治党，也会失去社会公众的认可。

审理工作政治性、业务性极强，本身就是严肃的政治工作，必须牢固树立"四个意识"，旗帜鲜明讲政治，始终坚持坚定正确的政治方向。案件审理人员的业务能力和政治素质是密不可分的，在提升案件事实认定、证据鉴别采信、适用条规等审理业务能力的基础上，要不断提高政治觉悟和政治站位，突出案件审理的政治性。在审核处理违纪案件的过程中，始终将讲政治、顾大局贯穿工作始终，坚持将纪律和规矩挺在前面，以党章党规党纪和"四个意识"作为审理工作的尺子，从政治上去认识、思考和把握案件的本质和特点。要将个案的审核处理放在全面从严治党的大局和案发单位的政治生态中综合把握，运用监督执纪"四种形态"，综合考虑是否存在严重违反政治纪律问题、违纪事实和性质、造成的后果和影响等多方面因素，保证案件取得良好的政治效果、纪律效果和社会效果。

二、审理人员的业务素质和能力要求

纪检监察干部要提高专业化能力，成为纪法皆通的"专才"。新时代纪检监察工作实现高质量发展，必须培养一支政治过硬、本领高强的高素质专业化队伍。专业能力，是指纪检监察干部以科学理论为指导，把专业知识运用于纪检监察工作中，不断认识新问题、解决新矛盾、探索新路径、实现新飞跃的素质和本领。

（一）纪检监察干部应当具有哪些专业能力

1. 运用理论政策能力。政策和策略是党的生命。纪检监察干部必须善于掌握科学的思想方法，学懂弄通习近平新时代中国特色社会主义思想，学习马克思主义和马克思主义中国化经典著作，运用辩证唯物主义和历史唯物主义原理想问题、做决策、干工作，始终坚持正确的立场、观点和方向。善于运用党的路线、方针、政策，对照党中央关于"五位一体"总体布局和"四个全面"战略布局的一系列新部署、新要求，加强监督检查，发现问题、查处问题、压实责任。善于维护党内政治生态，注重动态分析判断，整体把握地区、部门、单位的政治生态状况，处理好"树木"与"森林"的关系、惩前与毖后的关系、减存量与遏增量的关系，一体化推进"不敢腐、不能腐、不想腐"长效机制建设。善于围绕中心服务大局，找准职责定位，正确处理好主体责任与监督责任的关系，协助党委推进全面从严治党。

2. 善于日常监督能力。监督是纪检监察机关的首要职责、第一职责。监督的根本属性是政治监督，根本尺子是党的纪律，根本方法是监督检查。纪检监察干部应当善于发现问题，提高日常监督意识，拓宽日常监督渠道，提升情况收集、线索采集的质量。善于抓早抓小，综合运用好监督执纪"四种形态"，不怕得罪人，发现被监督对象苗头性、倾向性问题及时红脸出汗、咬耳扯袖，把严管与厚爱、激励与约束结合起来。善于创新监督方式，探索科学有效的监督方式和措施，紧盯重点岗位、重点对象、重点领域、重点节点，盯住"关键少数"、管住"绝大多数"，用好信息化、大数据带来的现代化监督手段。善于抓住主要矛盾，敏锐查找被监督地区和部门存在的主要矛盾和矛盾的主要方面，把准关节点、要害处，精准施策、以案促改。善于应对网络舆情，提高信息化时代应变处置的水平，把握网络主动权，营造惩恶扬善、风清气正的舆论氛围。

3. 依纪依法审查调查能力。审查调查是惩治腐败、遏制腐败蔓延势头的重要手段。纪检监察干部应当善于组织指挥，科学制定工作方案、合理调兵遣将、有效协调各方，提高案件突破和快速应变水平。善于谈话突破，探索审查调查谈话规律，学习纪检监察心理学，掌握好谈话步骤、时机和方式，充分利用政治、法律、情理，提高谈话质量和水平。善于调查取证，依法收集、固定证据，构成相互印证、完整稳定的证据链，确保证据确凿、手续完备。善于协调配合，探索纪检监察体制改革后办案协调工作特点和规律，进一步完善联合办案协调机制。善于安全文明执纪执法，严格遵守办案纪律，严格按照规定步骤、方式和时限行使职权，严格防范办案安全事故，以规范化程序确保审查调查工作始终在法治化轨道上运行。

4. 精准处分处置能力。根据监督执纪和监督调查结果，作出纪律处分和监察处置，是纪检监察机关压实责任、惩恶扬善的重要体现。纪检监察干部应当善于把握纪法标准，不仅要准确掌握纪律尺度，而且要精准掌握职务违法和职务犯罪具体构成标准、罪与非罪、此罪与彼罪的界限，做到运用党规党纪和法律法规的融会贯通。善于准确定性处置，根据被审查人的违纪违法事实、性质、情节和危害，客观公正处置，该纪律处分就纪律处分，该组织处理就组织处理，该移送起诉就移送起诉，严格依纪依法锁定有罪证据，同时又看悔罪表现、不忽略罪轻证据。善于压实"两个责任"，实行"一案双查"，倒查责任主体；围绕问题找根源，倒逼改革，以系统性方法推动解决"系统性问题"，发挥查办案件治本功能。善于做好"后半篇文章"，对被问责的党组织要责令限期整改，防止类似问题再次发生；对移送检察机关审查起诉的，跟踪后续各环节。

5. 思想政治工作能力。纪检监察工作是政治工作，必须用好思想政治工作这个武器，并贯穿工作始终。在日常监督中，要善于抓小抓早、提醒教育，做到良医治未病、防患于未然。在审查调查中，要善于感召教育、转化挽救，用党章党规党纪、理想信念宗旨唤醒审查调查对象的党员意识，靠组织的关怀感化审查调查对象，让他们真心忏悔、认错认罪。在处分处置中，要善于严管厚爱、治病救人，加强对受处理人员的回访和教育，帮助他们卸下思想包袱，重拾理想信念宗旨，重树信心。要不断创新思想政治工作方式方法，直抵灵魂、触及思想深处，因人施策、因事施策。

（二）审理人员应当如何提高业务能力

当前，违纪违法案件仍然处于易发、多发、高发期，腐败案件性质上的贪婪性、手段上的智能性、领域上的弥散性、规模上的群体性等特征日益凸显。所以，审理人员业务能力需要一个不断学习、不断积累和不断探索的提高过程。

1. 了解和掌握党的路线、方针、政策，为审理人员的工作提供纲领性、指导性的方向。纪检监察机关是党和政府的内部监督机构。纪检监察审理工作是纪检监察工作的重要组成部分，是审理部门的职责。因此，审理人员首先要了解党和国家的工作大局，了解和掌握党的路线、方针和政策。在新时代下，审理人员必须深刻学习和贯彻党的基本路线、方针和政策。尤其是十八大以来党中央和中纪委提出监督执纪"四种形态"和"三转"的要求，审理人员必须认真学习最新的政策和工作要求，努力在审理工作中转变工作思路，聚焦主业，落实"四种形态"的要求，持续推进"三转"。

2. 熟悉和正确运用国家有关的法律法规，尤其是最新的法律法规。审理人员要认真学习国家法律、法规，并能够熟练和准确运用有关的法律、法规。《党章》明确规定："党必须在宪法和法律的范围内活动。"国家公务人员也必须遵纪守法。作为纪检监察机关的审理人员如果不熟悉和掌握国家法律、法规，就不可能真正地理解和准确地执纪执法。

3. 熟练掌握和准确运用纪检监察条规。熟练掌握并准确运用纪检监察条规，是审理人员应具备的最基本的业务素质。纪检监察条规是纪检监察工作的基本法规依据，包括程序性条规和实体性条规。其中，程序性条规规定党的纪律检查和国家监察工作的程序，是审核和处理党纪政务案件的操作规程。实体性条规则明确规定党纪政务案件违纪违法行为的性质认定、违纪构成要件以及处理的依据，是审核处理党纪政务案件、认定案件的性质和量纪处理的主要依据。因此，审理人员只有熟练掌握和运用纪检监察条规，才能做好审理工作。在此，审理人员要有实体与程序并重的观念。在审理工作中，审理人员要始终牢记违纪事实定性的实体依据和案件处理环节和各项程序的规范要求，不断创新审理环节的各项制度，逐步规范审理，这样既有利于维护被审查人的合法权益，有利于实现对纪检监察审理工作的内部自我监督，在一定意义上也能够保护审理工作人员自身的权益。

4. 熟悉其他相关的基本知识和有关的其他科学文化知识。当前，纪检监察机处理的党纪政务案件中，经济类案件占有很大的比重。这些经济类案件，涉及市场经济的各个方面，如财政、金融、股票、证券、房地产、工商、税收、财务会计等。违纪手段方式也越来越复杂、多样化，科技和智能手段违纪等新问题不断涌现。违纪涉及范围广、影响大也给审理工作带来巨大的挑战。要很好地完成审理工作任务，就必须具有市场经济的基本知识，关注当前市场经济条件下最新的经济现象和问题，这样才能更好地运用社会主义市场经济的基本知识来分析和判断案件的证据，认定案件的性质，划分案件有关责任人应负的责任大小。

学习法学基本理论知识，对审理工作可以起到一定的指导作用。目前，审理工作中有关违纪实体认定规范还处于比较笼统、概括的状态，还没有形成一套较为科学完整的统一规范。所以，当出现新的问题、复杂的案件，还需要借助法律思维方式和法理学的基本理念进行分析。审理程序中的细节问题在各级审理部门和地域之间的不统一，审理程序的制度建设参差不齐，有时也需要借鉴法律诉讼程序进行探索。

学习心理学知识，能够很好地帮助审理人员分析判断违纪人员的主观心理态度，区分违纪人员和组织的责任大小，从而科学合理地量纪。在审理过程中，审理人员可充分利用心理学知识有的放矢地与违纪人员进行审理谈话，一方面可以更加清晰地分析判断违纪证据的真实有效性和证据的逻辑关系，另一方面，也能充分保护被审查人的合法权益，使得审理工作的帮助教育职责得以充分实现。

此外，审理人员还应学习有关的科学文化知识，如行政管理学、信息论、系统论等，开阔视野，丰富知识，充实头脑，更好地完成审理工作任务。

5. 具有较好的综合归纳能力和分析判断能力。做好审理工作，不仅要求审理人员具备一定的专业知识，还要求审理人员必须具备一定的实际操作技能。审理工作是一项政策性、业务性很强的工作，特别是对于党纪政务案件事实和性质的认定、证据的鉴别和使用以及案件的处理等方面，都要求审理人员必须具备较好的综合归纳能力和分析判断能力。这里的综合归纳能力，就是审理人员能够将纷繁复杂的案件事实、案件的证据以及各方面的意见删繁就简、去粗取精地综合归纳清楚。分析判断能力，就是指审理人员要有善于抓住问题关键和本质的能力，能够从各个方面分析问题，能够分辨和吸收不同的意见。

6. 具有较好的文字、语言表达能力。做好审理工作，不仅要自己能够正确地审核案件材料，还要能够把自己对案件的认识和判断准确无误地表达出来，包括制作案件审理报告、处分决定、请示等审理公文以及向室务会议、纪委常委会议和监察机关领导办公会议汇报案件审理情况和审理部门的意见。因此，做好审理工作，还要求审理人员必须具备较好的文字和语言表达能力。这也是目前审理工作人员普遍缺乏的基本能力素养。

阅读链接：

武汉市江岸区纪委切实加强案件审理干部队伍建设

来源：中央纪委监察部网站　　2013 年 12 月 11 日

案件审理干部的综合素质、工作责任心直接影响着案件审理质量和当事人的合法权益。对此，武汉市江岸区注重加强审理干部队伍建设，在"四提高"上下功夫,使审理干部真正做到思想素质好、政策水平高、工作作风硬、业务能力强。

提高对案件审理工作的认识。坚持以科学发展观为统领,以思想教育为抓手,以会议交流为载体,增强审理干部坚定惩治腐败的决心、从严治党的信心、正确履职的公仆心,切实提高依纪依法审理案件的自觉性和责任感。

提高业务水平和执纪能力。组织审理干部学习和研究《湖北省纪检监察机关案件审理工作目标管理办法》的各项指标要求,重点把握各项考核指标与具体工作的精神实质,促进案件审理工作制度化、运用条规具体化、办案质量标准化、档案装订规范化。

提高解决疑难问题的能力。加强个案指导,以案代训,注重上下沟通,遇到疑难复杂案件难以定性量纪等问题,区纪委领导亲自指导审理干部对法律条规的理解、把握和运用,共同商议处理办法,并支持、鼓励和保障审理干部坚持原则、履行职责,逐步提高审理干部发现、分析和解决问题的能力。

提高文字写作的能力。审理干部通过撰写工作信息、工作总结、案件通报等不同文种的文字材料,提升逻辑思维水平和写作水平,养成日常工作中积累素材、思考问题、动笔写作和修改文章的习惯,为写好审理公文奠定基础,确保案件审理工作优质高效。

三、新形势下加强审理干部队伍建设的要求

新形势下,国家监察体制改革深入推进,各级纪检监察机关审理部门要做到与时俱进,有所作为,必须不断加强干部队伍建设,主要应从以下几方面进行努力:

1. 加强理论、业务和新知识的学习,全面提高审理干部的综合素质。一是要加强理论学习。理论学习应包括政治理论和专业理论学习。在理论学习上要努力做到真学、真懂、真信、真用。二是要加强业务和新知识学习。学好纪检监察业务知识、市场经济知识、法律知识和现代科学知识,拓宽知识领域,与时俱进,不断提高执纪水平和审案能力,树立正确的法律意识和执纪观念。

各级纪检监察机关应把加强政治理论、业务和新知识的学习作为一项重要任务,统一安排部署。将审理人员培训作为一项基础性工作来抓,通过办学习班、研讨班、实行审理干部上岗资格考试等方式,进一步提高审理干部

的综合素质。

2. 深入开展作风建设教育活动，树立审理干部的良好形象。要大力弘扬良好的风气，增强审理部门领导班子和干部队伍的凝聚力和战斗力。要增强忧患意识、公仆意识和节俭意识，增强审理干部自重、自醒、自警、自励意识。要严格要求、严格管理、严格监督、严肃纪律，特别是办案纪律和保密纪律，不断提高拒腐防变的能力，树立良好形象。

3. 选好配齐配强审理人员，营造和谐奋进的工作环境。审理工作非常重要，对审理人员的素质要求非常高，应当配备最强的干部。各级纪检监察机关要做好审理干部的选拔配备工作，特别是要选好审理室主任。要在政治上、工作上、生活上切实关心爱护他们，对那些工作成绩突出的，要给予表彰、提拔重用。继续坚持"以人为本、以室为家，内强素质、外树形象，出成果、出人才"的思路，把是否有利于促进工作和促进人的全面发展作为配备审理干部的出发点和落脚点，努力营造鼓励人干事业、支持人干成事业、帮助人干好事业的良好环境。今后地（市）级以上审理部门新进人员一般应具备大学本科学历，具有必要的法律知识和一定的办案经验。从事行政复议、行政应诉工作的人员应具有法律职业资格。

4. 加强审理部门领导班子建设，以过硬的班子带出过硬的队伍。各级审理部门领导要充分发挥模范带头作用，努力做到处事要公，公生明，就是平等待人，做到公道、公平、公开；求己要廉，廉生威，就是要求别人做到的自己要先做到，要求别人不做的自己首先不做；待人要诚，诚生信，就是要做到心胸开阔，海纳百川，虚怀若谷，诚心诚意、真心实意地对待每一个同志；工作要勤，勤生效，就是脑勤多思，眼勤多看，耳勤多听，嘴勤多问，手勤多记，腿勤多深入，勤勤恳恳，任劳任怨。要坚持以人为本，把充分发挥人的作用放在首要位置，把大家的积极性最大限度地调动起来，并合理地发挥作用，把审理部门建设成为全体干部各尽其能、各得其所、和谐相处的集体，增强审理队伍的创造力、凝聚力和战斗力。

思考题

1. 新形势下，审理工作对审理人员的基本要求有哪些？

2. 材料分析题：

案件审理工作人员要扮好"五员"

来源：崇左市龙州县纪委　　2014 年 11 月 05 日

案件审理工作是查办案件的终结阶段，审理工作质量好坏，直接影响到对违纪人员的处分是否恰当，纪律能否得到正确执行。作为县级案件审理人员，如何把好案件审理关，使所办案件经得起检验，对坚持从严治党方针，加强党风廉政建设，维护党的纪律，具有十分重要的意义。在实际工作中，笔者认为审理工作人员要扮好"五员"。

一要在事实证据的求证上扮好调查员。做到一切从实际出发，实事求是，克制主观想象，强调客观考察，不妄作推断、不主观臆想，不为情绪倾向所影响。如果案审人员存在"先入为主"和"先定后审"的思维模式，就很容易出现以价值判断代替事实判断、以经验代替审理，忽视个案的特点，导致审理时出现片面性、倾向性和主观性，造成误审错审。所以，即便主观"感觉"毋庸置疑，对呈报案件的人物、事件、时间等每处细节也还是要再做核实，以事实为依据，以法律条规为准绳，实事求是，严谨对待，力争把每一个案件都办成铁案。

二要在案件审理动态上扮好信息员。在审理时，通过与被调查人谈话，征求其所在党支部（单位）意见后，全面了解和掌握被调查人对所犯错误的认识和党支部（单位）的处理意见，及时形成审理报告并向纪委常委会报告，保证常委会在对其定性和量纪中充分考虑以上意见，保证处理干部公正、公平。对于疑难案件，案情比较复杂，政策不够明确，定性处理没有把握的案件，由审理室室务讨论形成倾向性意见，报分管常委或常委会讨论同意后再作定性。必要时，主动联系上级审理室，寻求指导帮助，对案件进行会审，突破工作难点。

三要在材料手续完备上扮好编辑员。审理做到不厌其烦，心细如发，甚至要变通地"吹毛求疵"。即便手头案卷材料已经足以把整个案件呈现清楚，也还是要按章办事。重点要看调查组认定了哪些违纪事实，事实发生的各个情节是否清楚具体，对案件的事实要有一个基本的掌握。要看哪些事实是应该查清却没有查清的，没有查清的需要退回调查组补充调查还是在审理过程中做进一步调查，并做出相应的准备。要看违纪事实材料是否已同被审查人见面，被审查人意见如何。要看案件进行调查处理时，手续是否完备、程序是否合法，鉴别证据材料真伪。此外，还要核对错别字，以及文书格式、用语表达的规范正确与否等。

四要在核审工作上扮好指导员。部分单位由于受人员、编制的限制，没有配备专职审理人员，造成案件审理质量不高，存在案件定性不准、案件适用条款不准、案件事实不清、证据材料单薄、案件办案程序较乱等情况。对此，一方面要加强对兼职审理人员和新到岗人员的知识培训，提高审理人员理论知识。另一方面要加强实战业务指导，对有关单位上报的受理检举控告、初步核查、立案、调查、违纪事实材料、调查报告、移送审理等材料一一进行审查指导，就审理中的疑难问题和专业知识进行解答，并及时纠正审理中存在的问题，切实让审理人员会审案、审好案，不断提高案件整体质量。

五要在定性量纪上扮好审判员。纪检监察案件审理工作的业务性、专业性较强，做好审理工作要求案审人员须具有独特的职业素养。既熟练掌握党和国家的方针政策、法律法规和党纪政纪条规等相关知识，又有独立审案的业务能力。在工作中做到求真务实、秉公办案、不徇私情，宽严适度、处理恰当，既敢于提出并坚持自己的正确意见，又善于听取不同意见，确保定性准确、量纪适度，使每一个案件都能经得起检验。对于工作中出现的新问题，凡是纪律条规上不明确的，要本着有利于改革、发展、稳定，有利于保护党员和监察对象积极性的原则，认真研究、妥善处理，做到保护改革者、帮助失误者、惩治腐败者。

问：试结合材料分析审理工作人员应具备哪些基本素质？

第二部分

案件审理

第四章

案件审理概述

第一节　案件审理的概念、作用

一、案件审理的概念

案件审理是指纪检监察机关案件审理部门（含专兼职案件审理人员，下同）对审查调查终结的违反党纪政务的案件，在作出正式处理决定之前，按照规定的程序，遵循一定的原则，根据审理案件的基本要求，对审查调查所认定的事实、取得的证据和定性、处理建议，以及对手续是否完备、程序是否合法和涉案款物处理是否恰当等方面所作的审核处理工作。这样使违纪人员得到恰当的处理，不构成违纪的不予追究纪律责任，或者对虽有错误但具有规定的从轻或减轻情节的人免予追究纪律责任。

进入案件审理程序只是执纪审查监察调查阶段的结束，并不完全是执纪审查监察调查的结束。因为在审理阶段，如果发现事实不清、证据不足、手续不全的情况，还要进行补充调查和补办手续。补充调查可能退回原审查单位进行，也可能由审理部门进行，或者共同进行。补充调查可以采用审查阶段的所有收集证据的方法和措施，补充调查程序与执纪审查的工作程序相同。

做好案件审理工作，有利于保障和提高案件质量、维护党纪政纪严肃性，端正党风政风和社会风气；有利于贯彻落实党中央确定的全面依法治国，建设法治中国的总目标，提高依纪依法审查水平；有利于维护党员和监察对象的民主权利，促进社会和谐稳定。

二、案件审理的作用

（一）监督制约与协调配合的作用

案件审理部门既要加强与执纪审查部门的协作配合，又要充分履行审核把关和监督制约职责。在审理过程中，要充分听取执纪审查部门对案件事实认定和定性处理的意见，对疑难复杂的问题关口前移，适时提前介入并提出工作建议；对事实认定和处理意见存在分歧的，及时与承办部门沟通研究，对需要补证的及时提出建议，形成查审双方共同对案件质量负责的工作机制。对审核后发现主要事实不清、证据不足的，经纪检机关主要负责人批准，要及时退回执纪审查部门重新调查；对证据达不到要求的，坚决不予认定。对于需追究纪律责任的案件，由审理部门对案件的事实、证据、定性、处理以及办案程序、手续方面进行审核后，才能提交纪委常委会议或监察机关领导办公会议审议批准。审理部门要加强对执纪审查部门立案依据的审核把关，对立案依据及处置出现重大失误的，要根据《监督执纪工作规则（试行）》的要求，及时提出"一案双查"的建议。同时审理部门要坚持信任不能代替监督，自觉接受执纪审查、案件监督管理等部门的监督，确保所办案件经得起检验。

发挥案件审理的监督制约作用，可以防止调查处理案件中的主观片面性和局限性，最大限度地减少工作的失误，及时纠正纪检监察机关在执行纪律、遵守法定程序方面的偏差，避免调查处理案件的各个阶段可能发生的错误。一旦发生错误，也便于及时发现和纠正，减少和防止错案的发生。因此，坚持案件审理制度，是保证办案质量、正确执行纪律、维护纪律严肃性的制度保证。

（二）参谋助手作用

案件审理报告，是纪委常委会议和监察机关领导办公会议讨论处理案件的基础和依据之一。案件审理部门通过对案卷材料进行全面审核，对事实不清、证据不足的进行补充调查，对手续不全的要求补办手续，最大限度地防止和避免调查案件过程中可能发生的失误、疏忽和差错，并提出审理部门对案件的定性处理意见，供纪委常委会议或监察机关领导办公会议审定案件时参考，为纪检监察机关及时、正确地处理案件，创造良好的条件。

（三）保障权利作用

保障党员和监察对象的民主权利，是案件审理应遵循的一项基本原则，也是案件审理的一项重要职责。审理过程中，以事实为根据，以法律、条规为准绳，程序与实体并重，就是为了维护被审查人的合法权益。案件审理部门既审理违纪证据，又审理没有构成违纪的证据，认真听取被审查人的意见和申辩，相关部门可以给被审查人提供党纪政纪和政策的咨询服务。同时，被审查人可以申请审理人员的回避，保护自身权益，这些都可以保障审理工作的公平公正，树立党纪党规的权威性。

（四）教育作用

违纪责任处理可以起到一般预防和特殊预防的作用。特殊预防是通过对违纪案件的处理可以教育受处分者本人，帮助他们分清是非，吸取教训，改正错误，以防再次违纪；一般预防是通过典型案例，或公开处理案件，起到处理一件、教育一片的作用，这是新形势下案件审理最终的目的。案件审理工作需要创新审理方式，转变审理理念，推进审理实现"三转"。近年来，各地各级纪检监察机关坚持以人为本的审理理念，注重发挥案件审理的教育职能，不断探索创新审理教育方式，丰富审理教育内容，拓展审理教育内涵，延伸审理教育功能，取得了严肃惩治腐败、保障案件质量、有效预防腐败、促进社会和谐的良好效果。

（五）促进作用

通过正确地审查处理各类违纪案件，使违纪违法行为受到应有的处理，对于保证党的路线、方针、政策的贯彻执行，保障改革开放，加强民主法制建设，推进经济、政治、文化、社会和党的建设，构建社会主义和谐社会，起着积极的促进作用。同时也可以推动国家治理能力现代化和社会治理体系现代化进程。

 阅读链接：

无为："望闻问切"四诊法提升执纪审理水平

来源：安徽纪检监察网　　2018年3月27日

近年来，无为县纪委主动适应监督执纪新形势，巧用"望闻问切"四诊法，扎实做好执纪审查"收口"工作，全县执纪审理工作规范化水平和案件质量得到显著提升。近两年以来，共审理本委自办案件60件，无一申诉案件。

望，细心审核卷宗。全面掌握违纪对象的任职经历、性格特征、一贯表现、违纪方式等素材，对其粗略"画像"，以便更好地判断"树木"与"森林"的关系。此外，快速对移送案件材料开展形式审核，确保案件程序合法、案卷规范。在此基础上，细心审核违纪事实和证据材料，凡是认定的违纪事实必须有证据支持，在违纪目的和动机上处理好"主观"与"客观"的关系，在问题演变上处理好"量变"与"质变"的关系。

闻，耐心审理谈话。做实、做细执纪审理谈话工作，充分发挥审理谈话的教育和校对功能。引导教育谈话对象针对违纪事实对照党章党规党纪主动查找"破纪点"，真心悔改；帮其找准思想"病灶"，做好释纪说理，引导谈话对象放下包袱，继续前行。通过与谈话对象核对违纪事实，听取辩解意见，综合研判违纪事实和从轻从重情节，为实事求是定案和有效运用监督执纪"四种形态"奠定基础。

问，虚心沟通协调。注重与案件审查组沟通交流，充分听取审查组对案件事实认定、处理意见的思考过程，综合案件事实和证据情况，对照相关规定恰当提出审理意见，确保案件质量，形成执纪合力。

切，精心诊断开方。按"二十四字"基本要求，严把案件事实、证据、定性及量纪关，确保所办的每件案件都是铁案。同时，妥善安排处分决定宣布送达工作，实现执纪效果的最大化。对重大职务调整的干部，既查看纪律处分执行情况，更注重其思想状态和生活、身体状况，帮助其做好思想转化，充分体现组织的关怀和温暖。

第二节　案件审理的基本要求

一、案件审理基本要求的提出

1983年7月，中央纪委召开第一次全国案件审理工作会议，首次提出了"事实清楚、证据确凿、定性准确、处理恰当、手续完备"二十字办案基本要求。1987年颁布的《案件审理工作条例》中对此作了明确规定。2003年2

月，十六届中央纪委第二次全会，在"二十字"办案基本要求基础上增加了"程序合法"的要求。2017 年 1 月，中纪委七次会议通过的《监督执纪工作规则（试行）》提出"程序合规"。这些充分反映了依法治国的时代特征和社会进步的发展趋势，是发展党内民主和保障党员权利的保证。2018 年 3 月 20 日，第十三届全国人大第一次会议通过《监察法》，提出"国家监察工作严格遵照宪法和法律，以事实为根据，以法律为准绳"，进一步凸显国家法治思维引领反腐工作，推动全面从严治党向纵深发展。

📚 阅读链接：

建立重大疑难复杂案件专家会商制度
——落实监察法对案件审理工作的新要求（一）

来源：中国纪检监察报　2018 年 6 月 27 日

　　编者按：案件质量是"生命线"，案件审理部门在实现纪法贯通、法法衔接方面应充分发挥"关口""出口""窗口"作用。重庆市纪委监委案件审理室以打造"铁案"工程为目标，建立重大复杂疑难案件专家会商制度，落实案件审理工作责任制，建立典型案例库，制定办理职务犯罪案件排除非法证据规程和重点罪名收集、审查证据指引，优化涉案财物移送与处理，实现纪法有序贯通、法法高效衔接。在案件数量增加、审查调查节奏加快的情况下，该市对案件质量的要求没有丝毫放松，实事求是、慎之又慎地处理好每一起案件，牢牢守住案件质量这道关口，确保案件经得起历史和人民的检验，达到政治效果、纪法效果、社会效果的统一。

　　中央纪委国家监委领导同志高度重视案件质量，明确指出，各级监委调查的证据标准与刑事审判的标准要保持一致，比改革以前的案件质量只能更高、不能降低，移送给检察机关的是"成品"。重庆市委常委、市纪委书记、市监委主任陈雍多次表示，严把案件事实关、证据关、程序关，构建"铁案"工程。保障案件质量是案件审理部门的基本职责，也是安身立命之本，案件审理部门是审查调查工作的"关口""出口"，必须切实履行审核把关、监督制约职责。为切实保障案件质量，发挥众家之长，重庆市纪委监委根据中央纪委国家监委有关文件精神，在实践的基础上，探索建立健全重大复杂疑难案件专家会商制度。

《国家监察委员会与最高人民检察院办理职务犯罪案件工作衔接办法》第11条第1款规定，国家监察委员会根据工作需要，设立法律专家咨询委员会。这一原则性规定需要在实践中不断探索和具体化。

重庆市纪委监委案件审理部门结合实践对此规定进行了探索，形成一些有益做法。针对违纪违法、职务违法犯罪行为涉及的重大疑难复杂问题，建立了包括法律、经济、金融、科技等方面的综合性专家咨询库，目前库内专家六十余人，并制定了《重大疑难复杂案件专家会商办法（试行）》，为办案过程中涉及的专业技术问题、政策规定问题、重大疑难复杂问题提供了有效解决路径。

重大疑难复杂案件专家会商的必要性

监察对象范围的扩大。《监察法》第3条规定，监察委员会对所有行使公权力的公职人员进行监察，调查职务违法和职务犯罪；第15条规定，监察机关对六类公职人员和有关人员进行监察。监察法的颁布实施实现了国家监察对所有行使公权力公职人员进行监督的无禁区、全覆盖。监察对象范围扩大，监察机关对职务违法和职务犯罪进行调查，调查中涉及大量的专业技术问题、具体业务政策规定等。比如，统计数据造假问题，涉及统计、审计等专业技术问题，办案中需要向有关专家进行咨询、会商论证。

管辖职务犯罪罪名的增多。根据《国家监察委员会管辖规定（试行）》规定，监委机关对88个罪名行使管辖权。除贪污贿赂、滥用职权、玩忽职守、徇私舞弊职务犯罪案件外，还包括公职人员在行使公权力过程中发生的重大责任事故犯罪以及其他犯罪案件，比如，背信损害上市公司利益罪、违法运用资金罪，公职人员在行使公权力过程中违反职务廉洁等规定权力寻租，或者为谋求政治、经济等方面的特定利益进行利益输送，等等，对这些不常用罪名的查办，需要向有关专家咨询、会商论证。

确保案件质量的需要。在办案实践中，充分发挥专家会商制度的优势，重庆市纪委监委针对查处违反中央八项规定精神、职务违法犯罪等违纪违法犯罪实践中遇到的专业技术问题、重大疑难复杂问题已邀请专家会商15次，涉及案件事实、定性以及证据审查、认定等方面。比如，针对国有资本参股企业的人员立案调查，但对其是否具有国家工作人员身份争议较大，经专家会商达成一致意见。再比如，经专家会商，对《刑法》第385条受贿与388

条第 1 款斡旋受贿犯罪的适用疑难统一了认识。今年以来，重庆市各级监委已移送检察院起诉和法院作出判决的案件，无退回补充调查情况，移送的犯罪事实均得到认定，检察院、法院对监委移送案件的质量、效率给予高度评价，制度优势逐步转化为治理效能，实现政治效果、纪法效果、社会效果的"三效合一"。

重庆探索重大疑难复杂案件专家会商的基本做法

建立专家咨询库。在建立专家咨询库之前，经反复研究确定专家咨询库主要从法院、检察院、公安局、高等院校、人社局、审计局等有关单位或者行业中挑选政治素质过硬，专业能力突出，具有较强分析、研究和解决实际问题能力的人员组成。在向推荐单位下发推选通知后，与推荐单位沟通所需人选条件，并委托市纪委监委派驻（出）该单位的机构审核把关，突出所选专家的政治素养和业务能力。

明确专家会商范围。市纪委监委在办理案件过程中，对案件涉及专业技术问题或者具体业务政策、规定的，采取会议或者书面等方式向专家咨询库的有关成员咨询，形成书面咨询意见；对存在重大疑难复杂问题，分歧意见较大的，组织专家咨询库的有关成员进行会商论证，形成书面会商论证意见；区县纪委监委、市纪委监委派驻（出）机构报请的重大疑难复杂案件，分歧意见较大的，市纪委监委可以组织专家咨询库的有关成员进行会商论证，形成书面会商论证意见。

严格启动程序。启动专家咨询、会商论证前，案件承办部门应当制作提请专家咨询、会商论证报告，写明咨询、会商论证的具体问题、邀请人员等内容，呈报委领导审批后实施；启动专家咨询、会商论证后，应当及时将有关案件、事项材料（涉密的匿名处理）送交专家咨询库的有关成员。

合理运用专家意见。开展咨询、会商论证过程中，案件承办人应当详细记录，整理形成咨询、会商论证意见，并经案件承办部门负责人审签；咨询、会商论证结束后，案件承办部门应当形成专题报告，写明咨询、会商论证的意见建议，并对分歧意见进行研断后，呈报有关领导；市纪委常委会、监委委务会审议案件时，应当将咨询、会商论证意见一并提交，作为决策参考；案件需要移送审查起诉的，可以将咨询、会商论证意见入卷随案移送。

规范日常管理。专家咨询库建设、日常管理由市纪委监委案件审理室承担，因工作需要或者专家咨询库人员调离、违纪违法犯罪等不适宜继续担任的，应当及时更新、增补专家咨询库人员。此外，还专门规定了市纪委监委为专家咨询库人员提供必要的履职保障；专家咨询库人员应当严格遵守保密、回避等要求。

不断优化重大疑难复杂案件专家会商的构思

建立健全工作机制。一是探索建立重大疑难复杂案件专家会商沟通机制。为保障重大疑难复杂案件专家咨询、会商论证意见的实效性，需要加强与法院、检察院沟通协调，提高专家咨询意见书、论证意见书的采信率。二是建立专家库成员"上讲台"制度。市纪委监委案件审理部门利用业务培训邀请专家咨询库有关成员进行专门授课或者邀请专家举办专题讲座。

灵活运用信息化手段。一是依托重庆市纪检监察机关内网，探索建立专家会商工作群，对办案所需的党规党纪、法律法规以及前沿问题、疑难案例等在群中及时发布实行共享，提高会商的质量和效率。与此同时，办案人员对疑难问题可以随时在工作群中咨询，案件审理部门派专人对专家的答疑解惑进行记录，适时编辑成册下发，以便办案参考使用。二是依托机关内网，在"典型案例库"专栏中对专家会商案例进行专刊，供办案人员查询、办案参考使用。

（作者：重庆市纪委监委案件审理室）

讨论：结合材料思考国家监察体制改革下，案件审理工作将面临什么问题，如何解决？

二、基本要求的内容

依据《监督执纪工作规则（试行）》、《中国共产党纪律处分条例》和《监察法》等有关审理规定，案件审理的基本要求可概括为：事实清楚、证据确凿、定性准确、处理恰当、程序合规合法、手续完备。事实清楚、证据确凿是前提和基础，定性准确、处理恰当是关键和目的，手续完备、程序合规合法是要求和保证。这种辩证统一的关系构成了查处各类违纪违法案件的制约机制，揭示了办理各类违反党纪政务案件的内在的、本质的联系。案件审理的基本要求，互相联系，互为条件，是一个有机的整体，能够保证案件质量经得起历史检验。

（一）事实清楚

违纪违法事实是指案件中客观存在的能够表明违纪违法行为轻重的一切主客观事实，既包括违纪违法构成要件的基本事实，也包括违纪违法行为以前和以后的能够直接影响违纪行为危害程度的其他主客观事实。

违纪违法事实是保证实施党纪政务处分适当的首要根据。纪检监察机关在案件处理阶段，首先应当对审查调查阶段认定的违纪违法问题进行认真核实，做到对每一个问题的认定都是客观存在的、是经查证属实的、充分确凿的证据加以证明的，一定不能以主观想象、推测、怀疑等主观臆造出来的事实作为党纪政务处分的依据。准确认定违纪违法事实性质是实施党纪政务处分的基本根据。纪检监察机关在认定违纪违法事实以后，应当根据《中国共产党纪律处分条例》、《行政机关公务员处分条例》（以下简称《公务员处分条例》）、《事业单位工作人员处分暂行规定》、《国有企业领导人员廉洁从业若干规定》、《农村基层干部廉洁履行职责若干规定（试行）》等党纪政务法规的具体规定准确认定违纪性质，做到定性准确。全面分析违纪违法行为情节和量纪情节，正确衡量违纪违法行为对党、国家和人民利益造成的危害。

按照违纪违法事实是否以人的意志为转移，可将违纪违法事实分为违纪违法事件和违纪违法行为。违纪违法行为可以作为主要违纪违法事实存在，能够引起违纪违法关系的形成、变更和消失。违纪违法行为情节是违纪违法构成要件所涵盖的内容和行为成立某种违纪违法的事实根据。而量纪情节是指纪检监察机关或者有关机关、部门、单位对被审查人（含党组织，下同）量纪时据以处分轻重或免予处分的主客观事实情况。

纪律审查实践中，要注意区分违纪违法行为情节与量纪情节的界限。违纪违法行为情节表明并揭示的是违纪违法行为的共性，而量纪情节则表明具体个案之间的特点和差异，揭示同种违纪违法行为中不同违纪违法者的个性；违纪违法行为情节不仅决定具体违纪违法行为的性质，而且决定对该种违纪违法行为追究党纪政务责任的统一标准和范围。而量纪情节决定着在统一标准和范围内具体应当给予何种档次的处分或者是否免予处分。比如：《中国共产党纪律处分条例》第73条规定，有下列行为之一，情节较重的，给予警告或者严重警告处分：（1）违反个人有关事项报告规定，隐瞒不报的；（2）在组织进行谈话、函询时，不如实向组织说明问题的；（3）不按要求报告或者不如实报告个人去向的；（4）不如实填报个人档案资料的。这4种情形就属于违纪违法行为情节。第2款规定篡改、伪造个人档案资料的，给予严重警告处分；情节严重的，给予撤销党内职务或者留党察看处分。那么篡改、伪造个人档案资料的就属于量纪情节。

事实是定案的基础。事实清楚，是正确处理案件的前提，是对案件审理工作最基本的要求。因为，在审理各类违纪违法案件时，审理人员不能根据个人的主观意志靠推测、想象去分析、判断问题，而只能依据违纪违法人员所犯错误的违纪违法事实去分析错误性质，判定应负的责任，并提出处理意见。如果事实不清楚，特别是对于作为处分依据的主要违纪事实，有时甚至是一个具体情节不清楚，都可能造成对案件性质和是非作出错误的判断，从而得出错误的结论，导致错误的处理。从这个意义上讲，事实清楚是正确处理案件的基础。

违纪违法事实清楚，是指错误事实发生的时间、地点、情节、主客观原因、后果以及本人的责任，必须真实、具体、准确，符合客观实际。它包含三层内容：一是所认定的事实须符合客观实际，必须能真实、客观地再现事物的本来面貌；二是能够反映违纪违法事实发生、发展的全过程，包括违纪违法事实发生的时间、地点、情节、手段、主客观原因、造成的后果，以及有关人员的责任等；三是能够准确地概括出违纪违法人员犯了什么错误，错误所在是什么。

案件审理部门在审理案件过程中，首先要认真地核对事实，将审查阶段所认定的每一个问题与取得的证据材料相对照比较。认真分析案卷材料，熟悉案件情况。因为没有丰富的材料，就不可能把事情的本质从大量的现象中提取出来。材料不实或不全，可能使人产生错觉和假象。根据错觉和假象，审理人员就会作出不正确的判断。所以对违纪违法案件的错误事实，如果存在含糊不清、情节不准、不具体、有关人员责任划分不清楚的，有的要由移送单位进一步核对，有的要进行补充审查，存在问题严重的，应中止审理，退回移送单位重新审查。总之，通过审理，必须使所认定的违纪违法事实符合客观实际。这是案件审理的干部必须认真把住的第一道关口。

做到事实清楚应注意的几个问题：

1. 错误事实是否能作为处理的依据。作为处理依据的错误事实达到违纪违法事实的程度应同时具备以下三个基本条件：

第一，错误事实应具有一定的社会危害性。即要看行为人实施的违纪违法行为是否危害了党、国家和人民群众的利益，侵害了党纪政纪和国家法律所调节、所保护的党内关系和社会关系。这是宏观上对错误事实侵害的客体条件作出要求。

第二，错误事实应是违犯了党和国家的路线、方针、政策和法律、法规以及党纪政务条规的有关规定。这是审理中最直接最具体的依据。所有的违纪违法案件的审理工作都必须有法有规所依。这样既使得依规依法原则在审理中贯彻实施，又能够树立审理的权威性，从而建立起有效的监督机制。

第三，错误已经达到了一定危害的程度，应该追究纪律法律责任。对于情节显著轻微、危害不大的，一般不作为处理的依据。这体现了违纪违法、责任和处分相适应原则，彰显出审理的客观性和公平性。

2. 错误事实发生的全过程是否清楚，是否符合实际。作为处分依据的每一条错误事实所发生的时间、地点、情节、手段、原因、后果以及有关人员的责任等全过程都要清楚。特别对影响违纪违法定性处理的事实，任何具体情节都要清楚。

每一条错误事实必须符合客观实际，都有证据加以证明。对此，不能有丝毫的差错，不能采取大而化之的态度。如果作为处分决定或审查结论所依据的主要违纪事实搞清楚了，对不影响定性处理的细节，暂时无法查清楚，不必纠缠，以免延误审案的进程，影响执纪的效率。

3. 错误事实中有关人员的责任是否已划分清楚。分清责任，就是要分清在违纪案件中违纪人员应负的责任和责任的大小。根据《中国共产党纪律处分条例》第 37 条规定，违纪行为有关人员责任区分为：

（1）直接责任：指在其职责范围内，不履行或者不正确履行自己的职责，对造成的损失或者后果起决定性作用。

（2）主要领导责任：指在其职责范围内，对直接主管的工作不履行或者不正确履行职责，对造成的损失或者后果负直接领导责任。

（3）重要领导责任：指在其职责范围内，对应管的工作或者参与决定的工作不履行或者不正确履行职责，对造成的损失或者后果负次要领导责任。

需要指出的是，对由党员领导干部直接决定某一具体问题或者具体事项的，或者由党员领导干部授意、指令承办人员违规办理（或者应当办理而不办理）有关事项的，或者具体实施人员在实施中提出过纠正意见、未被党员领导干部采纳而造成经济损失或者不良影响的，对党员领导干部不应认定为领导责任，而应当认定为直接责任。

（二）证据确凿

证据确凿，是指认定的违纪违法事实都有确实、充分的证据来证明。它包含四层内容：一是证据必须真实，经得起现实和历史的检验；二是证据必须与案件有内在的联系，证据与错误事实相符；三是证据必须充分，足以证明错误事实，能使得出的结论是唯一的；四是证据之间不能有矛盾。

证据确凿，是正确处理案件的基础，是认定案件事实的依据。从某种意义上说，案件审理过程，就是通过鉴别证据、使用证据来认定案件事实的过程。因为，各级纪检监察机关案件审理部门所审理的案件，从时间上分析，它们都是已经发生的各类违纪违法行为；从认识上分析，审理干部对案件事实的认识都要经过一个由感性认识到理性认识的发展过程，通常不可能预先了解案件的事实。因此，要正确地认定案件的事实，只能依靠证据。只有证据确实、充分，才能认定被审查人是否犯有错误，犯有什么性质的错误，错误的严重程度，进而才有可能使案件得到正确的处理。如果证据不足，甚至没有证据，错误事实就无法认定。若强行认定，必将导致错误的处理。因此，重证据，对案件审理工作具有十分重要的意义。

做到证据确凿应该按照证据的基本特征，即证据的客观性、关联性和合法性来把握，在具体实践中应注意以下几个问题：

1. 审查证据的合法性。证据的合法性是指证据必须依法加以收集和运用。这是证据的客观性和关联性的重要保障，也是证据具有法律效力的重要条件。在鉴别证据过程中，鉴别证据的合法性应审查证据的提供、收集和审查是否是按照规定的程序进行的，即收集证据是否符合法律和纪检监察法规的规定；证据的形式是否合法；证据是否经法定程序出示和查证。例如，收集证据的时候，必须由 2 人以上的纪检监察人员共同进行；收集证据过程中，不能使用威胁、引诱、欺骗及其他违规违法方式收集证据，严禁隐匿、损毁、篡改、伪造证据，充分听取被审查人陈述，严禁对其采取侮辱、打骂、虐待、体罚和变相体罚等。

非法证据应该排除，这是案件审理环节证据审查应该遵守的原则，也是违纪处理和保护被审查人权利两种目的之间的冲突与协调。从世界各国政治文明的发展趋势来看，各国立法基于维护人权的需要，都在一定程度上确立了非法证据排除规则。在我国，2017 年 1 月中纪委通过的《监督执纪工作规则（试行）》中，对于证据的收集、使用提出了更加严格具体的规范。如执行暂扣、封存措施，执纪人员应当会同原款物持有人或者保管人、见证人，当面逐一拍照、登记、编号，现场填写登记表，在场人员须签名。审查谈话、重要的调查谈话和暂扣、封存涉案款物等调查取证环节应当全程录音录像。录音录像资料由案件监督管理部门和审查组分别保管，定期核查。这些在审理环节也要一并审查其合法性。

2. 审查证据是否与案件事实有客观联系，即证据的关联性。关联性是证据的一种客观属性，不是案件审理人员主观想象或强加的联系，而是证据事实同案件事实之间的客观联系。它的表现形式也是多种多样、十分复杂的，最常见的是因果关系，即违纪事实与结果之间的因果关系。还有与违纪相关的空间、时间、条件、方法、手段等可能反映违纪的动机、目的、后果的证据，也可能反映违纪事实不存在或并非被审查人所为。

证据的关联性体现证据的证明力。所谓证明力，是指证据所具有的对案件事实的证明作用，表现了证据对证明案件事实的价值。证据对案件事实有无证明力以及证明力的大小，取决于证据本身与案件事实有无联系以及联系的紧密、强弱程度。一般来说，如果证据与案件事实之间的联系紧密，则该证据的证明力较强，在审理中所起的作用越大。

证据与案件事实之间的联系，常见的主要有以下几种：

（1）有些证据直接反映了案件的主要事实。例如受打击报复的人，关于受打击报复情况的陈述。

（2）有些证据反映了案件主要事实发生的原因。例如在失职案件中，证人所作的关于某领导人严重失职、不正确履行职责以及造成重大损失的陈述。

（3）有些证据反映了案件主要事实产生的结果。例如在滥用职权案件中，造成重大损失的情况，应由有权认证的单位出具鉴定。

（4）有些证据反映了案件主要事实发生的条件。例如发短信息诽谤他人案件中违纪人员所使用的手机。

3. 审查证据的真实性，即证据的客观性。它是指证据是客观存在的，不以人的意志为转移。证据是对已经发生的违纪事实的客观反映，不是主观想象、猜测和捏造的，也不依赖于办案人员的意识而客观存在。这要求审理人员必须避免任何主观想象和猜测，认真审查能够如实反映违纪情况的证据，善于鉴别和排除虚假材料。

审查判断证据的真实性，一般应从以下几个方面具体分析：

（1）提供证据的证人与违纪人员之间的关系。分析他们之间是否存在利害关系或其他不良动机，由此判断证人提供虚假证据的可能性。

（2）提供证人自身的自然状况，包括年龄、健康状况、认识事物的水平等，依此鉴别证人所提供证据的可靠性。

（3）证据因时间、环境和条件的变化是否发生变化，从而鉴别证据是否具有准确性。

（4）传来证据在转述、传抄中是否存在差错。客观上传来证据很容易出现偏差，需要对比印证来判断证据的证明力。

（5）审查人员在收集证据中，是否存在工作上的原因造成证据的差错，如询问证人的笔录记载是否有遗漏等。

（6）对全案证据进行综合分析，从一个证据和其他证据的联系中来判断证据的真实性。

4. 审查证据之间是否有矛盾。审查证据之间是否存在矛盾，应注意从以下几个方面分析：

（1）某一证据本身有无矛盾。要注意分析证据的内容或形式在当时当地的条件下是否可能出现。也就是说，要分析证据与当时当地的具体条件有无矛盾，要注意分析证据内容前后是否一致。

（2）证据与证据之间有无矛盾。要注意分析同案人交代内容之间、当事人和证人的陈述之间、不同证人的证人证言之间、被审查人交代与受害人陈述之间有无矛盾。注意审查这些交代、陈述与物证、书证、鉴定结论、勘验笔录、检查笔录之间有无矛盾等。

（3）证据与所认定的案件事实之间有无矛盾。如果证据与所认定的案件事实之间有矛盾，所认定的案件事实则不是必然结论，不具有说服力。回避矛盾，对存在的矛盾视而不见，听而不闻，或者以主观想象随意加以解释，都不利于查明案件的客观真实情况。

5. 证明违纪行为所需要的证据。证明违纪行为需要的证据，因案件性质不同，具体违纪行为不同，以及实施手段不同而有所不同。一般而言，证明违纪行为需要以下几类证据：

（1）主体证据。主体证据是指证明被审查人是纪检监察机关管辖对象的证据。主体证据主要包括：①个人履历。如被审查人陈述的工作简历和干部人事档案材料中记载的工作经历等。②党员证明。如入党志愿书、组织介绍信、参加党组织活动的记录和其他党员的证明等。③行政机关公务员或行政机关任命的其他人员的证明。如行政机关的任免职文件及履行职责的证明等。主体证据不仅要证明被审查人是主体，还要证明是被审查人是违纪主体，并且要证明是属于本级纪检监察机关管辖范围内的违纪主体。

（2）违纪经过证据。违纪经过证据是证明违纪基本事实的证据，是认定违纪行为的基本证据。违纪经过证据因违纪案件性质不同，产生较大的差异。一般主要有：①证明违纪经过的言词证据。如被审查人对违纪经过的交代、涉案人和证人的证明材料等。两个以上的直接言词证据才能作为认定违纪事实的证据。直接言词证据是指违纪行为人对违纪事实所作的陈述或交代。如行贿人与受贿人所作的交代等。如果不是案件行为人所作的陈述或交代，即使有两个以上言词证据也不能认定违纪事实。如陪同行贿人行贿，但在送钱时不在现场的证人的作证，就不能作为直接的证据。此外，有其他受到限制或者影响的证人提供的证词，需要适用证据补强原则。如未成年人所作的与其年龄和智力不相当的证言，与一方当事人有亲属关系的证人出具的对该当事人有利的证言等，需要有其他证据补充证明。②证明违纪经过的实物证据。如证明违纪经过的有关物证、书证等。③证明违纪经过的技术证据。如对违纪行为的痕迹和相关物品的鉴定结论，对违纪现场的勘验、检查笔录，以及再现违纪经过的视听资料等。

（3）赃款、赃物及其来源和去向证据。贪污、贿赂、挪用公款等案件，涉及赃款、赃物的问题，必须有证据证明赃款、赃物及其来源和去向。这种证据是此类案件的支持补强证据。主要包括：①被审查人实施违纪行为所形成的赃款、赃物。如现金（包括外币）、银行存折、各类物品（包括用赃款购买的物品）等。②证明赃款、赃物的数量、性质的书证。如财务报销单据、银行存款、取款证明、各类投资证明，以及各种借据收据等。③证明赃款、赃物的来源和去向的言词证据。如被审查人的交代、证人的证言等。此类证据证明案件的性质、后果、严重程度以及违纪情节的恶劣程度。

（4）造成损失或者后果证据。损失或者后果包括经济损失、损害程度、不良影响等。《中国共产党纪律处分条例》中规定的违纪行为，有些是将造成损失或者后果作为违纪条件规定的，没有造成损失或者后果则不构成违纪，如有些失职、渎职行为等；有些是将造成的损失或者后果作为量纪情节规定的，即作为量纪处理轻重的重要依据，如侵犯党员、公民权利的行为等。即使是经济类案件，造成的损失和后果也是量纪处理的重要依据。如受贿案件的当事人，收受贿赂后，违规给行贿人办事，损害国家利益，造成了重大损失和恶劣影响。即造成损失后的轻重程度以及收受贿赂的数额直接影响对当事人的处分档次。造成损失或者后果证据包括：①造成经济损失的财务账目、审计报告等；②违反组织、人事纪律行为的干部任免审批表、职工安置表等；③违纪行为的后果在物证上留下的痕迹等；④对有关物品进行价格认证等。

（5）从轻、减轻或者从重、加重处分证据。能够证明具有从轻、减轻或者从重、加重处理情节的证据包括：①符合有关法定情节的从轻、减轻或者从重、加重处分情节的证据；②违纪人员动机和态度证据；③违纪人员一贯表现证据等。如立功受奖证书、处分决定书、年度考核登记表等。

证据证明所要达到的标准主要是形成完整的证明体系。包括：第一，证据齐全。即收集的证据足以证明违纪行为的存在；第二，证据真实。收集证据的程序合法、手续完备，所有证据都经过鉴别；第三，证据形成一致的证明力。证据之中和证据之间没有矛盾，证据形成的证明目的一致。

（三）定性准确

定性准确，是指在事实清楚、证据确凿的基础上，按照党和国家的方针政策、法律法规和党纪政纪条规，对案件中具体违纪违法行为的本质属性或主要特征进行高度概括，归纳判断违纪违法行为错误性质，所认定的错误性质应符合违纪违法构成要件。定性准确应包含三层内容：一是定性准确应建立在事实清楚、证据确凿的基础上；二是准确适用党和国家的方针、政策和法律、法规及党纪政务处分条规；三是所认定的错误性质应符合违纪违法构成要件。

定性准确，是正确处理违纪违法案件的关键。定性是案件审理人员对执纪实践中具体违纪违法行为的本质属性或主要特征进行高度概括和归纳的过程，是判断是与非、正确与错误的界限的过程，对案件的正确处理起着关键性的作用。定性不准，必然会导致对案件的错误处理。如果定性低了，把受贿错误定为受礼错误，处分必然就轻；如果定性高了，把侵占定为贪污，处分必然就重。当前，在有的地方，有的部门不同程度地存在着执纪执法不严、"失之于宽、失之于软"的现象，除一些其他原因外，一个重要的原因是定性不准造成的。因此，案件审理部门一定要认真负责地把好政策关、定性关。

做到定性准确应注意的几个问题：

1. 要有正确的定性标准。认定案件的性质，主要有四个方面的标准：

（1）党的路线、方针、政策。党的路线、方针、政策，集中体现了党和人民的利益。各级党的组织和全体党员必须贯彻执行。任何违犯党的路线、方针、政策的行为，都是违犯党的纪律的行为。

（2）党章、准则和党纪、政纪条规。党章、准则是各级党组织、全体党员必须自觉遵守的行为规范。党纪、政纪条规是党的纪律和行政纪律的具体化。它不仅规定了党员和监察对象应该做什么，而且还规定了如果违犯了党纪、政纪，应该给予何种相应的处分，对党组织和党员起到行为预测和行为规范的作用。

（3）国家的法律、法规。任何违反国家法律、法规的行为都是违犯党纪、政纪的行为。

（4）社会主义的道德标准。道德标准在一定意义上和党纪党规、国家法律法规在社会治理的方向上是一致的，是相互作用的。

2. 要符合违纪构成要件。违纪构成要件分为四个方面：违纪客体、违纪客观方面、违纪主体、违纪主观方面。

（1）违纪客体，是指党内法规和国家的法律、法规所保护而被违纪行为所侵害的党内关系和社会关系。任何违纪行为都侵害一定的党内关系和社会关系，否则就不可能构成违纪。违纪客体通常分为三种：一是违纪的一般客体，指一切违纪所共同侵犯的客体，也就是党纪、政纪所保护的整个社会关系。二是违纪的同类客体，指某一类违纪所共同侵犯的客体，也就是党内法规和国家的法律、法规所保护的社会关系的某一部分。三是违纪的直接客体，指某一具体违纪行为所直接侵犯的具体的社会关系。

依据的侵害客体不同，违纪定性也不同。在新形势下，为落实"纪律挺在前面"的要求，最新的案件审理报告按"违反政治纪律行为""违反组织纪律""违反廉洁纪律""违反群众纪律""违反工作纪律""违反生活纪律""违反中央八项规定精神""违反国家法律法规规定"进行违纪事实的定性，即"6+1+X"模式。这实质上是按照侵害的客体的不同，对违纪行为进行定性。在具体的案件审理中，违纪客体的研究有利于区分各类违纪行为的界限，确定违纪的社会危害程度，做到真正的处理恰当。

（2）违纪客观方面，是指违纪人员所实施的危害党内关系和社会关系的行为、行为对象、危害结果、行为和结果之间的因果关系，以及实施危害行为的客观条件等客观事实特征。这是案件审理中实事求是原则的体现。违纪客观方面的危害行为是一切违纪构成必备的基本条件。没有危害行为，就不构成违纪。其他的客观方面的内容，一般不认为是一切违纪的构成要件。

危害行为的具体表现形式多种多样，但概括起来有两种基本形式，即作为和不作为。

作为，即积极的行为，是指以积极的身体举动实施党纪政纪条规和法律所禁止的行为。它包括利用自身身体实施的积极举动，还包括利用他人、利用物质工具、利用动物乃至利用自然力实施的举动。

不作为，是指行为人在能够履行自己应尽义务的情况下不履行该义务。从表现形式上看，不作为是消极的身体动作。成立不作为在客观上必须具备三个条件：一是行为人负有实施特定积极行为的义务；二是行为人能够履行特定的义务，这应该结合行为人的主观能力和客观条件进行判断；三是行为人不履行特定义务，造成或者可能造成危害结果。

（3）违纪主体，指具有责任能力，实施了危害党、国家和人民利益的某个机关、团体、企事业单位或个人。违犯党纪的主体必须是党员、党的组织；违反政纪的主体必须是国家行政机关及其工作人员和国家行政机关任命的其他人员。主体有一般主体和特殊主体之分。

责任能力，就是指行为人对自己行为的辨认能力和控制能力。辨认能力，是指行为人认识自己特定行为的性质、结果与意义的能力。控制能力，是指行为人支配自己实施或不实施特定行为的能力。辨认能力和控制能力紧密联系。辨认能力是控制能力的基础和前提，没有辨认能力就谈不上控制能力。而控制能力反映辨认能力，有控制能力就表明行为人具有辨认能力。但在某些特殊情况下，有辨认能力的人可能由于某种原因而丧失控制能力。所谓具有责任能力，是指同时具有辨认能力和控制能力，缺一不可。不能辨认和控制自己行为的人，为无责任能力人。无责任能力人实施的违纪行为，不能由其负责任，也不应给予纪律处分。

目前，随着国家监察体制的改革，《监察法》对监察对象进一步明确，意味着违纪主体的范围更加明晰，覆盖的范围更广。依据《监察法》第15条，监察机关对下列公职人员和有关人员进行监察：①中国共产党机关、人民代表大会及其常务委员会机关、人民政府、监察委员会、人民法院、人民检察院、中国人民政治协商会议各级委员会机关、民主党派机关和工商业联合会机关的公务员，以及参照《中华人民共和国公务员法》（以下简称《公务员法》）管理的人员；②法律、法规授权或者受国家机关依法委托管理公共事务的组织中从事公务的人员；③国有企业管理人员；④公办的教育、科研、文化、医疗卫生、体育等单位中从事管理的人员；⑤基层群众性自治组织中从事管理的人员；⑥其他依法履行公职的人员。这一规定实质上界定了违纪主体的涵盖范围，实现了监察全覆盖，体现出国家全面从严治党的决心。

（4）违纪主观方面，指违纪主体对实施危害行为及其危害结果所持的心理态度。它既有心理学的内容，又是一个法律概念。违纪主观方面是行为人主观恶性的特征，是对所保护的党内关系和社会关系的持有的敌视和蔑视态度，也是构成违纪行为的法定条件。

违纪主观方面分为两个基本类别：一是必要要件，包括故意或过失；二是选择要件，指违纪目的，是违纪人希望通过实施违纪行为达到某种结果的心理态度。它只是某些违纪行为构成不可缺少的要件，例如伪造车、船、邮、税、货票错误，必须具有营利的目的才能构成。

违纪故意，是行为人明知自己的行为会发生危害党和社会的结果，并希望或放任这种结果发生的一种心理态度。违纪故意包括认识因素和意志因素两方面的内容。违纪故意的认识因素是指行为人明知自己的行为会发生危害社会的结果的心理态度，包含对违纪客体和对象、行为性质、危害结果的认识，意识到自己行为的社会危害性。违纪故意的意志因素，是指行为人希望或放任危害结果的发生的心理态度。希望，表明行为人积极追求危害结果发生的心理态度，这种心理是明显而坚决的。放任，表明行为人虽不追求但有意纵容危害结果发生的态度，这种心理较为模糊而随意。两者体现出的主观恶性程度有所不同。所以，依主观恶性程度的不同，违纪故意分为直接故意和间接故意。

违纪过失，是指行为人应当预见自己的行为可能发生危害党和社会的结果，因为疏忽大意而没有预见，或者已经预见而轻信能够避免，以致这种危害结果发生的一种心理态度。相对于违纪故意，违纪过失的主观恶性要小得多。与明知故犯的违纪故意相比，违纪过失表现出两个特点：一是实际认识和认识能力相分离。即行为人有能力、有条件认识到自己的行为在当时的条件下可能发生危害社会的结果，但行为人事实上没有认识到，或虽然认识到，但错误地认为可以避免这种危害结果的发生。二是主观愿望与实际结果相分离，即行为人主观上并不希望危害社会的结果发生，但由于其错误认识而导致了偏离其主观愿望的危害结果的发生。过失可分为疏忽大意的过失与过于自信的过失。

疏忽大意的过失是指应当预见自己的行为可能发生危害社会的结果，因为疏忽大意而没有预见，以致发生这种结果的心理状态。它是一种无认识的过失，是在应当预见的前提下因疏忽大意而没有预见。所以，从实践来看，判断行为人是否具有疏忽大意的过失，并不是先判断行为人是否疏忽大意，而是先判断行为人是否应当预见自己的行为可能发生危害结果。因此，认定疏忽大意过失的关键是确定应当预见的前提和应当预见的内容。应当预见的前提是行为人能够预见，这是一种预见义务。这种义务不仅包括法律、法令、职务与业务方面的规章制度所确定的义务，而且包括日常生活准则所提出的义务。但法律条规只要求那些有能力履行义务的人履行义务，即应当履行是以能够履行行为为前提的，所以，预见义务以预见可能为前提。在判断行为人能否预见自己的行为可能发生危害结果时，应当把行为人的知识水平和行为本身的危险程度以及行为时的客观环境结合起来进行考察。

过于自信的过失，是指已经预见自己的行为可能发生危害社会的结果，但轻信能够避免，以致发生这种结果的心理状态。它是一种有认识的过失。行为人已经预见危害结果可能发生，又凭借一定的主客观条件，相信自己能够防止结果的发生。但所凭借的主客观条件并不可靠，并不充分。在认定过于自信的过失时，不能将合理的信赖认定为轻信能够避免，也应该和不可抗力相区分。

3. 要认真学习、熟练掌握、准确运用党和国家的方针、政策和法律、法规。党和国家的方针、政策和法律、法规，是制定党纪、政纪条规的依据，也是正确认定案件性质的依据。在运用法律、法规认定案件性质时，要注意三个问题：

（1）要从社会主义法律体系的结构上去把握法律、法规的关系。法律、法规关系是指法律、法规之间相互联系以及相互抵触时选择适用的处理规则。为了解决规范性文件之间的冲突，需要明确不同主体制定的规范性文件之间的效力等级。

对于党内法规，《中国共产党党内法规制定条例》第五章"适用与解释"

部分作了明确规定，即：①党章在党内法规中具有最高效力，其他任何党内法规都不得同党章相抵触。中央党内法规的效力高于中央纪律检查委员会、中央各部门和省、自治区、直辖市党委制定的党内法规的效力。省、自治区、直辖市党委制定的党内法规不得同中央纪律检查委员会、中央各部门制定的党内法规相抵触。②同一机关制定的党内法规，一般规定与特别规定不一致的，适用特别规定；旧的规定与新的规定不一致的，适用新的规定。③中央纪律检查委员会、中央各部门制定的党内法规对同一事项的规定不一致的，提请中央处理。

对于国家法律法规，《中华人民共和国立法法》（以下简称《立法法》）第五章"适用与备案审查"部分作了明确规定，即：①宪法具有最高的法律效力，一切法律、行政法规、地方性法规、自治条例和单行条例、规章都不得同宪法相抵触。②法律的效力高于行政法规、地方性法规、规章。行政法规的效力高于地方性法规、规章。③地方性法规的效力高于本级和下级地方政府规章。省、自治区的人民政府制定的规章的效力高于本行政区域内的设区的市、自治州的人民政府制定的规章。④自治条例和单行条例依法对法律、行政法规、地方性法规作变通规定的，在本自治地方适用自治条例和单行条例的规定。经济特区法规根据授权对法律、行政法规、地方性法规作变通规定的，在本经济特区适用经济特区法规的规定。⑤部门规章之间、部门规章与地方政府规章之间具有同等效力，在各自的权限范围内施行。⑥同一机关制定的法律、行政法规、地方性法规、自治条例和单行条例、规章，特别规定与一般规定不一致的，适用特别规定；新的规定与旧的规定不一致的，适用新的规定。⑦法律、行政法规、地方性法规、自治条例和单行条例、规章不溯及既往，但为了更好地保护公民、法人和其他组织的权利和利益而作的特别规定除外。⑧法律之间对同一事项的新的一般规定与旧的特别规定不一致，不能确定如何适用时，由全国人民代表大会常务委员会裁决。行政法规之间对同一事项的新的一般规定与旧的特别规定不一致，不能确定如何适用时，由国务院裁决。⑨地方性法规、规章之间不一致时，由有关机关依照下列规定的权限作出裁决：同一机关制定的新的一般规定与旧的特别规定不一致时，由制定机关裁决；地方性法规与部门规章之间对同一事项的规定不一致，不能确定如何适用时，由国务院提出意见，国务院认为应当适用地方性法规的，应当决定在该地方适用地方性法规的规定；认为应当适用部门规章的，应当提请全国人民代表大会常务委员会裁决；部门规章之间、部门规章与地方政府规章之间对同一事项的规定不一致时，由国务院裁决。根据授权制定的法规与法律规定不一致，不能确定如何适用时，由全国人民代表大会常务委员会裁决。

此外，纪检监察机关还要正确处理好党内法规与国家法律、法规的关系问题。党的先锋队性质和先进性要求决定了，党规党纪严于国家法律。国法是所有公民的行为底线，党纪是对党组织和党员立的规矩。凡是法律已有明确规定的违反法律的行为，也一定是违反党纪的行为。凡是党员和党员领导干部违法犯罪的，必是违纪在前。

（2）案件处理所依据的法律法规的效力。法律、法规的效力主要指法律、法规的有效作用，包括有效期、溯及力及其适用范围。

有效期指法律、法规产生效力的期限，一般在法律、法规颁布时都明确生效日期，没有明确的从颁布之日起生效。法律、法规的失效有以下几种情况：①新的法律、法规规定以前的法律、法规失效。②以前的法律、法规与新的法律、法规内容相抵触的部分失效。③低层次的法律、法规与高层次的法律、法规相抵触的内容失效。

溯及力是指法律、法规的效力是否溯及既往，即法律、法规对颁布之前的事件和行为是否有效力。如果适用，就是有溯及力，如果不适用，就是没有溯及力。作为一项法律原则，法是不具有溯及既往的效力的。国外大多数国家都承认这一原则。《立法法》第104条明确规定："法律、行政法规、地方性法规、自治条例和单行条例、规章不溯及既往，但为了更好地保护公民、法人和其他组织的权利和利益而作的特别规定除外。"《刑法》也有类似的规定。所以，法律、法规一般体现"从旧兼从轻"的原则，对颁布之前的行为通常没有溯及力。

《中国共产党纪律处分条例》第142条第2款规定："本条例施行前，已结案的案件如需进行复查复议，适用当时的规定或者政策。尚未结案的案件，如果行为发生时的规定或者政策不认为是违纪，而本条例认为是违纪的，依照当时的规定或者政策处理。如果行为发生时的规定或者政策认为是违纪的，依照当时的规定或者政策处理，但是如果本条例不认为是违纪或者处理较轻的，依照本条例规定处理。"这条规定是借鉴现行的《刑法》关于溯及力规定的"从旧兼从轻"原则规定的。但是，"法不溯及既往"不是绝对的，"从旧兼从轻"体现了法律具有有限的溯及既往，且更有利于保护被审查人的合法权益。

需要指出的是，《中国共产党纪律处分条例》第 142 条第 2 款规定中的"尚未结案的案件"，是指违纪行为发生在 2018 年 10 月 1 日之前，其中包括 2018 年 10 月 1 日之前立案审查、尚未结案的案件，也包括 2018 年 10 月 1 日之后立案审查、但违纪行为发生在 2018 年 10 月 1 日之前的案件。

适用范围指法律、法规适用的有效地域和适用主体范围。一般全国人大及其常委会颁布的宪法、法律和国务院颁布的行政法规在全国范围内有效。地方人大及其常委会和地方国家行政机关颁布的地方性法规、地方政府规章只在其辖区内有效。但是，全国人大及其常委会制定的区域性法律只在明确规定的区域内有效。法律、法规适用的特定的主体在法律、法规中有明确的规定，如《中国共产党纪律处分条例》第 6 条规定："本条例适用于违犯党纪应当受到党纪责任追究的党组织和党员。"

（3）追溯期限。所谓的追溯期限，是指纪检监察机关依纪依法对具有违纪行为的纪检监察对象追究纪律责任的有效期限。党纪政纪案件不同于刑事案件。至目前为止，党纪政纪法规尚没有关于追溯期限的规定，在纪律审查实践中也没有执行追溯期限的做法。也就是说，党纪政纪案件没有追溯期限。因此，纪检监察机关管辖对象的违纪行为，无论何时发生，都可能被追究纪律责任。但是，如果涉嫌犯罪的行为，经过《刑法》规定的追溯期限，除法律另有规定的除外，将不会被移交司法机关处理。

4. 要努力学习和掌握社会主义市场经济新知识。社会主义市场经济体制初步建立的情况下，发生在新经济领域内的违纪违法案件呈上升趋势。如果纪检监察人员特别是案件审理人员对这些领域，如股票、证券、期货、金融、票据、进出口退税、房地产开发、电子商务等知识一无所知，就不可能准确认定此类案件的性质。

（四）处理恰当

处理恰当，是指根据违纪事实、证据和性质，依据党和国家的方针、政策和法律、法规以及党纪政纪条规，给予违纪人员恰当的处理。它包含三层内容：在事实清楚、定性准确的基础上，对违纪人员的处理应当与其所违纪的性质和应负的责任相适应；同一性质、情节相近的错误，应当给予轻重相近的处理；数个违纪错误应合并处理。

处理恰当，是正确处理违纪案件的目的。处理是执行纪律的最后一个环节。违纪人员是否受到应有的处分，给予的处分是否恰当，对于正确地执行党纪政纪，惩治违纪行为，挽救犯错误人员，教育广大党员、干部有着十分重要的意义。处理轻了，难以使违纪人员受到应有的惩处，达不到教育挽救本人的目的，还会在广大干部和群众中产生消极作用。处理重了，滥施纪律，就会损害党内民主和党员、监察对象的合法权利。

做到处理恰当应注意的几个问题：

1. 要符合党纪、政务案件的处理标准。处理党纪、政务案件的标准主要有三个方面：

（1）党纪、政务处分方面的实体性条规。《中国共产党纪律处分条例》是党内处理违纪案件的基础性法规，是正确处理违犯党纪行为的基本依据。政务方面的主要有：《公务员法》《公职人员政务处分暂行规定》《公务员处分条例》《中共中央纪委、中共中央组织部、人力资源社会保障部关于党的机关、人大机关、政协机关、各民主党派和工商联机关公务员参照执行〈行政机关公务员处分条例〉的通知》《事业单位人事管理条例》《事业单位工作人员处分暂行规定》《人事部、监察部关于行政机关任命的事业单位工作人员参照执行〈行政机关公务员处分条例〉的通知》《人事部、监察部关于行政机关任命的事业单位工作人员违反纪律处分问题的通知》《监察部、人力资源和社会保障部关于企业中由行政机关任命的人员参照执行〈行政机关公务员处分条例〉的通知》《农村基层干部廉洁履行职责若干规定（试行）》等规定。这些是处理党纪政务违纪违法的基本实体依据。

（2）党和国家的方针、政策和法律、法规。违反党和国家的方针、政策和法律、法规的行为都是违犯党纪、政纪的行为，都应根据党和国家的方针、政策和法律、法规裁量违纪案件。

（3）有些违纪行为的处理，还没有相应的规定作为依据。对于这些违纪行为，仍应按照《党章》及其他重要的党和国家的有关政策中关于党纪、政务处分的原则规定，参照过去已经处理的、比较恰当的案例，进行适当处理。

2. 要综合分析违纪案件的各种情况，给予正确的处理。

（1）错误性质。违犯党纪、政务的错误范围很广，对不同性质的错误规定了不同的处分标准。如受贿和受礼相比，受贿的社会危害比受礼的社会危害性要大得多，所以对受贿的处理比受礼的处理要重得多。

（2）违纪金额。在经济方面违纪违法行为所侵犯的社会主义经济利益相同的情况下，主要靠一定的"量"来判断其社会危害的大小。在通常情况下，违纪金额越大，造成的社会危害性就越大，给予的处分就越重。

（3）侵害的后果。在通常情况下，违纪行为造成的后果越严重，社会危害性就越大，对违纪者的处理就重；造成的后果越小，社会危害性也就越小，处理就轻。

（4）行为人的目的与动机。在一般情况下，行为人的目的和动机，也可以体现出对社会的危害程度。

（5）侵害对象。违纪行为所侵犯的对象，在一般情况下，可以说明该行为所造成的社会危害。因此要根据不同的侵害对象，给予不同的处理。

在考虑上述情况的时候，要注意不可片面地强调上述单独某一个方面的因素，而应该把上述各种因素有机地综合起来加以考虑，还应考虑违纪的手段、历史背景等情况。这样，才能正确恰当地处理案件。

3. 纪律处分具体运用的几个问题。

（1）正确运用"从轻""从重"和"减轻""加重"。

"从轻"，是指在规定的所犯错误应受处分的幅度以内，给予较轻的处分。

"减轻"，是指在规定的所犯错误应受处分的幅度以外，减轻一档给予处分。依据《中国共产党纪律处分条例》第17条规定，可以从轻或者减轻处分的情形有：①主动交代本人应当受到党纪处分的问题的；②在组织核实、立案审查过程中，能够配合核实审查工作，如实说明本人违纪违法事实的；③检举同案人或者其他人应当受到党纪处分或者法律追究的问题，经查证属实的；④主动挽回损失、消除不良影响或者有效阻止危害结果发生的；⑤主动上交违纪所得的；⑥有其他立功表现的。

根据案件的特殊情况，由中央纪委决定或者经省（部）级纪委（不含副省级市纪委）决定并呈报中央纪委批准，对违纪党员也可以在本条例规定的处分幅度以外减轻处分。

"加重"，是指在规定的所犯错误应受处分的幅度以外，加重一档给予处分。依据《中国共产党纪律处分条例》第20条规定，应当从重或者加重处分的情节有：①强迫、唆使他人违纪的；②拒不上交或者退赔违纪所得的；③违纪受处分后又因故意违纪应当受到党纪处分的；④违纪受到党纪处分后，又被发现其受处分前的违纪行为应当受到党纪处分的；⑤本条例另有规定的。

"从重",是指在规定的所犯错误应受处分的幅度以内,给予较重的处分。应当从重处分的有:2人以上(含2人)共同故意违纪的,对为首者,从重处理,除条例另有规定外。

合并处理的处理方式实质上遵循加重处理原则。

需要注意的是,党纪上有加重处分制度;而政纪上没有加重处分制度,只有从重处分制度。根据《公务员处分条例》的规定,应当从重处分情节有:①在2人以上的共同违法违纪行为中起主要作用的;②隐匿、伪造、销毁证据的;③串供或者阻止他人揭发检举、提供证据材料的;④包庇同案人员的;⑤法律、法规、规章规定的其他从重情节。

应当从轻处分的情节有:①主动交代违法违纪行为的;②主动采取措施,有效避免或者挽回损失的;③检举他人重大违法违纪行为,情况属实的。

主动交代违纪违法行为,并主动采取措施有效避免或者挽回损失的,应当减轻处分。

阅读链接:

认错态度好坏如何体现

来源:中国纪检监察报 2017年4月19日

将认错态度的好坏作为从轻或者从重处分的酌定情节,必须有认错态度好与坏的证据,这方面的证据通常是通过谈话笔录予以反映。

纪检监察机关执纪审查人员制作的谈话笔录采取的是问答形式,如果笔录反映被审查人对于执纪审查人员的问题能够如实回答,尤其是在违纪行为的主要违纪事实方面能够如实回答,就可作为配合审查、如实坦白的证据。如果笔录反映被审查人拒绝回答问题,尤其是拒绝回答有证据证明具有违纪事实的问题,或者编造虚假的情况,都属于认错态度不好的表现,这样的谈话笔录也可作为被审查人认错态度不好的证据。被审查人在核对执纪审查人员制作的谈话笔录时,应当注意笔录中是否如实地对自己的认错态度予以客观反映,以留下可能受到从轻处分的证据。

（2）正确运用"合并处理"与"比照处理"的原则。"合并处理"，是指被审查人同时有 2 种以上需要给予处分的行为的，应当先分别确定其处分，再按照规定，综合考虑各种情况，合理确定处分种类。

党纪上，依照《中国共产党纪律处分条例》第 23 条规定，按数种违纪行为中应当受到的最高处分加重一档给予处分；如果其中一种违纪行为应当受到开除党籍处分的，应当给予开除党籍处分。政务上，被审查人是公务员的，依照《公务员处分条例》第 10 条的规定，应当给予的处分种类不同的，执行其中最重的处分；应当给予撤职以下多个相同种类处分的，执行该处分，并在一个处分期以上、多个处分期之和以下，决定处分期。被审查人是事业单位工作人员的，依照《事业单位工作人员处分暂行规定》第 9 条规定，应当给予的处分种类不同的，执行其中最重的处分；应当给予开除以外多个相同种类处分的，执行该处分，但处分期应当按照一个处分期以上、两个处分期之和以下确定。

根据以上规定，合并处理同时具备以下的特征：①违纪行为必须属于同一个违纪人员所为；②违纪人员必须有 2 种以上（含 2 种）不同性质的违纪行为；③2 种以上（含 2 种）的违纪行为依照规定必须都是应当给予纪律处分的违纪行为；④必须是处分决定机关在作出处分决定前发现该违纪人员有 2 种以上（含 2 种）应当受到纪律处分的违纪行为。

"比照处理"是指受审查人犯有党纪、政纪条规中没有规定的错误时，应比照最相类似的条款处理。这实质上是借鉴刑法理论的类推原则。但是随着现代刑事法律制度的发展，逐步取消了类推制度，取而代之的是罪刑法定原则。

对公务员的处分类似于刑事案件"罪刑法定"原则，即"非因法定事由，非经法定程序，不受处分"的原则，如《公务员法》第 15 条第 2 项明确规定，公务员"非经法定事由、非经法定程序，不被免职、降职、辞退或者处分"。《公务员处分条例》第 3 条明确规定："行政机关公务员依法履行职务的行为受法律保护，非因法定事由，非经法定程序，不受处分。"

需要说明的是，政务上没有类似党纪上的比照处理制度，只是在《公务员处分条例》第 2 条规定了处分幅度比照制度，即法律、《公务员处分条例》之外的其他行政法规、国务院决定对行政机关公务员应当受到处分的违纪违法行为作了规定，但是未对处分幅度作规定的，适用《公务员处分条例》第三章与其最相类似的条款有关处分幅度的规定。

对党员的处分，"比照处理"，是指对 2018 年《中国共产党纪律处分条例》没有规定但危害党、国家和人民利益，在 2018 年 10 月之前确需追究党纪责任的违纪行为，在履行审批程序后比照 2018 年《中国共产党纪律处分条例》分则中最相类似的条款处理。需要比照处理的案件，按照处分党员批准权限的规定，应当由省（部）级党委、纪委批准处理的案件，报请中央纪委批准；应当由省（部）级以下党委、纪委批准处理的案件，由省（部）级纪委（不含副省级市纪委）批准并报中央纪委备案。2018 年 10 月之后的违纪行为，按照 2018 年 10 月《中国共产党纪律处分条例》的规定，也没有比照处理的相关规定，即废止了类推制度。在一定意义上，这推动了错责法定原则的发展。

（3）正确区分党纪的"免予处分"与"不予处分"。免予处分，是指违犯纪律应该给予轻处分的行为，但是因为具备免予处分条件，受审查人可以免予处分，如积极挽回损失，主动交代错误等。可见，免予处分不是不给处分。根据《中国共产党纪律处分条例》第 19 条的规定，对于党员违犯党纪应当给予警告或者严重警告处分，但是具有《中国共产党纪律处分条例》第 17 条规定的情形之一或者该条例分则中另有规定的，可以给予批评教育、责令检查、诫勉或者组织处理，免予党纪处分。对违纪党员免予处分，应当作出书面结论，按照党内警告处分的审批权限和程序报批，并归入干部档案。但是开除党籍处分的违纪行为，不适用减轻处分的规定。行政机关公务员违纪行为情节轻微，经过批评教育后改正的，可以免予处分。

不予处分，是指没有错误不应给予处分，或者虽有错误，但情节显著轻微、不应给予处分的行为。

（4）共同违纪的认定和处理。共同违纪是指 2 人以上（含 2 人）共同故意违纪。据此，共同违纪的构成需满足三个条件：一是有 2 个以上符合违纪主体条件的自然人或单位；二是有共同的违纪故意；三是有共同的违纪行为。

根据《中国共产党纪律处分条例》第 25 条的规定，共同故意违纪应作如下处理：①对为首者，除《中国共产党纪律处分条例》分则中另有规定的外，从重处分。②对其他成员，按照其在共同违纪中所起的作用和应负的责任，分别给予处分。③对于经济方面共同违纪的，按照个人所得数额及其所起作用，分别给予处分。对违纪集团的首要分子，按照集团违纪的总数额处分；

对其他共同违纪的为首者，情节严重的，按照共同违纪的总数额处分。违纪集团通常指 3 人以上，有预谋、有分工地实施违纪行为的组织。④教唆他人违纪的，应当按照其在共同违纪中所起的作用追究党纪责任。教唆非党员违纪违法的，应当根据其违纪情节处理。

根据《公务员处分条例》第 11、12 条的规定，行政机关公务员 2 人以上共同违纪违法，需要给予处分的，根据各自应当承担的纪律责任，分别给予处分。在 2 人以上的共同违纪违法行为中起主要作用的，应当从重处分。

集体违纪是指党组织领导机构集体作出违犯党纪的决定或者实施其他违犯党纪的行为。单位违纪是指行政机关及其内设机构、派出机构经领导班子集体研究决定或者由其负责人决定实施的违纪违法行为。

根据《中国共产党纪律处分条例》第 26 条的规定，党组织领导机构集体作出违犯党纪的决定或者实施其他违犯党纪的行为，对具有共同故意的成员，按共同违纪处理；对过失违纪的成员，按照各自在集体违纪中所起的作用和应负的责任分别给予处分。

根据《公务员处分条例》第 16 条的规定，行政机关经人民法院、监察机关、行政复议机关或者上级行政机关依法认定有行政违法行为或者其他违纪违法行为，需要追究纪律责任的，对负有责任的领导人员和直接责任人员给予处分。负有责任的领导人员通常是指担任领导职务，直接作出或者参与作出违纪违法行为决定，对单位违纪行为负有责任的人员。直接责任人员是指直接实施了违纪违法行为，造成了不良后果的行政机关公务员。

根据《事业单位工作人员处分暂行规定》第 15 条的规定，事业单位有违纪违法行为，应当追究纪律责任的，依法对负有责任的领导人员和直接责任人员给予处分。

共同违纪与集体违纪或者单位违纪有相似之处，也有着很明显的区别。区分两者的不同，有利于对案件的准确定性和处理。两者的主要区别为：①行为人不同。共同违纪的行为人是党员或者行政机关公务员；集体违纪或者单位违纪的行为人分别是党组织的领导机构、行政机关和事业单位。②行为特征不同。共同违纪是 2 名以上（包括 2 名）党员、行政机关公务员或者事业单位工作人员相互联系、协调一致的违纪活动；集体违纪或者单位违纪分别是党组织、行政机关和事业单位违纪的具体表现形式，是由党组织的领导机构、行政机关和事业单位及其负责人按照规定程序或职权作出的违反党纪政纪的决定或者实施其他违纪行为。③心理状态有所不同。共同违纪的心理状态必须是故意；集体违纪可为故意，也可为过失。

案例讨论：如何认定共同违纪以及行为人的党纪责任

来源：中国纪检监察报　　2016 年 11 月 30 日

【基本案情】

2016 年 1 月，某市某国有规划设计研究院党委副书记、院长颜某与纪委书记冯某经商议，决定在春节前公费宴请该市国土资源局、规划局等业务单位领导和相关人员，并赠送礼金。后颜某、冯某安排研究院后勤处党总支书记程某具体组织协调此事。2016 年 1 月 18 日晚，在颜某和冯某的主持下，研究院和市国土资源局、市规划局相关领导共 20 人在该市某酒店参加晚宴。宴会共支出餐费 6 427 元、香烟 1 200 元。晚宴结束后，参加人员均领取红包 2 000 元，颜某、冯某、程某也分别领取了 2 000 元红包。此次活动总计花费公款 47 627 元。事后，经颜某签字同意，程某将上述 47 627 元予以报销。

【分歧意见】

讨论中，对颜某、冯某、程某的违纪行为如何认定，主要有三种意见：

第一种意见认为：颜某、冯某、程某三人共同策划实施组织公款宴请，并用公款发放礼金，构成《中国共产党纪律处分条例》规定的"违反有关规定组织、参加用公款支付的宴请，用公款购买赠送、发放礼品"行为，三人构成共同违纪。

第二种意见认为：颜某、冯某、程某三人策划实施组织公款宴请，并用公款发放礼金，构成"违反有关规定组织、参加用公款支付的宴请，用公款购买赠送、发放礼品"行为；其三人自己领取礼金的行为涉嫌贪污。三人构成共同违纪。

【分析意见】

笔者同意第二种意见。本案的焦点有两个，一是颜某、冯某、程某三人构成何种违纪行为；二是三人是共同违纪还是集体违纪，如何分别认定三人的党纪责任。

颜某、冯某、程某三人构成"违规组织用公款支付的宴请，用公款购买赠送礼品"违纪行为，并涉嫌贪污行为，应当数错并罚。

颜某、冯某、程某三人策划实施了组织公款宴请，并用公款发放礼金，构成《中国共产党纪律处分条例》第103条规定的"违反有关规定组织、参加用公款支付的宴请、高消费娱乐、健身活动，或者用公款购买赠送或者发放礼品"的违纪行为；同时，上述三人作为规划设计研究院的工作人员，领取2 000元红包的行为涉嫌刑法规定的贪污行为，虽数额较小没有达到刑法规定的定罪量刑标准，不涉及犯罪，但按照《中国共产党纪律处分条例》第28条"党组织在纪律审查中发现党员有刑法规定的行为，虽不构成犯罪但须追究党纪责任的，或者有其他违法行为，损害党、国家和人民利益的，应当视具体情节给予警告直至开除党籍处分"的规定，构成违纪，应当追究相应的党纪责任。上述两种违纪行为应当数错并罚，合并处理。

颜某、冯某、程某三人构成共同违纪，而不宜认定为集体违纪。

共同违纪是指2人以上共同故意违犯党的纪律的行为。《中国共产党纪律处分条例》第25条第1款规定："2人以上（含2人）共同故意违纪的，对为首者，从重处分，本条例另有规定的除外；对其他成员，按照其在共同违纪中所起的作用和应负的责任，分别给予处分。"构成共同违纪，必须具备三个条件：一是在违纪主体上必须是2个或2个以上党员；二是在主观方面必须有共同的违纪故意；三是在客观方面必须有共同的违纪行为。

（5）"法规竞合"的处理。所谓"法规竞合"处理是指一个条款规定的违纪构成要件全部包含在另一个条款规定的违纪构成要件中。《中国共产党纪律处分条例》第24条第2款规定："一个条款规定的违纪构成要件全部包含在另一个条款规定的违纪构成要件中，特别规定与一般规定不一致的，适用特别规定。"

根据以上规定，对"法规竞合"处理规定可有以下理解：①基于一个违纪故意或者过失的行为，同时触犯了2个以上（含2个）不同条款。②同一违纪行为触犯了2个以上（含2个）不同条款，依照处分较重的条款定性处理；这2个以上（含2个）不同条款，一般应当属于同一法规。③特别规定与一般规定不一致的，适用特别规定，通常是指同一违纪行为触犯2个以上（含2个）不同法规规定的情况。特别规定是指专门的和具体的规定，一般规定是指宽泛的、笼统的规定。特别规定优于一般规定，必须是同一位阶的规定。如果特别规定较一般规定的法规层次低，则不适用特别规定。

（五）手续完备

手续完备，是指对违犯党纪、政纪的案件进行调查处理时，要按照违纪案件程序性法规所规定的方法和步骤办理相关手续。手续完备，是正确处理违纪案件的要求。它包含两层内容：调查处理违纪案件的手续，是由《中国共产党纪律检查机关案件检查工作条例》《案件审理工作条例》《审理工作程序规定》和《监察法》《监察机关调查处理政纪案件办法》《监察机关审理政纪案件的暂行办法》《监察部关于监察机关直接行使处分权的程序问题的通知》《监督执纪工作规则（试行）》等程序性条规加以明确的；案件审理必须按照法定的程序进行。

做到手续完备应当注意的几个问题：

1. 审查案件在调查过程中的手续是否齐全。不论是违犯党纪的案件还是违反政纪的案件，在调查过程中都要经过受理检举控告、初步核查、立案、调查、错误事实材料和本人见面、形成调查报告、移送审理等程序。案件在检查过程中的手续是否完备，主要体现在移送的材料是否齐全。案件审理就要通过审查材料是否齐全来审查案件在调查过程中是否按照规定的程序办理。

2. 案件在审理过程中要按照规定的程序办理手续。违犯党纪的案件和违反政纪的案件，在审理过程中都要经过受理、审核案卷材料（有的还要进行补充调查）、与受审查人谈话、集体审议、批准以及处分执行等程序。

（六）程序合法

程序合法，是指对违犯党纪、政务的案件进行调查处理时，要严格依据法规规定的程序进行。程序合法，是正确处理违纪案件的保证。它包含两层内容：程序合法是《党章》和《监察法》对于纪检监察机关履行职责的基本要求，是判断实体性公正最外在、最直接的依据；是从办案程序方面保证纪检监察实体性法规的正确实施。

做到程序合法应当注意的几个问题：

1. 要牢固树立程序与实体并重的观念。纪检监察的程序性条规和实体性条规的关系是形式和内容的关系。实体与程序都是依纪依法办案的重要内容，两者互相依存，互相作用，缺一不可。纪检监察机关应当克服重内容、轻形式，重实体、轻程序的观念，增强实体与程序并重的意识，绝不能重视一个方面而忽视另一个方面。对案件审理中发现的证据不足、事实不清、定性不准、量纪不当、手续不全等问题，要敢于坚持原则，如实反映，并加强对案件检查部门的办案程序、检查措施的使用、案件调查中暂存和扣押物品等涉案款物情况的审核。

2. 要强化程序意识、重视程序监督。加强纪检监察机关内部的程序监督，克服监督人员监督的随意性、主观性，避免受到利害因素、感情因素的干扰，保证对违纪人员处分按照民主集中制的原则有秩序地、健康地进行，防止少数人或个人说了算；保证程序具有稳定性和一致性，程序监督具有客观性和公正性。

3. 要强调程序的法定性、不可逆性和适时性。程序合法，必须做到程序是法定的、稳定的和确定的。程序必须是及时的，每个程序的提起、展开和终结要在法定的时限内进行。

📚 思考题

1. 案件审理的基本要求是什么？在案件审理工作中如何贯彻这些基本要求？

2. 违纪构成要件是什么？

3. 如何正确运用"从轻""减轻"和"从重""加重"？

4. 如何理解"合并处理"和"法规竞合"？

案例：

1. 群成员在群内互通政商信息，是否构成违纪行为

来源：澎湃新闻

董某，中直机关某部委局级党员领导干部。2015年春节前，董某召集在京工作的本省老乡聚餐。期间，经董提议创建了"在京老乡精英会"微信群，董自任群主。此后，董以老乡中的党政机关领导干部和较成功的商人为主要对象，不断扩大该群规模，使群人数最多时达到400多人。为提升群活跃度，董积极组织线下联谊活动，并被推举为线下活动秘书长。董指定3位年轻群员担任秘书长助理，规定全群性线下联谊每年组织1~2次，小范围联谊或聚

餐则因人因事随时安排。从组群到 2017 年底，全群性线下联谊已经组织 4 次，小范围联谊或聚餐则不计其数。董号召"有事找群员"，群内成员利用该平台互通政、商信息，一些领导干部为群内商人介绍工程项目等，一些商人则为领导干部提供各式各样的便利和服务，有的甚至存在权钱交易现象。

2. 干预和插手执纪活动如何追究其党纪责任

来源：中国纪检监察报

案例一：范某，党员，A 市政府主管城建工作的副市长。2017 年 2 月，A 市所辖 B 县纪委主管信访工作的常委张某，在对县城建局局长李某谈话函询工作期间，范某三次给张某打电话，为李某说情，让给予关照。

案例二：肖某，党员，A 市财政局纪检组组长。2017 年 2 月，肖某三次找到 A 市所辖 B 县纪委纪检监察室副主任黄某，为县纪委立案审查的县财政局副局长赵某说情。黄某考虑到自己与肖某关系良好，未将其说情事宜向纪委相关领导报告。

3. 关于滥发津贴、补贴、奖金等行为的认定

来源：中国纪检监察报

案例一：某国有企业 T 分公司总经理、党组副书记黄某与部分班子成员口头商议决定，以发放加油卡方式给予全体中层干部燃油补助。2015 年 6 月实行公车改革后，仍保留部分中层干部燃油补助。据统计，2014 年至 2017 年 8 月，T 分公司累计向 20 余名中层干部发放燃油补助 37.2 万元。此外，T 分公司还为部分职工购买私家车保险，以限额报销发票的方式给予全体职工疗养补助，且部分职工报销的发票名不副实，存在重复发放个别职工未休假补贴等问题。

案例二：W 市总工会机关，共有干部职工 9 人。近年来，该总工会违规违纪发放的各项奖金、补助金额竟高达 300 万元。一年中不仅有季度奖、半年奖、年终目标奖等不同名目的奖金发放，还发放春节家属联谊活动会务费、超市购物卡、高档烟酒等。W 市总工会利用职工食堂，虚列开支，制作假账，无论是周末、国庆、还是春节都天天"开伙"、天天"采购"，从中套取资金

近 20 万元私分给干部职工。

4. 收受礼品、礼金、消费卡违纪行为

来源：中国纪检监察报

刘某，党员，某市卫生局医政处处长。李某，党员，该处负责医疗执业执照审批人员。

肖某，某个体牙科诊所经营者，刘某邻居。肖某知晓刘某系市卫生局医政处处长，有意和刘某搞好关系。2016 年春节期间，肖某送给刘某 2 000 元；同年国庆节，肖某又送给刘某 6 000 元。同年年底，肖某对刘某表示，自己的牙科诊所想申请升级为牙科医院，请其帮助办理。刘某应允。

2017 年 1 月，经刘某帮忙，肖某牙科医院执照审批下发。李某到该牙科诊所实地核查场地面积时，肖某送给李某单价 50 元药用消炎牙膏 10 支。同年春节期间，肖某送给刘某 1 万元。

5. 纵容、默许亲属和身边工作人员谋取私利如何追究党纪责任

来源：中国纪检监察报

秦某，党员，某县县长。刘某系秦某之妻（2015 年 8 月病退）。2016 年 7 月，刘某在家对秦某表示，自己朋友小孩初中择校不够条件，想去找县教委主任张某说情，秦某默许。之后，刘某找张某将此事办成。2016 年 1 月，刘某利用秦某的职务影响，到该县某央企公司财务部挂名做出纳，每月领取 2 600 元薪酬，秦某默许。2017 年 1 月，秦某上述问题被举报，秦某也未予以纠正。

6. 钱某案涉案款物如何处理

来源：中国纪检监察报

钱某，党员，2010 年 8 月起任 A 市财政局党组成员、副局长（县处级副职）。2017 年 1 月 14 日，A 市纪委对钱某涉嫌违纪问题立案审查。经查，钱某存在三方面违纪问题：（1）违反中央八项规定精神，借公务差旅之机公款旅

游。2016年5月，钱某在A市B县调研结束后，在B县财政局安排陪同下，携妻子和女儿到该县某风景区游玩三天，相关住宿、餐饮、交通费共计2.38万元，由B县财政局公款报销。（2）违反组织纪律，不按规定报告个人有关事项。2013年至2016年，钱某在《领导干部个人有关事项报告表》中，未报告其以妻妹名义于2012年6月在A市以明显低于市场价格的方式购买了一套面积为300平方米的商住房。（3）违反国家法律法规规定，利用职务上的便利，于2011年4月侵吞该局公款400万元；利用职务上的便利为C房地产公司谋取利益，于2012年6月以其妻妹名义以明显低于市场价格的方式，以150万元的价格从该公司开发的A市某小区购买价值450万元的商住房一套（面积300平方米，经A市发展和改革委员会价格认证中心认定，2017年1月14日市场价为930万元）。

此外，钱某还交代其于2012年春节期间收受某私营企业主李某（现下落不明）以女儿"压岁钱"名义所送礼金3万元、收受B县财政局原副局长吴某（2016年7月在车祸中死亡）以节日看望名义所送一块价值1.7万元的瑞士"雷达"手表，并写出书面说明材料，愿意将上述款物上交组织。

调查期间，已暂扣钱某现金1 525.38万元和一块瑞士"雷达"手表。

7. 滥用职权、玩忽职守行为如何追究党纪责任

来源：中国纪检监察报

案例一：郭某，某省环境保护局局长，中共党员。2015年6月至2016年7月，郭某安排和催促该环保局工作人员向不具备相关条件的某绿色公司颁发各类环境治理资质证书，并力推该公司承揽多个垃圾处理厂修建工作。由于公司设计工艺落后、设备质量差，多个项目达不到建设目的而整体报废，给国家造成3 300余万元的重大损失。

案例二：潘某，某省煤炭地质局党委书记，中共党员。该煤炭地质局下属的某工业研究院3名党员干部因单位行贿犯罪被一审判处刑罚后，省煤炭地质局仅对上述人员进行了岗位调整，未及时给予党纪政纪处分。特别是2016年8月终审判决下达后，潘某仍以3人已提起申诉为由，不按照规定给予其党纪政纪处分。

案例三：张某，某市水利水产局行政审批科干部，中共党员。2017年3

月期间，张某在市政务服务中心窗口工作期间无视工作纪律，责任心不强、工作拖沓，工作态度粗暴，多次与办事群众发生争执，造成恶劣影响。

8. 以拉赞助形式索取财物如何追究党纪责任

来源：中国纪检监察报

刘某，党员，某县县委书记。钱某，党员，某县水利局局长。

2017 年 1 月，钱某找到刘某，希望县里为水利局争取点水利项目。刘某表示，争取水利项目需要给上级单位送礼。钱某应允并表示水利局可以想办法。之后，钱某找到该县 A 水利公司经理孙某，以争取水利项目为名，让其赞助 8 万元，并承诺给其部分工程。孙某拿出 8 万元给水利局，钱某将该钱款存放在水利局设立的小金库中。同年 2 月，钱某将该款项中的 2 万元交给刘某，用于春节给上级单位购买礼品。刘某将该款项用于自己生活消费。

9. 关于违规谋取人事方面利益行为的认定

来源：中国纪检监察报

肖某，W 高校党委书记。肖某在学校一手遮天，个人擅自决定采购重要教学试验设备等一些重大事项。肖某准备将其心腹、校财务处处长史某（因严重违纪已被执纪审查）提拔为学院党委委员，组织部门向其提出，"史某的群众基础不好，作风浮夸，并有教师反映史某在财务处私设小金库用于大吃大喝"。肖某听后，不以为然。为了使史某顺利提拔，肖某私下向其他党委常委打招呼，并在校党委常委会讨论时，自己首先发言"定调子"。在肖某的帮助和指示下，史某被提拔为学院党委委员。为了感谢肖某，史某先后送给肖某人民币 20 余万元。

肖某是政工干部出身。为了评得高级职称，肖某和下属弄虚作假，在上报的评审资料中，将省级刊物上发表的论文作为国家级论文上报，将待发表的论文作为已发表的论文上报，将以单位名义发表的文章把自己作为第一作者上报，将其他人申报的科研课题把自己作为排第一的主要参与人上报。经过一番"努力"，肖某终于"如愿以偿"。

10. 如何认定违规侵占公私财物行为

来源：中国纪检监察报

案例一：曹某，党员，某国有集团公司党委副书记。该集团公司旗下有一家五星级酒店，曹某曾担任该酒店总经理。曹某担任集团公司副书记后，该酒店常年给曹某供送新鲜蔬菜、水果，并提供一些劳务服务。曹某从未给该酒店支付任何费用，其家中购买的少量物品也在宾馆中报销（合计 1.5 万余元），曹某还长期借用该酒店一辆丰田 SUV，供个人使用。

此外，曹某的秘书孙某（党员）也将其购买的手表、丝巾、大衣等高档物品，以及妻子美容费、旅行费在该宾馆报销，合计 15 万元。

案例二：杨某，党员，某国有企业总经理。杨某喜欢抽高档香烟，在某烟酒店赊购 17 条高档香烟（价值 1.5 万元）。杨某让单位财务人员付款后，将烟放在自己办公室，用于所谓的"公务接待"。

案例三：李某，党员，某县法院民事审判庭审判员。2017 年 1 月，李某在审理一件民间借贷纠纷案件时，认识该案件被告代理人肖某（某律师事务所律师）。同年 4 月，李某给肖某打电话，提出让肖某报销其旅游费用 1 万元，肖某同意，于当日下午将钱交给李某。

第五章

案件审理程序

案件审理是指纪检监察机关案件审理部门对审查终结的违反党纪政务的案件，在作出正式处理决定之前，根据审理案件的基本要求和原则，按照规定的程序，对调查所认定的事实、取得的证据、定性、处理建议、办案程序、手续以及涉案款物处理等方面所做的审核工作，是审查办案的必经程序和最后环节。做好案件审理工作，是保障和提高案件质量、维护党纪政纪严肃性的制度性保证，是维护党员和监察对象民主权利和合法权益的有效途径。

第一节　自办案件的审理程序

一、自办案件的受理

自办案件的受理，是指案件审理部门接到本级纪检监察机关案件审查部门移送的违犯党纪、政纪案件之后，对移送程序和案卷材料进行初步审核，判断该案是否符合审理条件，并对符合条件的案件进行正式审理的工作程序。

（一）自办案件受理的条件

案件审理部门经初步审核，对符合以下条件的案件应当受理：

1. 属于本级纪检监察机关的受理范围；

2. 违纪案件已经调查终结；

3. 被审查人的行为已构成违纪，需要追究纪律责任，或者涉嫌犯罪需要移送司法机关；

4. 案件材料齐全并装订成卷；

5. 经有关领导审批同意移送审理的案件。

（二）自办案件受理的手续要求

移送审理的自办案件应具备以下材料，并办理交接手续：

1. 案件移送审理的请示以及分管案件审查部门、案件审理部门领导同意移送审理的批示；

2. 立案依据。主要包括：检举材料、初步核实情况报告、有关领导关于进行初步核实的批示、立案呈批报告和其他批准立案的材料；

3. 调查报告及案件审查部门的意见；

4. 全部证据材料；

5. 与被审查人见面的违纪事实材料，被审查人对违纪事实材料的意见和检讨材料，调查组或案件审查部门对被审查人意见的说明；

6. 其他应当移送的材料。

案件移送审理时，应当移送全部证据材料，其中既包括证明被审查人构成违纪或违纪情节严重的证据，也包括证明被审查人违纪情节轻微或不构成违纪的证据。

（三）受理自办案件应注意的问题

1. 对于手续不完备、材料不齐全的自办案件，一般情况下应暂缓受理或不予受理，由案件审查部门补齐相关手续和材料后再予受理。对尚未查清主要违纪事实以及没有形成调查报告的案件，不得受理。在时间要求紧急等特殊情况下，案件审理部门也可先行审核已有案卷材料，并要求案件审查部门抓紧补办相关手续。案件受理时间自材料补齐之日起计算。

2. 案件审理部门已经提前介入的自办案件，待案件达到移送审理条件时，案件审查部门仍要将案件移送审理部门，由审理部门履行正式的受理程序。

二、自办案件的审核

自办案件的审核，是指案件审理部门承办人在确定移送案件符合受理条件后，通过审阅案卷材料、补充调查、与被审查人谈话等方式，对案件的事实、证据、定性、处理、手续、程序进行审核，提出意见，将案件提交集体审议的工作。

（一）自办案件审核的内容

1. 对违纪事实的审核。审核工作中，一般应按以下要求审核认定事实：

（1）要看违纪事实发生发展的全过程是否清晰完整。作为处分依据的每一条违纪事实发生的时间、地点、人物、情节、手段、原因、后果以及有关人员的责任等都要清楚明了。

（2）要看每一条违纪事实是否有证据加以证明。被审查人对处分决定所依据的违纪事实如提出不同意见，案件审查部门对其意见的说明应将所提问题说明清楚。

（3）要看违纪事实是否能作为处理的依据。作为处理依据的违纪事实应具备三个基本条件：一是具有社会危害性，即要看行为人实施的违纪行为是否危害了党、国家和人民群众的利益，侵害了党纪政纪和国家法律法规所调节和保护的党内关系和社会关系；二是具有违纪性，即行为违反了《党章》和其他党内法规，国家法律法规、规章，党和国家政策、行政机关的决定和命令或社会主义道德；三是应受纪律追究，即违纪事实达到了一定的危害程度，应当追究纪律责任。对于违纪事实情节显著轻微、危害不大的，可不作为处理依据。

（4）要看违纪事实中有关人员的责任是否已经划分清楚。分清责任，就是要分清在违纪案件中违纪人员应负的责任，以及责任的大小。特别是对于涉案人员较多的案件，分清责任是处理案件的前提。

（5）一般情况下，案件在提请本级纪委常委会或监察机关领导办公会决定前，案件审理部门应派人与被审查人谈话，核对违纪事实，听取本人意见。

（6）如发现事实不清，应主动听取案件审查部门的意见，确需补充证据时，应请案件审查部门补充调查，必要时可单独或协同案件审查部门进行查证。

2. 对证据的审核。证据的审核认定，一般应按以下要求进行：

（1）审查证据的合法性。证据的合法性主要包括三方面内容：主体合法，如调查取证或制作书证副本、复制件的人员不得少于2人，鉴定、评估主体要具备相应资格等；程序和方法合法，如收集证据过程中不能使用体罚、变相体罚或者威胁、引诱、欺骗等违纪违法手段；形式合法，如谈话笔录应现场制作，被谈话人要逐页在谈话笔录上签名（盖章）、捺印，书证的副本或复制件、节录本须由原件的保存单位或个人盖章、签名，言词证据要做到一人一证等。

（2）审查证据的真实性。判断证据的真实性，一般应从证人与违纪人员之间的关系鉴定虚假证据的可能性、从证人自身的自然状况鉴别证据的可靠性；从证据是否因时间、环境和条件的变化而发生变化来鉴别证据的准确性；判断传来证据在转述、传抄中是否有差错；调查人员是否有工作上的原因造成证据的差错和遗漏；对全案证据进行综合分析，从证据间的联系来判断证据的真实性。

（3）审查证据的关联性。只有与案件事实有内在联系的事实才具有证明作用。因此，在审查证据的时候，不能仅审查证据事实本身是否真实，还要查明这个证据事实与案件事实之间有无内在的必然的联系。

（4）审查认定案件事实的证据是否充分。所认定每个情节都有相应的证据证明，每个证据所证明的事实又都有旁证加以佐证。在没有物证、书证的情况下，仅凭言词证据定案时，必须有 2 个以上（含 2 个）证据才能定案。

（5）审查证据之间是否有矛盾。审查证据之间是否有矛盾，应注意从以下三方面分析：一是证据本身有无矛盾，注意分析证据的形式或内容与当时当地的具体条件有无矛盾，以及证据内容前后是否一致；二是证据与证据之间有无矛盾，注意分析同案人交代之间、当事人和证人的陈述之间、不同证人的证言之间等有无矛盾；三是证明案件的同一事实的各类证据之间有无矛盾。

（6）综合全案证据进行分析。审查证据的过程中，只对每一个证据逐一审查是不够的，还必须将全案证据联系起来分析，综合审查判断，从证据与证据的联系、证据和案件事实之间的关系加以考察。要将全案中的各种证据进行对比，看它们能否互相印证，要注意时间、条件的变化对证据的影响，把不同的证据放到案件发生、发展的过程中，考虑当时的历史背景，同其他证据联系起来综合分析和判断使用。

3. 对违纪行为性质的审核。对违纪行为定性的审核，一般应按以下要求：

（1）审核认定性质要以事实清楚、证据确凿为基础。

（2）被审查人的行为一般应符合所认定违纪行为的违纪构成要件，即符合所认定违纪行为的主体要件、主观要件、客体要件和客观要件。

（3）认定违纪行为的性质要有正确的依据。包括《党章》和其他党内法规、党和国家政策、国家法律法规等。

（4）注意正确运用纪律处分规则。如对于行为人基于一个违纪故意或者过失，其一个行为触犯 2 个或 2 个以上有关违纪行为的条款规定时，依照处分较重的条款定性处理；一个条款规定的违纪构成要件全部包含在另一个条款规定的违纪构成要件中,特别规定与一般规定不一致的,适用特别规定等。

4. 对处理意见的审核。工作中,一般应按以下要求提出处理意见:

(1) 所提处理意见要有依据,包括《党章》和其他党内法规、党和国家政策、国家法律法规等。

(2) 所提处理意见要综合分析违纪案件的各种情况,给予正确的处理。要从违纪性质、违纪金额、危害后果、行为人的目的与动机、侵害对象、违纪的手段、案发的历史背景等情况,全面地把握案件,正确处理案件。

(3) 准确适用纪律处分运用规则。《中国共产党纪律处分条例》第3章专门规定了纪律处分运用规则,包括从轻、从重、减轻、加重处分、免予处分、合并处理、比照处理等。《公务员处分条例》等政纪规定对从轻、从重、减轻、免予处分、数错并处等作出了规定。

5. 对办案程序的审核。办案程序应按以下要求审核:

(1) 必经程序是否全部履行。案件查办过程中的每一道程序都具有其独特的价值和作用。只有完整地履行各项程序,程序对案件实体的保障作用才能最大限度地发挥。审核办案程序,首先要审核必经程序是否全部履行。

(2) 程序运行是否符合法定次序。查办案件是一项多部门、多人员参加的流水作业,各个阶段、各个环节前后衔接、环环相扣,完成前一程序是展开后一程序的前提和基础,后一程序是对前一程序的检验。因此,程序必须按照法定次序运行,不得随意更改。

(3) 程序要求是否履行到位。党纪政纪案件的调查处理分为多个环节,每个环节的程序都有相应要求,涉及工作过程、顺序、方式方法、审批权限、文书、时限等多个方面,履行程序必须将各项要求执行到位,有关工作必须达到规定的质量和标准,切实保证程序发挥应有的监督、保障作用。

6. 对手续的审核。审核办案手续应按照以下要求进行:

(1) 案件材料是否齐全。即办理案件是否履行了全部法定程序,并形成了相关案件材料。案件材料主要包括程序类材料、证据类材料和结论类材料。程序类材料主要包括初步核实呈批表、立案呈批表、立案决定书、使用调查措施呈批表、案件移送审理登记表等;证据类材料除按大类所分的言词证据和实物证据外,还包括被审查人主体身份材料,暂扣、封存违纪款物文书、凭据等;结论类材料主要包括初核报告、违纪事实见面材料、调查报告、监察决定书或监察建议书、党纪案件的支部处分决议、请示、下级党委(纪委)

向上级党委（纪委）的请示、审理意见或审理报告、处分决定书等，司法机关移送的案件还包括生效判决书、裁定书、决定书等。

（2）案件材料是否规范。案件材料规范的标准，是符合规定的文书格式、内容要求，并按规定装订成卷。

（3）手续不完备的，原移送单位必须补办。

（二）自办案件审核的重点和方法

案件审核中要重点围绕立案依据的事实、证据进行；到案后进一步查证的事实、证据，如存在事实不清、证据不足问题，且涉嫌犯罪的，可建议案件审查部门作为涉嫌犯罪线索移送司法机关依法处理。

审核案卷是了解案情，掌握案件全貌的前提。在审阅案卷时常用的有"循序渐进"法和"传递式比照"法。

"循序渐进"法是指阅卷采取先粗后细，先全面后重点的方法，即先对案卷材料粗略地全面审阅，以便对案件的全貌有一个初步的了解，然后再以调查报告为主线，根据调查报告认定的违纪事实，对照证据材料进行重点审阅，找出案件的重点：作为处分依据的违纪事实；违纪事实中对案件的定性处理起决定性作用的关键情节；认定关键情节的证据。

"传递式比照"法，是指把揭发检举的问题同调查报告比照，看应该调查的问题是否查清了；把调查报告列的事实同证据材料比照，看证据材料是否确实、充分；把违纪事实同所认定的性质比照，看定性是否准确；把违纪的原因、后果、主客观条件联系起来同处理意见比照，看处理意见是否恰当。

（三）审核的程序和要求

1. 指定承办人。受理案件后，审理部门负责人应及时指定承办人办理。一般案件应由 2 人承办；特别重大复杂的案件，应组成 2 人以上的审理小组进行审理，并确定 1 人主办；情节简单的案件，可由 1 人承办。

承办人的职责：（1）负责审核案卷材料，提出对错误事实、错误性质的认定意见和处理意见；（2）就案件事实证据与案件检查部门承办人进行了解和沟通协调；（3）向室务会议汇报案件审理情况；（4）草拟、修改审理报告；（5）草拟处分决定、征求有关单位和组织意见的函、审查结论、呈请上级审批的请示或备案的报告，草拟给下级的批复、通知等文件；（6）结案后立卷归档；（7）必要时，进行补充调查等。

2. 审阅案卷。审阅案卷是案件审理部门和审理人员对移送审理的所有案件材料（例如文书和电子文本材料、图片、声像等材料）进行全面审核的过程。绝大多数自办案件的审理都需要审阅案卷，但《中国共产党纪律处分条例》等相关法规也规定了一些特殊类型的案件，如司法机关先行调查已作出生效判决、裁定的案件，移送给纪检监察机关作党政纪处理时，可以不审阅案卷，直接处理。阅卷是承办人全面掌握案情的重要环节，也是从事案件审理工作的基本功。

审阅案卷一般有以下几个步骤：

（1）认真审阅调查报告，对全案有一个初步的整体认识，弄清以下几个问题：①被审查人的基本情况，主要包括被审查人的姓名、性别、出生年月、民族、籍贯、文化程度、参加工作时间、政治面貌（中共党员应写明入党时间）、任职情况、以前是否受过处分等，并弄清是否属于共同违纪的案件；②处分所依据的违纪事实；③每个违纪事实的具体情况，包括人物、时间、地点、手段、情节、后果、原因及有关人员的责任等；④移送部门或呈报单位对该案定性处理的意见。

（2）审阅违纪事实见面材料、被审查人的检查及申辩等能反映被审查人意见的案卷材料，着重弄清以下问题：①被审查人所提出的意见及其理由；②有关单位或组织对被审查人意见所作的说明是否清楚，是否有依据；③案件审查部门对该案的定性处理意见是什么，理由是什么。

（3）鉴别使用证据，主要包括：①作为处分依据的每个违纪事实是否都有证据；②每个违纪事实所依据的证据是否确实、充分，能否把问题证明清楚并得出唯一的结论；③证据本身是否矛盾，证据和证据之间是否矛盾，如果矛盾，是否能够合理排除。

（4）对全案材料进行综合分析，着重弄清以下问题：①处分决定、调查报告、被审查人意见、移送部门或呈报单位的意见、相关党组织意见之间是否矛盾，出现矛盾的原因；②定性处理是否有依据，引用法规是否准确恰当。

（5）综合判断案件事实是否清楚，证据是否确凿，定性是否准确，处理是否恰当，手续是否完备，程序是否合法，是否应补充调查，提出承办人的意见。

（6）制作阅卷笔录。审阅案件材料，一般应制作阅卷笔录。阅卷笔录通常要记载以下主要内容：①事实情况，即主要记录违纪事实发生、发展的过程和组织审查情况；②责任情况，即记录主要责任人员的姓名、职务以及在违纪事件中所起的作用，分清有关人员的责任和相互之间的关系；③证据情况，即记录或注明认定违纪事实的主要证据，其中关键证据应重点摘录；④不予认定情况，即记录不予认定某一违纪事实的理由和依据；⑤定性情况，即记录对违纪性质的分析认定及政策依据；⑥不同意见，即记录对党纪政务处分的不同意见和理由；⑦疑点难点，即记录难以认定、疑点很大的问题；⑧阅卷意见，即记录承办人对党纪政务处分的意见和适用党纪政纪条规有关条款的摘录。

制作阅卷笔录应注意以下五点：①客观。真实地反映案卷情况，不能主观臆断、任意取舍。既要注意证明被调查人有错的材料，也要注意对被调查人有利的材料；②全面。要能够基本反映案件整体情况；③细致。尽量反映案件发生、发展过程中的关键环节；④整洁。阅卷笔录一般要入卷长期保存，必须讲究文面的处理；⑤精练。力求简明扼要，提纲挈领。

3. 补充调查。补充调查，是指在执纪审理过程中，承办人发现事实不清、证据不足，或者有其他影响到案件定性处理的问题时进行调查取证的工作程序。补充调查是对案件中存在的问题和疑点所进行的专项调查，是案件审理部门的重要职责和权力，也是对阅卷的一个重要补充。

（1）补充调查的主体和形式。根据《审理工作程序规定》第13条、《监察机关审理政纪案件的暂行办法》第11条和《监察机关调查处理政纪案件办法》第38条的规定，补充调查有三种形式：一是向移送案件的单位提出需要查明的问题或要求，请他们进行补充调查；二是案件审理部门直接派人进行补充调查；三是案件审理部门会同移送案件的单位共同进行补充调查。

（2）补充调查的方法。凡是在调查案件中采用的调查取证方法，在补充调查时都可以采用。

（3）补充调查的步骤。一是指定调查人。参加补充调查的人员必须为2人以上，以便互相配合、互相监督。如案件审理部门派人参加，一般要有承办人参加。二是做好调查前的准备工作。如熟悉案情、明确调查的目的和所要弄清的问题，制订调查方案等。三是进行调查。具体的调查步骤和方法与调查案件中的调查步骤和方法相同，可以参照执行。四是调查后工作。承办人将补充调查得到的材料和原案卷材料一并进行分析、对照、综合判断，如认为条件具备，可提交集体审议。补充调查中收集的材料要一并归入案卷。原查证材料，即使认为是虚假证据，也不应撤出，一并归档备查。补充调查要经过案件审理部门负责人或本级纪检监察机关负责人的批准。

4. 中止审理。中止审理，是指案件承办人员在审理案件过程中，遇有一些特殊情况，足以影响审理工作继续进行时，将已受理的案件暂停审理。中止审理由承办人提出，经有关领导批准。

（1）中止审理的条件。属于下列情况之一的，应中止审理：一是手续不完备，或材料不齐全，需移送部门补办手续或补报材料的；二是案件的主要事实不清或有关人员责任不明，需案件移送部门补充调查的；三是发现被审查人有新的问题或提出新的辩解，需要案件移送部门继续调查或补报说明的；四是原案在程序方面存在重大问题，可能影响事实认定或案件公正处理的。

（2）中止审理的步骤。①经领导批准。中止审理须经分管案件审理部门的纪检监察机关领导批准。②向案件审查部门通报。案件审理承办人在中止审理的请示获批后，要及时向案件移送部门通报，并向其送达书面意见，履行送达签收手续。③案件审查部门落实。案件审查部门收到审理部门送达的书面意见后，应按意见尽快落实。落实中如遇特殊情况应及时与案件审理部门沟通，落实后的材料及时送案件审理部门。④恢复审理。待案件审查部门将书面意见全部落实后，案件审理承办人即恢复审理。

5. 征求有关部门意见。案件在提请纪委常委会议或监察机关领导办公会议讨论前，应征求有关部门意见。重大复杂案件，报经主要领导同志同意，可以审议后进行。

（1）以案件审理部门名义征求意见。通常是指案件在提请纪委常委会议或监察机关领导办公会议讨论之前，为保证事实清楚、证据确凿、定性准确等，以案件审理部门名义对涉及的专业技术或具体业务政策问题征求有关部门意见。如就财政资金使用问题征求财政部门意见，就涉刑案件中的有关问题征求司法机关意见等。需注意的是，若以专业部门的意见作为定案依据，应有正式书面材料。

（2）以纪检监察机关名义征求意见。通常是指在纪委常委会议或监察机关领导办公会议讨论案件之后，就案件处理以本级纪检监察机关有关部门名义征求被审查人所在单位、组织人事等部门的意见。如涉及任免权在主管业务部门，党的组织关系在地方的干部党纪政务处分问题。重大复杂案件，报经主要领导同志同意，可以审议后进行。

6. 审理谈话。审理谈话是指执纪审理主体在对案件的事实、证据、定性、处理及办案程序等环节进行全面审核后，在案件提请本级纪委常委会议或监察机关领导办公会议决定前与被审查人核对错误事实并听取本人意见，有针对性地进行纪律教育的一项重要工作。

审理谈话是执纪审理工作必须履行的工作程序，为被审查人充分行使申辩权、依法维护自己的权利提供了具体途径；对案件审理部门克服书面审理的局限性具有重要的现实意义；对保证办案质量、防止冤假错案的发生有着十分重要的作用。

（1）审理谈话的内容。主要包括：①就案件事实听取被审查人意见；②就案件定性听取被审查人意见；③就案件处理听取被审查人意见；④就办案程序、调查主体在案件调查过程中有无违规违纪行为以及其他需要核对的事项向被审查人了解情况；⑤对被审查人所犯错误进行批评教育，做好思想工作。

（2）审理谈话的步骤。①提出谈话方案并报领导批准。谈话方案应包括四方面内容：一是确定谈话人，谈话应安排2人以上，谈话应个别进行，如果一案中涉及多人，应分别谈话；二是根据案情，确定谈话重点；三是预计谈话时间，预测可能出现的情况并设计相应对策；四是确定批评教育及做好思想工作的主要内容。②与案件审查部门沟通。谈话方案经领导批准后，在谈话前，谈话人要在全面、深入熟悉案情的基础上，主动与案件审查部门沟通，进一步了解被审查人性格、习惯、心理素质等方面情况，了解被审查人对所犯错误事实、证据、定性、处理以及程序等方面的态度，做好谈话前的准备工作。③实施谈话。一是告知被审查人权利和义务，可向被审查人提供相关党纪政纪和法律咨询。二是要允许被审查人进行申辩，无论他们是承认错误还是否认错误，承办人都要认真听取。三是要认真对待被审查人的申辩。对确有道理的，要认真采纳；对证据不能证明本人的申辩是否合理的，不能轻易下结论，而要进行补充调查加以核实；对于不符合事实的，不予采纳，但应用证据说明；如果谈话中发现足以影响定性处理的新问题，应对新问题调查取证。四是对坚持错误的被审查人，应进行批评教育。五是在谈话时应做好谈话记录。记录人不得改变谈话人的原意而随意取舍和归纳。谈话记录要求被审查人逐页签字，并允许本人进行修改，或另将自己的意见写成书面材料。谈话记录要存入案卷。④分析提出意见。谈话人通过谈话要提出明确具体的意见，一是通过谈话，被审查人没有任何疑义，或者被审查人虽有疑义但现有案卷材料足以解除其疑问的，谈话人应当建议继续履行程序；二是如果现有证据不能充分证明被审查人申辩的问题，谈话人应当建议补充调查进行核实；三是如果通过谈话发现足以影响定性处理的新问题，谈话人应当建议对所提问题进行调查取证。

📚✎ **阅读链接：**

甘州"六个到位"做好新形势下执纪审理谈话工作

来源：甘州区纪委 2017年4月19日

2017年，《监督执纪工作规则（试行）》发布以来，甘州区纪委迅速部署学习，在实践中不断探索新规则下执纪审理的新任务新要求，以"六个到位"做实执纪审理谈话，全面提升执纪审理工作质量，案件的申诉复查率为零。

一是权利义务宣布到位。在谈话之初，先告知被谈话人应享有的3项权利和应履行的3项义务，既要求其如实陈述事实，不得提供虚假证词、证据，又允许其充分享有为自己进行申辩和要求案件利害关系人回避的权利，切实维护其正当、合法权益。

二是违纪事实核实到位。在审理谈话环节，不仅与被谈话人面对面核对执纪审查阶段认定的违纪事实，还通过阅卷、审核证据等执纪审理工作，再次认定其违纪事实材料及拟给予处分依据的见面材料，向其核实并签署意见，使其进一步明确自身违纪行为的性质及违反的相关规定。

三是自行量纪跟进到位。整理出被谈话人违纪行为所违反的党政纪条规及处分依据的具体条款，现场组织其逐条对照学习，然后根据自己的认识对号入座，自行量纪，填写《违纪人员"自行量纪"登记表》，写明自己对处分档次的意见，使其对自己应受处分心中有数。

四是执纪审查监督到位。制作《甘州区纪检监察机关办案工作监督卡》，在谈话中向被谈话人跟踪了解执纪审查人员执行7个方面的办案权限、遵守的8项办案纪律及10个办案程序环节的情况，并书面签署意见，发挥对执纪审查人员监督和保护的双重功效。

五是思想教育深化到位。在执纪审理谈话中，除组织被谈话人学习相关党政纪条规以外，还通过重温入党誓词，对其深化思想教育，让其重新审视自己的违纪行为，认真分析和查找所犯错误的思想根源，连同接受组织处理的态度再次撰写检讨材料，交给审理人员进一步审定其认错态度。

六是处分影响告知到位。在谈话的最后，分事业人员和机关人员两种类型制作《党政纪处分受影响告知书》，向被谈话人告知其受处分后，在评先评优、职务提拔、工资晋升、年度考核等方面会受到的相应影响，并要求其签字确认，充分保证被审查人的知情权。

7. 提出审理意见。承办人在全面了解案件查办情况的基础上提出的审理意见是案件审核中非常重要的环节，也是审核成果的体现。承办人要认真、负责地提出审理意见。

8. 提交审理组研究。审理组成员应在审阅全部案卷材料的基础上，重点对各自分工负责的部分进行审核。审理组成员在充分阅卷的基础上，按照分工将阅卷意见提交审理组集体讨论。讨论情况应形成记录，并由审理组全体成员签名。

9. 根据阅卷和研究情况开展下一步工作。

（1）经集体研究认为事实清楚、证据确凿、定性准确、处理恰当、手续完备、程序合法可草拟审理报告，提交案件审理部门集体审议。对讨论中存在争议或值得研究的新情况、新问题，案件事实、证据、定性、处理有较大争议的问题（不论审理组内部是否达成一致，均应提交室务会议审议），与纪检监察室意见不一致的问题（包括沟通后审理组采纳纪检监察室意见或纪检监察室同意审理组的意见），案件定性处理、涉案款物、把握平衡等方面与以往办理类似或相关案件有所不同的情况等问题的，应当提请案件审理部门集体审议。

（2）承办人发现手续不完备的，可按程序请移送单位补办有关手续。

（3）承办人认为事实不清、证据不足的，可以向调查人员了解情况，或经审理部门负责人批准后，请移送单位进行补充调查，必要时也可直接补充调查。

（4）承办人对一些重大问题把握不准，也可以先提请集体审议后再补充调查。

三、自办案件的审议

自办案件的审议是指承办人在对案件进行审核后，案件审理部门根据承办人的汇报，集体讨论，审议案件的事实、证据、定性、处理，并提出案件审理部门意见的工作程序。

通过集体审议，可以集思广益，发挥集体的力量和智慧，保证客观公正地处理违纪案件，既可以加强监督，避免个人或少数人擅自决定对案件的处理，也可以防止由于审理人员个人的主观片面性和能力水平的局限性可能造成的失误，有利于正确执行党和国家的方针政策、法律法规和党纪政纪条规。

（一）审议的程序

自办案件审议的主要程序是：

1. 由案件审理部门的负责同志确定召开室务会议进行集体审议的时间。

2. 室务会议由案件审理室负责同志主持，并安排专人做好集体审议会议记录。

3. 案件承办人根据阅卷情况如实、清楚地汇报案情和审理意见：（1）审理案件的工作情况，包括受理案件的时间，是否经过补充调查，领导同志是否有批示等；（2）案件的事实、证据及补充调查的情况；（3）移送案件的执纪审查部门的定性处理意见；（4）承办人的意见。承办人的汇报要言必有据，对主要事实应出示证据材料或证据摘录，不得随意夸大或缩小错误事实。对审理意见与案件审查部门意见不一致的，承办人应讲明情况，并列举充分的理由和依据。

4. 参加审议的同志开展讨论，各自发表对错误事实、定性和处理意见的看法和意见。

5. 会议主持人根据民主集中制的原则，综合集体审议的意见，提出案件审理部门结论性的意见。如果集体审议在原则问题上不能取得一致意见时，不能简单否定不同意见，应将不同意见及其理由同时提请纪委常委会议或监察机关领导办公会议进行讨论。

（二）审议的结果和处理

1. 经集体审议，认为案件事实不清、证据不足、定性不准，需要做补充调查工作或征求有关部门意见的，可交承办人继续做工作，待完善后再召开会议审议。

2. 经集体审议，认为案件事实清楚、证据确实、充分的，则提出定性、处理意见，由承办人根据集体审议的结论性意见修改或写出审理报告，经案件审理部门负责同志审核后，提请本级纪委常委会议或监察机关领导办公会议审议。

四、自办案件的批准

违纪案件的批准程序是指案件审理部门对案件审理结束以后，本级纪委常委会议或监察机关领导办公会议根据案件的事实、证据、性质，依据党和国家的方针政策、法律法规和党纪政纪条规，对案件作出处理决定的程序。

违纪案件的批准程序是整个案件查处过程中的关键环节和必经程序。它虽然不属于审理部门的审理程序，但与案件审理有着密不可分的联系，起着承上启下的决定性作用。案件的批准程序不仅是前一段审理部门审理案件的结果，也是审理部门下一步进入到执行程序的依据，也是有关组织和单位执行纪律的根据。

案件审理部门报送纪委常委会议或者监察机关领导办公会议审定的案件，应符合下列条件：作为处分依据的错误事实已经审查清楚；案件的证据确实、充分；案件审理部门已提出结论性的处理意见。

纪委常委会议或监察机关领导办公会议按照民主集中制的原则，对案件进行充分的讨论，对案件审理部门的意见作出同意、更改、否定或者需要继续调查补证的决定。案件审理部门按照会议的决定或要求办理必要的手续。对需要补充调查的案件，应尽快按照会议提出的问题和要求，由案件审理部门或案件审查部门调查取证，待问题查清后，再重新提交纪委常委会议或监察机关领导办公会议审查决定。需报同级党委审批的，应当在报批前以办公厅（室）的名义征求同级党委组织部门和被审查人所在党委（党组）意见。

五、自办案件的执行

案件审理中的执行是指党的组织、政府及其主管部门、纪检监察机关对违犯党纪政纪的人员，按照规定的程序将批准生效的处分决定或审查结论付诸实施的过程。执行是处理违纪案件的最后阶段。通过对生效的处分决定或审查结论的执行，才能最终完成对违纪人员处理的工作。经批准生效的处分决定或审查结论具有严肃性，一经生效后，就必须执行，不能随意改变。下级机关对上级机关作出的处分决定或审查结论如有不同意见，可以向上级反映，但在上级机关作出改变决定之前，必须坚决执行。拒不执行的，应追究其责任。

（一）自办案件的执行程序

案件经纪委常委会议或监察机关领导办公会议作出决定后，案件审理部门按照党纪处分的批准权限和政务处分权限，应分别办理如下手续：

1. 违反党纪案件。

（1）由本级纪检机关直接作出处分决定的案件，由案件审理部门起草处分决定及其通知，一并报本级纪检机关领导签批后，印发给有关党委、纪委，抄送组织部门，发给受处分人。

（2）对需报同级党委或上级党委、纪委审批的案件，由案件审理部门负责起草案件呈报审批的请示，经本级纪检机关领导签发后，连同有关材料一并上报审批。在接到同级党委或上级党委、纪委的批复后，案件审理部门应负责起草处分通知，经本级纪检机关领导签发后，按有关规定，办理对受处分人所在组织的书面通知手续。

（3）如有需移交其他部门处理的，案件审理部门应负责将处分决定或审查结论、批复或通知以及有关材料抄送给有关部门。

（4）一般情况下，由直接作出处分决定的纪检机关直接向被处分人宣布处分决定；受处分党员所在党组织，在接到上级党委、纪委对该党员处分的批复或通知后，应在1个月内在适当的范围宣布。特殊情况下，一时无法通知本人时，在宣布处分决定生效后，应按批准权限报上一级纪委备案，待可以通知时立即通知本人。

党纪处分决定作出后，应当在1个月内向受处分党员所在党的基层组织中的全体党员及其本人宣布，并按照干部管理权限和组织关系将处分决定材料归入受处分者档案；对于受到撤销党内职务以上（含撤销党内职务）处分的，还应当在1个月内办理职务、工资等相应变更手续；涉及撤销或者调整其党外职务的，应当建议党外组织及时撤销或者调整其党外职务。特殊情况下，经作出或者批准作出处分决定的组织批准，可以适当延长办理期限。办理期限最长不得超过6个月。

（5）对自办案件中需要向上级党委、纪委或同级党委备案的，由案件审理部门起草备案报告，连同有关材料报本级纪检机关领导签发后，报上级党委、纪委或同级党委备案。

（6）案件审理部门要注意与受处分人所在单位、组织人事部门的沟通协调，确保党纪处分对被处分人职级、待遇等方面的影响落实到位。执行党纪处分决定的机关或者受处分党员所在单位，应当在 6 个月内将处分决定的执行情况向作出或者批准处分决定的机关报告。

2.违反政务的案件。

（1）本级监察机关直接作出政务处分决定或监察建议的案件，由案件审理部门起草处分决定书或监察建议书，印发给受处分人所在单位予以执行。一般由监察机关向受处分人本人宣布处分决定。

（2）对需报经本级政府、上级监察机关同意的案件，由案件审理部门负责起草案件呈报的请示，经本级监察机关负责人签发后，连同有关材料一并上报。在接到本级政府或上级监察机关的批复后，案件审理部门负责起草监察决定书或监察建议书，经本级监察机关负责人签发后，按有关规定，办理对有关部门、单位和人员的书面通知手续。

（3）送达。监察决定书和监察建议书可以由监察机关直接送达有关部门、单位和人员，也可以留置送达、邮寄送达，或者委托其他监察机关、主管部门代为送达。送达监察决定书和监察建议书，必须有送达回证，由受送达人在送达回证上记明收到日期、签名或者盖章。受送达人在送达回证上的签收日期为送达日期。邮寄送达，以挂号回执上注明的收件日期为送达日期。受送达人拒绝接收的，不影响决定及建议的执行，并由送达人在送达回证上予以说明。

（4）有关部门和人员应当自收到监察决定书或监察建议书之日起30 日内将执行监察决定或者采纳监察建议的情况通报监察机关。

对监察建议有异议的，可以自收到监察建议之日起30 日内向作出监察建议的监察机关提出，监察机关应当自收到异议之日起30 日内回复；对回复仍有异议的，由监察机关提请本级人民政府或者上一级监察机关裁决。

（二）执行监督

上级纪检监察机关对下级纪检监察机关批准的案件，有权调卷审查，对审查结论或处理决定、建议，直接作出改变，也可以责成下级纪检监察机关重新审查。但是，如果上级纪检监察机关所要改变的下级纪检监察机关的决定是经过它的同级党委或政府批准的，这种改变应尽量经过协商取得一致意见，由这一级党委或政府自行改变；如果不能取得一致意见，应将双方的意见同时报上级党委或政府决定。

此外，在案件审理中，给予具有党的各级委员会委员、候补委员，法官、检察官、党的机关公务员、政府组成人员、人大代表、政协委员等特殊身份和职务的党员和监察对象纪律处分时，要按照中央纪委监察部规范的七类案件办理程序办理。

六、自办执纪审理的特殊程序——提前介入

提前介入是指案件审理部门和审理人员经批准在案件调查阶段对案件事实、证据进行初步审核的程序。提前介入是案件审理部门在特殊情况下采取的工作方法，并不是审理任何案件的必经程序。

提前介入须符合以下条件：一是提前介入审理的案件，应是重大案件或者案情复杂、疑难、分歧意见较大，以及纪检监察机关领导交办的案件；二是案件审查部门已查清主要违纪事实并提出倾向性意见；三是需经纪检监察机关负责人批准。

案件审理部门提前介入案件，有利于及早了解案件事实和证据情况，是加快办案进度、提高办案效率和保证办案质量的需要。审理人员在提前介入中，可以及早了解案情，熟悉证据材料，及早发现问题，向案件审查部门提出建议，发挥案件审理部门对纪律审查工作的建设性作用，为以后的审理工作打下基础。特别是对案件中的主要错误事实的认定，证据的鉴别取舍和办案手续等方面的问题，可以会同案件审查部门共同把好关，体现了案件查办工作的"关口前移"。

（一）提前介入的主要任务

1. 审阅案卷材料。这是提前介入的基本任务。通过认真审阅案卷，扎实充分地掌握已有证据材料，对案件事实、证据状况、定性量纪和办案程序等形成基本判断，审查案件调查过程中存在的问题和不足，就案件调查下一步的工作重点、定性方向、补证建议等提出建设性意见和建议。

2. 形成初步审核意见。在审阅案卷及向调查组了解案件查办相关情况的基础上，形成提前介入审理的审核意见。它是审理人员提前介入需要完成的重要任务。只有形成初步的审理意见，准确把握案件处理的大局和走向，才能为正式审理打下基础，进而为审理部门和常委会及时研究案件创造条件。

审核意见应包括三个方面的内容：一是对案件事实和证据状况作出基本判断，明确下一步调查取证重点和方向。根据现有的证据材料，明确被审查人的哪些违纪行为可以初步认定、哪些问题具有认定为违纪的可能、哪些问题可以暂不考虑作为处分依据；对可初步认定违纪的问题，需要案件审查部门进一步补充完善哪些证据；对具有认定违纪可能的问题，下一步调查取证的方向和重点是什么。二是对案件定性和处理走向作出初步判断，提出建设性意见。对可初步认定违纪的问题，提出性质认定的倾向性意见；对具有认定违纪可能的问题，提出定性可能走向意见。三是对有关程序和手续的完善提出意见，包括需要补充完善哪些程序和手续，涉案款物暂扣封存是否到位及应如何完善等。

需要强调的是，案件审理部门在提前介入提出审核意见时，还应向案件审查部门特别说明，一是补证工作应当重点围绕决定立案、组织调查时违纪行为所依据的事实、证据进行；二是如已查实可以认定的问题已属严重违纪违法，且涉嫌犯罪，对其他拟认定为违纪违法事实并作为处分依据，但还需补证、论证的问题，根据当前转变办案模式特别是快查快结的要求，建议可作为涉嫌犯罪线索移送司法机关依法处理。根据本案具体情况，如案件审查部门认为确需进一步查证的，建议在报请分管领导同意后，结合案件审理部门所提建议，抓紧做好补证工作。

（二）提前介入需要注意的问题

1. 提前介入并非审理案件的必经程序。提前介入审理的案件，限于重大案件或者案情复杂、疑难、分歧意见较大，以及领导交办急需处理的案件，不能使提前介入成为一种常规化案件审理方式。对案情简单、查证难度较小的案件不宜提前介入。

2. 正确处理提前介入审理与正式审理的关系。提前介入审理不能代替正式审理，提前介入审理之后还要履行正式审理程序，案件审查部门还要履行正式移送审理程序，案件审理部门内部还要履行召开室务会集体审议等程序。审理人员在提前介入中的意见，不能成为审理部门的最终意见。

3. 正确处理执纪审查与案件审理的工作关系。执纪审查与案件审理是查处违纪案件工作的两个不同阶段，提前介入的案件审理人员，不应参加案件调查取证，不得以查代审或以审代查，防止查审不分。

4. 质量优先，兼顾效率。提前介入审理工作时间紧、难度大，案件审理人员不能一味求快，要做到效率服从质量，在充分消化案卷材料基础上，综合考虑方方面面的问题，形成审核意见。

5. 慎重表态。提前介入中，对一些疑难复杂问题的表态，案件审理人员要慎重稳妥，不要随便发表意见。对事实和证据能把握准的，可以个人或审理组名义谈一些看法，避免案件审查部门把个人意见当成案件审理部门的意见，造成案件后续审核处理工作的被动。

6. 加强与案件审查部门的沟通协调。案件审理人员应善于利用提前介入审理的机会，与案件审查部门加强沟通，更多地掌握案卷之外的各种情况，吃透案情，了解更多的真实情况。

7. 注意掌握案件后续处理工作的大局和走向，增强工作预见性。在部分案件中，提前介入审理与正式移送审理的间隔时间一般非常短。提前介入审理一结束，案件处理工作相应就会提速，留给案件审理部门正式审理的时间很少。因此，提前介入审理工作除了完成主要工作任务外，还应为今后正式审理提前做好准备。

📚✏️ **阅读链接：**

长沙县：实行纪检监察案件审理提前介入制度

来源：长沙廉政网　2016年6月22日

今年3月，长沙县纪委查办了县公安局北山派出所教导员李立新违纪案，因其涉嫌违纪的问题较多、范围较广，为确保案件快查快结，经委局领导批准，县纪委审理室提前介入，了解具体案情，对基本证据进行初步审理，在发现调查组对事实认定的部分证据存在缺失的情况下，及时提出了补证建议。调查组针对审理提出的补证建议进行了调查取证，该案已移送审理。据了解，这是长沙县纪委实行纪检监察案件审理提前介入制度后的首个案例。

为进一步提高办案质量、缩短办案时间，更好地发挥案件审理与纪律审查部门的沟通协调作用，做到关口前移，快查快结，长沙县纪委对重点案件实行审理部门提前介入制度。

该县纪委审理室负责人介绍，审理提前介入坚持到位不越位，做到查审分开，避免审理部门直接或者变相参与纪律审查工作情况的发生，同时避免干扰纪律审查人员正常办案。提前介入是正式审理的前置工作，不替代正式审理。

提前介入的范围包括：委局自办的县管干部严重违纪或涉嫌犯罪需要移送司法机关追究刑事责任的案件，领导交办、需要快查快结的案件，2人以上共同违纪且涉及多种违纪行为、涉案金额较大（10万元以上），应当受到撤职以上处分的违纪案件，社会关注度高、涉及面广等疑难复杂案件。

提前介入的时间为案件初核基本结束，主要或部分违纪问题基本查清，关键证据已经取得后，由各纪检监察室在移送审理或移送司法机关前10日内要求审理提前介入，启动对案件事实和证据的审核工作。

提前介入的主要流程是：各纪检监察室负责收集本审查片区的上述四类案件的办理情况，对上述案件的查办提供指导，督促办案单位加快办案进度，在规定的办案期限内办结案件。在主要违纪问题基本查清、关键证据已经取得的情况下，要求办案单位制作案件调查报告初稿，填写案件提前介入审批表，按程序报批，并及时与审理部门沟通。审理室受理后，对证据材料的真实性和完备程度进行审查，初步认定错误性质，对发现影响错误事实认定的主要证据之间存在矛盾及时提出建议，要求办案单位进行补证，督促办案单位及时将案件移送审理。

据统计，今年以来，县纪委审理室共受理案件42件，审结39件，其中，审理提前介入案件8件。

案例讨论：案件移送审理后又发现新的违纪违法问题如何处理

来源：中国纪检监察报　　2018年9月5日

【基本案情】

文某，中共党员，某行政机关公务员，于2013年至2014年利用职务上的便利收受他人财物2.8万元。2018年2月被某市纪委监委立案审查调查。2018年4月，该市纪委监委审查调查部门将该案移送本委案件审理部门审理。2018年5月，在审理阶段审查调查部门又发现文某新的违纪违法问题。

【分歧意见】

关于该案的程序处理，存在四种不同观点：

第一种观点认为，案件审理部门应当将该案退回审查调查部门重新调查；第二种观点认为，案件审理部门应将该案退回审查调查部门补证；第三种观点认为，案件审理部门应当中止审理，并将该案退回审查调查部门补充审查调查，补充审查调查时间不计入审理时限；第四种观点认为，可以继续审理，按程序给予党纪政务处分。

【党纪评析】

笔者赞同第三种意见。虽然党纪案件中没有"中止审理"的概念，但《监察机关审理政纪案件的暂行办法》（1999 年 1 月 15 日监察部第 8 号令发布，以下简称《暂行办法》）规定了发现被调查人有新问题，需案件移送单位补报证据或说明的，可以中止审理。《监督执纪工作规则（试行）》规定了需要补充完善证据的，可以退回执纪审查部门补证。所以可以依照或参照规定，案件审理部门先中止审理，再退回审查调查部门补充审查调查。

本案中，在文某案件审理阶段，审查调查部门又发现其新的违纪违法事实，应当属于《暂行办法》第 12 条"在审理案件过程中，遇有下列情形之一，可以由案件审理部门负责人提出意见，经分管审理的领导批准后中止审理：……（三）发现被调查人有新问题或被调查人提出新的辩解，需案件移送单位补报证据或说明的"规定的"新问题"。

第一种观点认为，案件审理部门应当将该案退回审查调查部门重新调查，不太妥当。《监督执纪工作规则（试行）》第 40 条规定，"审理工作按照以下程序进行：……（四）对主要事实不清、证据不足的，经纪检机关主要负责人批准，退回执纪审查部门重新调查；"重新调查的前提，是移送审理的案件主要事实不清、证据不足，即没有达到"事实清楚、证据确凿"或"事实清楚，证据确实、充分"的要求，才能退回重新调查。而本案移送的事实经审理后认为已达到事实清楚，证据确实、充分的标准，只是发现新的违纪违法问题，需要作出处置。

第二种观点认为案件审理部门应将该案退回审查调查部门补证，这种观点虽然基本符合要求，但未对审理时限作出明确安排，存在瑕疵。

第四种观点认为可以继续审理，按程序给予党纪政务处分，也不稳妥，会造成重复审理，短时间内给予两次处分，也会给社会以党纪政务处分不严肃的影响。基于保护被审查调查人的正当权益、避免重复审理、节约资源等方面的考虑，相关规定要求一般不能在明知有新的违纪违法事实的情况下先行审理，而应将前后违纪违法事实合并审理，并给予处分。

党内法规规定的延长审理时限或不计入审理时限和《暂行办法》规定的中止审理的条件基本上是相同的，也就是说中止审理和延长审理时限或不计入审理时限实质是一致的，都是规定可以附条件地暂时停止审理，待条件符合后再恢复审理。如《监督执纪工作规则（试行）》第40条规定，"审理工作按照以下程序进行：……（四）……需要补充完善证据的，经纪检机关相关负责人批准，可以退回执纪审查部门补证……审理工作应当自受理之日起30日内完成，重大复杂案件经批准可适当延长。"《中共中央纪委关于进一步加强和规范办案工作的意见》第29条规定了"审理过程中，需要补充调查的，补充调查时间不计入审理时限。"

综上，案件审理部门受理案件后，审查调查对象因被发现新的违纪违法问题而重新置于审查调查阶段以致本案暂不宜继续审理，不属于"主要事实不清、证据不足"，不能退回审查调查部门重新调查，也不宜继续审理，而是应当先中止审理，再将案件退回审查调查部门补充审查调查，完善证据。待补充审查调查完毕后，再将证据移送继续审理。

（作者：姚宜闯）

第二节　报批案件的审理程序

报批案件的审理是纪检机关案件审理部门对下级党委、纪委呈报的，需由本级党委、纪委批准的案件的事实、证据、定性、处理以及办案手续方面进行审核，提出审理部门的意见，提请纪委常委会议讨论决定（或者按照处分批准权限程序呈报同级党委批准）后，下达批复的程序。

一、报批案件的受理

（一）报批案件的受理范围

1. 给党的地方各级委员会委员、候补委员以警告、严重警告处分，报上一级党的纪律检查委员会批准，然后由这一级纪律检查委员会报同级党委备案的案件。

2. 给党的地方各级委员会委员、候补委员以撤销党内职务、留党察看、开除党籍处分，报上一级党委批准的案件。

3. 根据案件的特殊情况，由中央纪委决定或者经省（部）级纪委（不含副省级市纪委）决定并呈报中央纪委批准，对违纪党员在《中国共产党纪律处分条例》规定的量纪幅度以外减轻处分的案件。

4. 对《中国共产党纪律处分条例》中没有规定，但危害党、国家和人民利益，确需追究党纪责任的违纪行为，比照分则中最相类似的条款处理的案件。对需比照处理的案件，按照处分党员批准权限的规定，应当由省（部）级党委、纪委批准处理的案件，报请中央纪委批准；应当由省（部）级以下党委、纪委批准处理的案件，由省（部）级纪委（不含副省级市纪委）批准并报中央纪委备案。但2018年的《中国共产党纪律处分条例》没有规定比照处理，即须依照新《中国共产党纪律处分条例》审理的案件不再适用比照处理的报批程序。

5. 因过失犯罪被判处3年以下（含3年）有期徒刑或者被判处管制、拘役的，不给予开除党籍处分的案件。此类案件应当对照处分党员批准权限的规定，报请再上一级党组织批准。

（二）报批案件的材料要求

下级党委、纪委呈报上级审批的案件，应具备下列材料：

1. 呈报审批的请示；

2. 调查报告和全部证据材料；

3. 与被审查人见面的违纪事实见面材料，被审查人对违纪事实见面材料的意见和检讨材料，调查组或案件审查部门对被审查人意见的说明；

4. 有关的各级纪委和党组织的意见；

5. 犯错误党员的检查和对处分决定的意见；

6. 其他应当呈报的材料。

二、报批案件的审核

报批案件的审核与自办案件的审核的程序与要求基本一致，主要包括以下步骤：

1. 指定承办人。收到呈报审批的案件后，审理部门负责人应及时指定承办人办理。一般案件应由2人承办。

2. 审阅案卷。报批案件的承办人应认真审阅呈报的案卷材料，其审阅案卷的基本方法和要求与审阅自办案件的案卷基本一致，但应特别注意要将下级纪委党委、纪委请示中认定的违纪事实与调查报告相对照、将违纪事实与处理意见相对照、将违纪人职务和身份与报批程序相对照。然后进行综合、分析、判断，审查下级党委和纪委的处分决定中所认定的事实是否存在，证据是否确实、充分，定性是否准确，处理是否恰当，手续是否完备，程序是否合法。

3. 协调呈报的纪委补充材料或补充调查。对于呈报案件材料不全的，要请呈报案件的纪委予以补充。对于程序手续存在明显问题的，应将案件退回呈报案件的纪委，请其按规定补充完善相关程序手续。对于需要补充完善证据的，一般不宜由审批单位直接补证，应协调、督促报批单位予以补充调查。若补充材料和补充调查需要时间较长，审理部门可中止审理，待有关条件具备后再恢复审理。

4. 提出审理意见。承办人要根据审核情况提出建议批准（呈报）或建议不予批准（呈报）的审理意见，审理意见要有充分的事实和法规依据。对于建议批准或同意呈报，但案件在事实认定、手续程序方面存在问题的，也要在审理意见中写明，并通过一定的方式反馈给呈报案件的纪委。

5. 关于报批案件的提前介入问题。为进一步提高报批案件质量，2013年下半年以来，中央纪委案件审理室在总结经验的基础上，报纪委领导同志批准，探索试行对报批案件在省纪委呈报省委审批前，由中央纪委案件审理室提前阅卷审核把关。通过提前审核沟通，有效地避免案件正式呈报时，在事实证据和定性处理方面与地方党委意见出现较大分歧，影响查办案件效果和效率。但考虑到各级纪委自办案件审理任务繁重，且过多地提前介入审核报批案件，也不利于下级纪委切实发挥对案件的审核把关作用。因此，应从严把握报批案件提前介入条件，一般在以下三种情况下对报批案件进行提前介入：一是案件事实清楚，但在定性方面存在较大争议，确属疑难复杂的；二是存在新型违纪问题，需要研究讨论的；三是中央高度关注，社会影响较大的。

三、报批案件的审议

审理部门集体对报批案件进行集体审议，提出审理部门的意见。

承办人根据集体审议的意见，写出审理报告，与下级纪委或党委呈报审批的材料一并提请纪委常委会议讨论决定。

四、报批案件的执行

纪委常委会议同意审理部门所提意见后，根据不同的情况进行以下程序：

（一）纪委常委会批准呈报案件或同意呈报同级党委审批的

1. 报本级纪委批准的案件，案件审理部门起草给呈报单位的批复，经领导同意后发呈报部门。由纪委批准的案件，要报同级党委备案。

2. 报同级党委批准的案件，案件审理部门起草呈报同级党委的请示，请示中写明呈报单位的意见及纪委审核同意的意见，待同级党委批准后，待中央起草和下发批复。

（二）纪委常委会不同意批准呈报案件或不同意呈报同级党委审批的

1. 要与呈报案件的纪委、党委充分协商，尽量使意见达成一致。

2. 对于经协商仍不能达成一致意见的，将两种意见同时报有批准权的党委。

3. 案件审理部门根据同级党委的最终决定按程序起草和下达批复。

案件办结后，审理案件的承办人要按规定进行立卷归档。

第三节　征求意见案件的审理程序

一、征求意见案件的概念

征求意见案件，是指下级纪检监察机关或其派驻机构案件审理部门就案件的事实、证据、定性、处理、程序或手续等方面遇到的问题向上级纪检监察机关案件审理部门提出咨询的案件。

二、征求意见案件的受理范围和审理程序

（一）受理

受理征求意见案件，一般应遵循分级受理的原则，即本级纪检监察机关及其案件审理部门受理下一级纪检监察机关及其案件审理部门、派驻机构及其案件审理部门征求意见的案件，对越级请示的案件一般不予受理。

实践中，案件审理部门主要受理在案件处理阶段确属疑难复杂的案件，以及需要研究探讨的新类型案件这两类案件的征求意见。对下级纪检监察机关尚处在调查阶段的案件征求意见的，一般不予受理。

案件审理部门受理征求意见案件应具备以下材料：

1. 违纪事实调查报告和主要证据材料。

2. 有关党组织和纪检监察机关的审查意见，如意见有分歧，应将几种意见同时提出，并分别说明理由；如果是本级纪检监察机关所属部门征求意见的案件，应附该部门的审查处理意见。

3. 被审查人的检查和对违纪事实材料的意见。

4. 有关党组织或单位对被审查人意见的说明。

（二）审理程序

1. 指定承办人。案件审理部门领导批示受理后，应指定具体承办人，提出办理时限等要求。

2. 审核材料。承办人应针对所提问题，对征求意见单位提供的全部材料进行认真审阅、研究。如发现材料不全的，应向室领导报告并要求征求意见单位及时补报。对案件有关具体情况需作进一步了解的，在报告室领导后可向征求意见单位电话咨询并作好电话记录。

3. 提出初步办理意见。经对案件材料的认真审阅，研究提出初步办理意见，报室领导审批；属于重大案件的，需经过室务会审议；征求意见案件属需报本级纪检监察机关审批的，应报纪检监察机关领导研究批准。如所提办理意见按程序得到批准，承办人应按办理意见起草正式答复意见，按程序报批。

4. 答复征求意见单位。将报经批准的答复稿正式向征求意见单位反馈，并形成工作记录存档。

三、办理征求意见案件应注意的问题

（一）逐级征求、逐级答复

征求意见案件应当逐级征求、逐级答复，避免越级请示或答复。上级纪检监察机关及其案件审理部门对越级请示的案件一般不予受理，可告知请示单位应向何处请示。

（二）书面请示、全面审理

征求意见单位应将所需请示的问题详细客观地反映在书面的请示中，避免口头的请示可能给上级纪检监察机关及案件审理部门带来的记忆或理解上的误差，从而影响办理质量。

办理征求意见案件要调阅全案材料或主要材料，不能单凭口头汇报或调查报告答复意见，避免片面性。此外，承办人应认真审阅有关案卷材料，做好与征求意见单位的沟通工作；在必要情况下，还应就征求意见案件中的某些专业问题向有关单位咨询。

（三）严格程序、集体审议

上级纪检监察机关案件审理部门收到征求意见案件后，应指定专人办理，重大复杂的案件应交由 2 人共同办理。承办人起草完答复意见稿后，应做好向案件审理室领导的汇报工作，原则上应坚持室主任办公会或室务会审议制度，属于重大案件的，还应报纪检监察机关领导审批。

（四）答复意见要明确、稳妥

一般情况下，答复单位应针对请示的问题鲜明地提出意见，不能回避焦点、闪烁其词。同时，征求意见案件的办理不同于全案审理，不宜把话说得过满，没有任何回旋余地。对于征求意见单位而言，征求意见的直接目的是希望上级部门能够提供建设性的指导意见，因此，对于难以直接答复的案件，答复单位可从建设性角度提出工作思路或解决问题的建议方案，便于征求意见单位实践操作。此外，在答复形式上，应以书面答复为主，个别情况下可结合实际情况，灵活采取电话答复、当面交换意见等形式。案件审理部门对征求意见案件所提的处理意见，仅供征求意见单位参考。

（五）需报本级党委、政府或纪检监察机关批准的案件，案件审理部门主要对案件的违纪事实和性质的认定提出意见

下级党委和纪检监察机关已提出处分意见的也可对处分提出意见。需由下级党委、政府或纪检监察机关批准的案件，案件审理部门可对案件违纪事实和性质的认定及处分提出意见。本级纪检监察机关内设部门征求意见的案件，案件审理部门可对案件的违纪事实和性质的认定提出处理意见。

第四节 备案案件的审理程序

一、备案案件的概念、原则和意义

备案案件，是指案件经批准生效后，由批准机关或作出处分决定的机关向同级党委、上级纪检监察机关报告处理情况以备查考的案件。

备案案件的审理实行分级负责、分级备案的原则。

备案制度是纪检监察工作中的一项重要制度，通过备案可以及时发现下级纪检监察机关办理案件中的问题，了解下级纪检监察机关调查处理案件、执行纪律、掌握政策的情况，加强业务指导和监督，掌握党员干部违纪的情况，加强对干部的管理。

二、备案案件的受理范围

根据《党章》和中央纪委《关于处分违犯党纪的党员批准权限的具体规定》（中纪发〔1983〕12 号，以下简称《批准权限规定》）、监察部《关于监察机关直接行使行政处分权的程序问题的通知》（监发〔1989〕14 号，以下简称《直接行使处分权程序》）等规定，违纪案件的备案范围如下：

（一）违反党纪案件的备案范围

1. 中央纪委向中央备案的案件范围。根据有关规定，以下案件在中央纪委决定或批准后，需要向中央备案：

（1）给予党的中央委员及省、自治区、直辖市委员会委员、候补委员警告、严重警告处分的案件。

（2）给予中央纪委委员及省、自治区、直辖市纪委书记、副书记警告、严重警告处分的案件。

（3）给予省、自治区、直辖市纪委不是书记、副书记的常委党纪处分的案件。

（4）对《中央管理干部职务名称表》中所列中央直属机关、中央国家机关以及企业、事业单位，高等院校的副部长级以上干部，各部委、办以及属于这一级的中央直属机关、中央国家机关、企业、事业单位的党组成员，国务院直属局局长、党组书记，给予警告、严重警告处分的案件；对上述机关中列入《中央管理干部职务名称表》的副部长级以下（不含副部长级）的干部，给予党纪处分的案件。

（5）对各省、自治区、直辖市人民政府省长、副省长，主席、副主席，市长、副市长，人大常委会主任、副主任，政协主席、副主席，高级人民法院院长，人民检察院检察长，给予警告、严重警告处分的案件。

（6）对各副省级城市市委书记、市长、市人大常委会主任、市政协主席，给予警告、严重警告处分的案件。

2. 向中央纪委备案的案件范围。根据有关规定，以下案件在下级党委、纪委决定或批准后需向中央纪委备案：

（1）经省、自治区、直辖市党委、纪委批准，给予省、自治区、直辖市纪委委员（不含常委）党纪处分的案件。

（2）经有关党组织批准，给予中央直属机关、中央国家机关列入《向中央备案的干部职务名单》的正、副司局级干部撤销党内职务、留党察看、开除党籍处分的案件。

（3）经有关党组织批准，给予各省、自治区、直辖市的正厅级干部，地、市、州、盟委书记、专员、市长、州长、盟长，直辖市区委书记、区长撤销党内职务、留党察看、开除党籍处分的案件。

3. 向党的地方各级委员会备案的案件范围。根据中央纪委《批准权限规定》的原则精神，凡各级党的委员会管理的干部，按批准权限由本级纪委批准给予其纪律处分后，都要向同级党的委员会备案。

4. 向上级纪律检查委员会备案的案件范围。根据中央纪委《批准权限规定》的原则精神，向地方各级纪委备案的，主要是给予下级党的委员会管理干部撤销党内职务、留党察看、开除党籍处分的案件。由于各地情况不同，规定向各级纪委备案的案件范围可以有所不同。

（二）违反政纪案件的备案范围

依据《直接行使处分权程序》规定，向监察委报送备案案件的范围：

1. 国家监察委派驻监察机构拟给予驻在部门司局级人员降级以下（含降级）处分，派驻监察机构与驻在部门意见一致的案件。

2. 省、自治区、直辖市监察委给予本级政府各部门负责人和下一级政府负责人以及相当职务的人员行政处分的案件。

违反政纪案件的备案，目前办理的实际情况是只向国家监察委办公厅呈报备案报告备查，不经国家监察委案件审理部门审理。

各省区市监察厅（局）参照上述规定，结合本地情况，制定办理备案案件的具体程序和办法，经本级政府批准后，并报监察部备案。

三、备案案件的呈报

（一）违犯党纪案件的备案需呈报的材料

根据中央纪委《审理工作程序规定》，呈报上级纪委备案的案件，应具备下列材料：

1. 呈报备案的报告；

2. 处分决定和所依据的事实材料；

3. 调查报告和主要证据材料；

4. 受处分党员的检查和对处分决定的意见及党组织对其意见的说明；

5. 批准机关的批复。

实际工作中，如受处分党员已就同一问题受到刑事处罚，在提供证据材料方面，主要提供生效的刑事判决书，不必提供全部证据材料。如受处分人员就同一问题受到行政处罚，在办理备案手续中仍要求报送主要证据材料，不能仅报送行政处罚决定书。

（二）违反政纪案件的备案需呈报的材料

根据《直接行使处分权程序》有关要求，各省区市监察委以及国家监察委派驻机构驻在部门向国家监察委呈报的备案材料主要是备案报告。备案报告需附处分决定、受处分人的检讨及其对处分结论的意见。报告一式两份，并注明"备案"字样。

地方各级监察部门办理备案案件需呈报哪些材料，应按本省区市监察委的规定执行。

四、备案案件的审核

1. 审查备案材料是否齐全。如材料不全，应报案件审理部门领导同意后向呈报单位提出，要求其补报欠缺的材料。

2. 认真审核案件材料。围绕"二十四字"办案基本要求，主要审核所呈报案件的事实是否清楚、证据是否充分、定性是否准确、处理是否恰当、程序是否合法以及手续是否完备。

3. 填写备案案件审查表。在保证案件质量的前提下，本着节约办案成本，提高工作效率的原则，目前各地都简化了办理程序，一般要求填写备案案件审查表即可。该审查表主要包括以下内容：呈报单位；受处分人的姓名、性别、出生年月、民族、入党时间、参加工作时间、工作单位及职务、所受何种处分；主要违纪事实及定性处理意见；承办人意见；承办处意见；室领导意见等。"承办人意见"一栏中，承办人应提出是否同意备案的意见，以及备案案件所存在的问题。

五、备案案件的处理和批准

对所报送的备案案件，上级纪检监察机关（案件审理部门）如同意下级党委、纪委、监察机关的意见，即批准同意备案，不需函复。

如对下级党委、纪委对案件的处理有不同意见，案件审理部门应提请本级纪委常委会议讨论。常委会议如作出改变下级纪委对案件处理的决定，可将常委会议的决定通知下级纪委，请他们重新研究处理；也可直接改变下级纪委的决定。如果所要改变的下级纪委的决定是经过它的同级党委批准的，这种改变应尽量经过协商取得一致意见，由这一级党委自行改变；如果不能取得一致意见，应将双方的意见同时报本级党委决定。

为了保障和提高备案案件的质量，报送备案的单位在正式报备之前，可以就案件审核处理中的疑难问题提前与备案审核单位进行沟通、咨询，达成共识，确保备案案件的顺利办理。

写作：模拟撰写审理报告和处分决定书

案例：从"家族骄傲"沦为"家族耻辱"
——云南警官学院原党委书记杜敏严重违纪问题

杜敏 35 岁即任昆明市公安局副局长，备受组织器重，他在公安、政法系统"深耕"40 多年，本应成为遵纪守法的表率，可他却利欲熏心，目无法纪，执法者带头违法，到头来，毁了自己，害了家人，从"家族骄傲"沦为"家族耻辱"。

2016 年 9 月 8 日，云南省纪委报经省委批准，给予杜敏开除党籍、开除公职处分，将其涉嫌犯罪问题及线索移送司法机关依法处理。

　　杜敏与云南 3 家公司的老板赵某某、陈某、钟某关系密切，经常为他们"两肋插刀"，老板们则"投桃报李"，给他丰厚回报。

　　2010 年，赵某某看中了官渡区小板桥街道一块地，准备租下来建仓库，但该地块已租给别人。为拿到该地块，赵某某请杜敏"帮忙"。经杜敏"协调"，赵某某顺利租到该地块。为表示感谢，赵某某邀请杜敏入股一起干。杜敏早就听说盖仓库出租很赚钱，果断出资 100 万元，占 40% 股份。2011 年11 月，他担心会出事，急忙让赵某某以现金形式退还了入股的钱。然而，即便如此，2012 年至 2016 年间，赵某某仍以"分红"名义先后 6 次送给杜敏人民币 680 万元。

　　2011 年至 2014 年，杜敏先后将 1 000 万元人民币交给老板钟某帮其理财。2011 年底至 2013 年上半年，钟某先后向杜敏支付理财利息共计人民币84 万元。2014 年 11 月，钟某按照杜敏的安排，将 900 万元"借给"杜敏儿子杜某为法人代表的深圳某公司。

　　杜敏更热衷于为家人办公司，妄想升官发财两不误，到头来家破人亡。

　　"不做亏本买卖"是每个商人的基本信条，任何一个商人在给官员送礼时，看重的都是官员手中的权力。这些道理，杜敏不是不知道，但依然乐此不疲，和老板混在一起，甚至全家上阵——妻子经商、兄弟帮衬、连儿子也参与其中。

　　2009 年 11 月至 2014 年 5 月，杜敏的儿子杜某、妻子鄢某某在昆明、上海成立 3 个公司；2014 年 5 月，杜某出资 300 万元，占有深圳市某公司 20%股份，并担任公司法人代表。2010 年 8 月，杜敏与老板赵某某等人共同出资，在西藏拉萨注册成立了一公司，注册本金为人民币 585 万元，其中，杜敏出资50 万元，由赵某某代为持股。上述事实，直至案发，杜敏从未向组织报告。

　　贪欲之门一旦打开，则一发不可收拾。杜敏妻子鄢某某热衷于打着杜敏的旗号寻觅"商机"，杜敏觉得能为家里带来"实惠"，也乐意为妻子公司鞍前马后奔走。夫妻两人"一唱一和"，配合默契，曾通过"三步"上演了一出"空手套白狼"的戏码，从老板陈某处狠捞了一笔。

　　第一步是抛出"橄榄枝"。2011 年初，杜敏、鄢某某到陈某公司看项目，找了个机会，鄢某某向陈某提出一起做生意，因杜敏在场，陈某表示会"考虑"。

　　第二步是展示"形象店"。2011 年 7 月的一天，杜敏夫妇盛情邀请陈某前往鄢某某的太阳能热水器形象店考察。杜敏在陈某考察中正式提出希望陈某在某项目上使用鄢某某的太阳能产品。为了与杜敏搞好关系，陈某爽快答应了。

第三步是"请君入瓮"。在一次杜敏和陈某等人吃饭时，杜敏提出，陈某与鄢某某一起投资建一个太阳能热水器厂，便于向陈某供货。陈某同意后，鄢某某以无钱投资为由，要求陈某"代垫"投资款，陈某只好答应。2011年8月的一天，鄢某某派人从陈某处取走255万元并将此款作为投资款验资（占股51%），陈某出资245万元（占股49%）注册公司并建厂，鄢某某任公司法人代表，但双方未签订任何协议。由此，杜敏夫妻从陈某那里赚得盆满钵满。

杜敏得了好处，也要"礼尚往来"，他将陈某介绍给时任昆明市官渡区区长的刘某某，并让刘支持陈某的项目。2012年下半年，杜敏又向时任昆明市供电局领导打招呼，积极帮陈某"排忧解难"。

杜敏热衷经商敛财，全家深陷其中，一点一点坠入深渊。最后，失去的不只是自由，还有家庭的幸福。如今，夫妻反目，父子离心，母亲去世，父亲病重，自己身陷囹圄。一个曾经令人羡慕的家庭就这样分崩离析，令人扼腕。

贪腐的"狐狸尾巴"露出来后，杜敏心存侥幸，把办案的经验用来"抹事"，聪明反被聪明误。

执纪人员介绍，杜敏在公安和政法系统工作40多年，既担任过公安、政法部门的主要领导，又长期分管刑侦工作，查办过多起案件，反侦查、反讯问能力很强。在进行违纪违法活动时，小心谨慎、行事周密，步步设防、行为隐蔽。

2015年，云南省纪委对杜敏进行谈话，敦促其如实向组织说清问题。杜敏却矢口否认自己存在违纪问题。更为恶劣的是，当他预感到组织可能会对其展开调查时，与相关人员统一口径、伪造合同和相关凭证，掩盖违纪行为，订立攻守同盟，对抗组织调查。

2013年5月至2015年5月，杜敏违规参加某大学EMBA培训，云南某老板张某为感谢杜敏帮其协调事情，代杜敏支付往返机票和住宿费用共14.3万元。为逃避组织调查，杜敏召集其弟和张某商量对策、统一口径。经3人商定，由杜敏儿子杜某送一批酒水给张某，把送酒水的日期提前，采取签订虚假合同等手段，掩盖杜敏受贿 14.3 万元的事实。

然而，纸终究包不住火。3 人精心设计的"妙计"，不但没让杜敏蒙混过关，反而将违纪事实"越描越黑"，最终难逃查处。

"想想自己堕落的整个过程，是自己用钱一步一步地将进入牢房的道路铺平的。这完全是自负、不严谨和敬畏之心缺失所致的结果。回过头来看看是那么幼稚可笑，又是那么可悲可耻。"落马后，杜敏忏悔说。

六、案件审理报告的要求及格式内容

审理报告作为党内审查办案的重要文书，是体现纪律审查政治性、推动纪律审查方式转型的重要载体。审理报告要按照"把纪律和规矩挺在前面"的要求，用党章党规党纪衡量违纪行为，用纪律性语言描述违纪行为，真正体现纪律审查报告的特点和要求。

《监督执纪工作规则（试行）》第 40 条第 5 项规定，"审理工作结束后形成审理报告，列明被审查人基本情况、线索来源、违纪事实、涉案款物、审查部门意见、审理意见。审理报告应当体现党内审查特色，依据《中国共产党纪律处分条例》认定违纪事实性质，分析被审查人违反《党章》、背离党的性质宗旨的错误本质，反映其态度、认识及思想转变过程。"中央纪委《审理工作程序规定》第 16 条、第 17 条、第 18 条及监察部《暂行办法》第 15 条、第 16 条也就案件审理报告的制作作了相应的规定。

（一）标题

为落实"将纪律和规矩挺在前面"的要求，突出审理报告的纪律特色，审理报告的标题中不再使用"违法"的表述，而是区分违纪行为轻重，按以下方式表述：

对拟给予撤销党内职务、留党察看、开除党籍处分的案件（含涉嫌犯罪移送司法机关的案件），表述为《关于××严重违纪案的审理报告》；对拟给予党内警告、严重警告处分的案件，表述为《关于××违纪案的审理报告》。

对政纪案件的审理报告，参照上述原则办理。

（二）正文

在标题之后，直接进入正文。正文是案件审理报告的主干部分，一般由下列部分组成。

1. 导语。导语部分包含的主要内容是审理部门开展审理工作的概况，包

括案件审理部门受理案件的批准手续、受理案件的时间、移送或报送案件的部门（单位）、案由。存在提前介入的，也可作简单交代。个别复杂的案件可在此部分写清楚本案前期的办理情况。

2. 被审查人的基本情况。被审查人的基本情况部分主要内容有：被审查人的姓名、性别、出生年月、民族、籍贯、文化程度、政治面貌（中共党员应写明入党时间）、参加工作时间、任职情况。对于下列特殊情况，需分别加以说明：

（1）以前受过处分的，需写明何时因何原因，由何单位决定或批准给予何种处分；对于被审查人员有停职检查、被免职、离退休以及被拘留、逮捕、判刑等情况的，也应写明。

（2）由于职务关系到处分的批准权限、处分的具体内容及是否建议撤销党外职务等，因此在写被审查人的现任职务时，一定要将其所任的党内外职务写全，包括党委委员或党组成员等职务。

（3）如果是一案多人的，可按被审查人员违纪行为的轻重程度从重到轻，或按被审查人员的职务高低依次写明。

（4）对被审查人被组织采取了免职、停职检查等组织处理措施的，应在该部分写明。

（5）对被审查人仍担任党委委员、人大代表、政协委员、党代表的，应在该部分写明。

3. 案件来源和调查简况。在这部分中，主要反映线索来源、初核时间和依据、立案时间和依据以及采取的审查措施种类。

4. 主要违纪事实。为适应新的形势任务需要，认真落实"把纪律挺在前面"的要求，将审理报告中"主要违纪事实"部分，按"违反政治纪律行为""违反组织纪律行为""违反廉洁纪律行为""违反群众纪律行为""违反工作纪律行为""违反生活纪律行为"6类违纪行为进行分类和表述。同时，为落实中央八项规定精神，驰而不息抓"四风"，对违反中央八项规定精神问题，在审理报告中单独作为一类违纪问题予以认定处理，表述在"违反政治纪律行为"之后、"违反组织纪律行为"之前。此外，对传统的贪污、受贿、挪用公款等违法或涉嫌犯罪行为，单独列为"违反国家法律法规规定行为"，放在六项纪律之后表述。上述有关违纪事实的分类和表述，简称为"6+1+X"模式。"6"即六项纪律，"1"即违反中央八项规定精神行为，"X"即违反国家法律法规规定行为。需要注意的是：

（1）该部分事实应是经过审理部门审理认定的能作为处分依据的违纪事实。对仅有被审查人单方交代，但证据尚不到位的事实，根据具体情况，可作为情节描述，但不能作为处分依据。

（2）对利用职务上的便利在干部选拔任用中为他人谋取利益，收受财物的行为，一般放在"违反组织纪律"部分表述。对利用职务上的便利在企业经营等方面为他人谋取利益，收受财物的行为，一般放在"违反廉洁纪律"部分表述。

（3）在审理报告有关违纪事实和性质的表述上，原则上不再出现"受贿"等法律语言，而要运用纪律语言进行描述。比如传统的受贿行为，可表述为"利用职务上的便利为他人谋取利益，收受财物××万元"。

（4）在该部分中，在叙述完主要违纪事实后，应简要列明证据状况以及违纪事实材料见面情况。

（5）在该部分中，如存在涉嫌犯罪的问题，应写明哪些违纪事实涉嫌犯罪，同时如存在涉嫌犯罪线索的，应一并表述涉嫌犯罪线索。

5. 涉案款物情况。该部分中，主要写明调查组对涉案款物采取暂扣、封存等措施的基本情况，包括相关涉案款物的数额、种类。

6. 被审查人的态度和认识。该部分中，主要写明两点。一是被审查人到案后配合组织审查的情况，比如是否有主动交代、检举揭发、积极退赃等情况。二是结合被审查人的忏悔录，围绕被审查人的理想信念如何发生动摇、如何突破纪律底线并进而"破法"进行概括总结，进一步突出党内审查的特色。

7. 处理意见。该部分中，依次按调查部门意见和审理意见分别表述。其中调查部门意见中，写明违纪行为性质、对被审查人的处理意见、对涉案款物的处理意见等。审理意见中，针对调查部门意见，提出性质认定、条款适用、对被审查人的处理意见、对涉案款物的处理意见、处理程序等意见。需要注意的是：

（1）处理意见既包括是否需给予被审查人党纪政务处分、相应的处分档次及处理建议等内容，也包括诸如责令退赔、收缴、登报、通报等内容。对于共同违纪的案件，要依次分别写出对每个被审查人的处理意见。给予撤销党内职务处分的，一般应写明是撤销党内一切职务还是某个职务。实践中，对撤销党内一切职务的，也可直接表述为"给予撤销党内职务处分"。

（2）关于条规引用问题。引用法律法规依据时，要完整引用法律法规的名称及具体条款项。具体援引中，总体原则是"从旧兼从轻"。根据新修订的《中国共产党纪律处分条例》第142条之规定，对2018年10月1日后发生的违纪行为，一律适用新修订的《中国共产党纪律处分条例》。对此前发生的违纪行为，应遵循"从旧兼从轻"原则，一般情况下仍适用2016年1月1日发布的《中国共产党纪律处分条例》；只有在新修订的《中国共产党纪律处分条例》不认为是违纪或者处理较轻的，才适用新修订的《中国共产党纪律处分条例》。同时，在援引同一部党内法规时，应先援引实体条款、后援引程序条款；先援引新条例、后援引旧条例；在实体条款中，按照条文本身的先后顺序表述。其中，对2018年10月1日后作出党纪处理的案件，需要依据2016年《中国共产党纪律处分条例》有关规定的，应援引新修订的《中国共产党纪律处分条例》第142条第2款作为过渡条款。

8. 结束语。结束语内容一般为"以上意见，提请常委会议或部（厅、局）长办公会议审定"。

（三）附件

如果有附件，在正文之后，顺序列出附件名称。一般包括下述内容：（1）×××简历；（2）×××忏悔录；（3）×××违纪事实材料；（4）×××涉嫌犯罪问题的具体事实。

（四）单位署名

一般署制作案件审理报告的案件审理部门全称或规范化简称，标注于正文的右下方。

（五）成文日期

案件审理报告的成文日期一般署本级纪检监察机关领导同志签批同意审理报告提及常委会议审议的时间，标注于案件审理部门署名的右下方。

（六）注意事项

1. 案件审理报告，是以案件审理部门名义作出的，只代表案件审理部门的意见。因此，经纪委常委会会议或监察部（厅、局）长办公会议讨论，不同意案件审理报告的意见的，案件审理部门应根据纪委常委会会议或监察部（厅、局）长办公会议的审定结果，制作批复、处分决定或呈报上级的请示。原案件审理报告归档备查，不再修改。经纪委常委会会议或监察部（厅、局）

长办公会议审议，责成案件审理部门重新审理的，案件审理部门在第二次审理结束后，应制作再次案件审理报告。再次案件审理报告中，要明确回答纪检监察机关领导在前次审议时提出的问题。结案后，再次案件审理报告与第一次案件审理报告一并归入案件档案。

2. 纪检监察机关合署办公后，案件审理部门同时肩负着两项职能，所以案件审理部门在制作案件审理报告时，即使同时给予被审查人员党纪、政务处分，也只需制作一个案件审理报告。对于需给予被审查人员党纪、政纪双重处分的案件，案件审理部门在制作案件审理报告时，应在报告上分别写明给予党纪、政务处分的具体处分意见及法律法规、党纪条规依据。

3. 案件审理报告的制作要规范性与灵活性相结合。我们审理的案件是千差万别的，每个案件都有各自的特点，应在遵循案件审理报告所应具备的格式、基本内容及要求的基础上，做到具体问题具体分析。既不脱离规范性的要求，又不拘泥于规定的模式。比如，对于违纪问题较多、情节较复杂的案件，制作案件审理报告时不一定在所有事实都写完后再分别写出定性意见，可采取将违纪问题分类后列小标题的方法，将违纪事实与该事实的定性意见合为一部分，一事一议一定。

4. 根据党和国家有关保密工作的规定，需注明密级的案件审理报告，密级标注于报告首页的左上角。

对于不属于国家秘密范畴案件的案件审理报告，因其内容涉及案件的来龙去脉及相关证人等，内容也不宜公开，要严格把握发送范围。

5. 案件审理报告在标题之后直接进入正文，不必在抬头位置写诸如常委会、部（厅、局）长办公会或××同志（领导）之类的称谓。在报告结尾部分要写"以上意见（妥否），提请常委会议审定"或"以上意见（妥否），提请部（厅、局）长办公会议审定"等结束语，用以表示报告的意图。

6. 我们对案件审理报告的规范是把案件审理部门作为制作主体来考虑的，但同样适用于专、兼职案件审理人员对案件审理报告的制作。对于案件审理部门的承办人员起草的案件审理报告草稿以及专、兼职案件审理人员制作的案件审理报告，应署该人员的姓名并归档存查。

7. 案件审理报告是只限于纪检监察机关内部运转的文书，署制作该案件审理报告的案件审理部门名称，因此，该报告不能直接向本机关以外的机关或部门发送。如确有必要，应经过一定程序，将案件审理报告的内容用其他文种，如请示、批复、函、意见、建议、查处结论等形式反映出来，以本机关或本机关办公厅（室）的名义对外发送。

案件审理报告式样：

密级

关于×××案的审理报告

第一部分：导语。

第二部分：被审查人的基本情况。

第三部分：案件来源和调查简况。

第四部分：主要违纪事实。

第五部分：涉案款物情况。

第六部分：被审查人的态度和认识。

第七部分：处理意见。

第八部分：结束语。

附件：1.×××简历

2.×××忏悔录

3.×××违纪事实材料

4.×××涉嫌犯罪问题的具体事实

案件审理室

20××年×月×日

七、党纪处分决定书的格式内容及要求

（一）版头

党纪处分决定书的版头，由发文机关全称或规范化简称加括号标明文种（即决定）组成，用套红大字居中印在决定书首页上部，如"中共××省纪律检查委员会（决定）"。

在民族自治地方，发文机关名称可以并用自治民族的文字和汉字印制。

（二）发文字号

党纪处分决定书发文字号，由发文机关代字、发文年度和发文顺序号组成，标注于版头下方居中位置。如晋纪（2000）23号。

（三）标题

党纪处分决定书的标题，一般由受处分人的姓名、处分种类及文种组成。如"关于给予王××开除党籍处分的决定"。

（四）正文

党纪处分决定书的正文，主要由以下几部分组成：

1. 被处分人的基本情况。主要包括被处分人的姓名、性别、出生年月、民族、籍贯、文化程度、参加工作时间、入党时间、主要任职情况，如果处理时需要，还应写明职称、职级。被处分人所任职务一项，主要应写明被处分人现任的职务。被处分人的违纪行为不是在任现职期间发生的，应写明违纪行为发生时所担任的职务及担任上述职务的时间。已经离退休的，应写明离退休的时间及当时所任的职务。被处分人是现任人民代表大会代表、政治协商会议委员等，也应写明。

被处分人曾经受过处分或刑罚处罚的，应写明被处分人何时因何原因，受到何种处分或刑罚处罚。

2. 违纪事实。党纪处分决定书中的违纪事实，是指经过纪律检查机关审定的、作为处分依据的违纪事实。叙述违纪事实时，应根据违纪构成要件，完整表述违纪行为发生的时间、地点、情节、后果等内容。如果被处分人具有从轻、减轻或从重、加重处分的情节，应当写明。

违纪事实中如果有涉及党和国家秘密或其他不宜公开的内容，不要详加描述，应主要围绕被处分人的违纪行为概述事实经过。在叙述中应尽量避免涉及他人，如果必须出现相关人员的姓名时，可保留其姓氏隐去人名，如张××、杨××。

违纪事实作为处分决定的依据，是党纪处分决定书的重要组成部分，表述要求用词准确、逻辑严谨、详略得当，符合法律法规要求，切忌渲染夸张。

3. 处理决定及法律法规依据。应写明处理决定的具体内容及法律法规依据。应用概括、规范的用语写明违纪行为的性质、决定给予的处分种类及定性量纪的法规依据，引用法律法规时要完整引用题目。给予撤销党内职务处分的，要写明是撤销党内一切职务还是某个职务。给予留党察看处分的，要写明留党察看期限（1年或2年）。对经过上级机关批准后生效的处分决定，应写明批准的机关及时间。如果有责令退赔或收缴等处理事项的，应一并写明。

4. 结束语。由于党纪处分决定的生效时间涉及党纪处分的影响期限问题，因此，党纪处分决定书的结束语应写明处分决定的生效时间（一般是有最终决定权或批准权的机关决定或批准的时间）。如"本决定自1999年5月15日起生效"。同时，写明申诉权利、受理单位等。

（五）署名

党纪处分决定书应署发文的纪律检查机关的全称或规范化简称，标注于正文的右下方。

（六）成文日期

党纪处分决定书的成文日期应署纪律检查机关领导签批的日期，应写明年、月、日，标注于发文机关署名的下方。

（七）印章

应在署名和成文日期位置上，加盖发文机关的印章。

（八）主、抄送机关及人员

纪律检查机关的党纪处分决定书，应主送被处分人及其所在单位或主管单位，同时抄送对被处分对象有管理权的党组织、人事部门。应使用主送、抄送机关的全称或规范化简称，标注于主题词下方。

（九）印制版记

一般由党纪处分决定书印制机关及部门名称、印制日期、印制份数组成，标注于抄送机关的下方。党纪处分决定书的印制份数根据实际需要确定。

（十）注意事项

1. 党纪处分决定书，是党的纪律检查委员会处理违纪党组织或党员时制作并使用的文书，也是被处分人所在的党组织或单位执行纪律的依据。因此，对于需要呈报上级机关审批的案件，应根据上级机关批复的内容制作或修改党纪处分决定书，不能用批复代替党纪处分决定书。

2. 如果对同一违纪人员，既要给予党纪处分又要给予政务处分，一般情况下要分别制作党纪处分决定书和政务处分决定书。对于党的机关、人大机关、政协机关的党员干部给予党纪和政纪双重处分的，实践中是制作一份处分决定书。对行政机关、审判机关、监察机关以及行政机关任命的国有企业、事业单位党员干部，是分别制作党纪处分决定书和政务处分决定书。

3. 对共同违纪案件，应对每一个违纪人员分别制作党纪处分决定书。

4. 委托有关单位代为宣布执行党纪处分决定及办理其他有关事项的，还应同时制作处分决定通知书。

5. 给予开除党籍处分的人员姓名后面不得再加"同志"称谓。

党纪处分决定书式样：

中共××纪律检查委员会（决定）

×纪（20××）×号

关于给予×××处分的决定

第一部分：被处分人的基本情况。

第二部分：被处分人的违纪事实。

第三部分：处理决定及法规依据。

第四部分：结束语。

中共××纪律检查委员会

20××年×月×日

主送：（被处分人所在单位）、（被处分人）

抄送：（有关组织人事部门）

中共××纪委办公厅（室）20××年×月×日印　共印×份

思考题

1. 绘制自办案件的流程图。

2. 提前介入的条件和主要任务是什么？

3. 自办案件的审核内容和程序是什么？

4. 审理谈话的内容和步骤是什么？

5. 报批案件的受理范围是什么？

6. 办理征求意见案应注意的问题有什么？

第六章

党纪处分的批准权限和政务处分权限

第一节　党纪处分的批准权限

一、党纪处分批准权限的概念

党纪处分的批准权，是指各级党委和纪委批准党纪处分的权力。党纪处分的批准权限是指各级党委和纪委在批准给予违纪党员或违纪党组织党纪处分方面的职权范围。这种批准权限，主要是根据违纪党员的隶属关系、党员的职务、级别和所应受到的处分等因素来划分的。

历届党的代表大会通过的《党章》，对处分违纪党员的批准权限多是作出原则规定，然后中央或中央纪委根据《党章》规定的原则作出具体规定。党的第十二次代表大会以后，经中央批准，中央纪委根据《党章》的规定于1983年7月颁发了《批准权限规定》。1987年3月，中央纪委根据中央改革干部管理体制，下放干部管理权限的决定，对《批准权限规定》作了修改，下放了部分违纪党员干部党纪处分的批准权。中央纪委对派驻机构实行统一管理后，于2005年7月对派驻机构的党纪处分的批准权限作出了明确规定。同时，各省、自治区、直辖市纪委、军委纪委及部分国家机关的纪委，也根据《党章》和中央纪委《批准权限规定》规定的原则，对本地区、本部门、本系统党员违纪案件处分的批准权限作出了相应的具体规定。2018年《公职人员政务处理暂行规定》对公职人员给予政务处分的权限予以规范。同时《国家监察委员会管辖规定（试行）》规定监督调查处理应按照干部管理权限和属地管辖相结合的原则进行权限分工。

二、划分党纪处分批准权限的原则

划分处分违纪党员和党组织的批准权限，主要依据分级负责的原则，具体分为隶属管理和级别管理。

（一）隶属管理

隶属管理，是指按照党员的组织隶属关系，来划分各级党委和纪委批准给予违犯党纪的党员和党组织处分的职权范围。关于隶属管理的原则，根据《党章》的规定，每个党员，不论职务高低，都必须编入党的一个支部、小组或其他特定组织，参加党的组织生活，接受党内外群众的监督。同时，党员个人服从党的组织，下级组织服从上级组织。根据《党章》和隶属管理的原则，中央纪委规定：

1. 机关、团体、企业事业单位、城镇街道、农村中的党员，违犯了党的纪律需要给予党纪处分的，由所在支部决定，所在基层党的委员会批准。如果党员受到开除党籍处分，则必须由所在基层委员会报县级或县级以上党委、纪委批准。需要给予党员领导干部党纪处分的，除按隶属关系由所在支部作出处分决定外，还要按照批准权限，报管理这一级干部的党委或同级纪委批准。

2. 对于业务上直属中央各部门领导或业务上实行双重领导，但以中央部门领导为主的企业事业单位，根据现行管理体制可分为两种情况：一种情况是，不仅人、财、物等由上至下都由主管部门垂直管理，而且党的组织关系也直接隶属上级主管部门。对于这些部门的党员、党员领导干部违犯了纪律需给予党纪处分的，按照隶属关系由主管部门的党组织批准，但事先可征求该单位所在地方党组织的意见。另一种情况是，人、财、物虽然由上级主管部门垂直管理，但是党的组织关系却隶属于地方党委。对于这样的部门，党员违犯了纪律需要给予党纪处分的，由地方党组织批准，但事先应征求该单位主管部门党组织的意见，协商一致后再处理。

3. 党的中央和地方各级直属机关工委、纪工委，对所属各部门党员干部的党纪处分，有批准权。对中央和地方各级党委和政府机关中，应报中央、中央纪委或地方各级党委、纪委批准的案件，中央或地方各级直属机关工委、纪工委提出审议意见后，再报中央、中央纪委或地方党委、纪委审批。对中央和地方各级直属机关中，有审批权的部门，在批准给予党员纪律处分后，应按照党员干部的职务级别，报中央或地方各级直属机关工委、纪工委备案；需报中央、中央纪委或地方各级党委、纪委批准的案件，同时抄送中央或地方各级直属机关工委、纪工委。

4. 根据有关规定，中央纪委派驻纪检机构查结的案件，应向驻在部门机关党委（纪委）提出党纪处理建议，并移送有关案件材料。党纪处分需经被处分党员所在支部大会讨论决定，并按规定报批。其中，党的关系隶属于中央直属机关工委的司局级党员干部，需要给予党纪处分的，报中央直属机关纪工委审议或审批；党的关系隶属于中央国家机关工委的司局级党员干部，需要给予党纪处分的，报中央国家机关纪工委审议或审批。需给予司局级党员干部撤销党内职务、留党察看或开除党籍处分的，由驻在部门机关党委（纪委）按党的隶属关系报中央直属机关纪工委或中央国家机关纪工委审议后，报中央直属机关工委或中央国家机关工委批准。需要给予司局级党员干部警告、严重警告处分（含免予处分）的，由驻在部门机关党委（纪委）按党的关系隶属报中央直属机关纪工委或中央国家机关纪工委审批。对处级及处级以下党员干部给予党纪处分的，均由驻在部门机关党委（纪委）批准。

5. 对于在原单位工作期间违犯党纪，在党组织调查其问题前调到新单位工作，以及由于原单位撤销、合并到新单位工作的党员，原则上由犯错误党员新调入单位的党组织负责处理其违纪问题。

（二）级别管理

级别管理，是指按照党员领导干部的职务级别，划分各级党委、纪委批准给予违犯党纪的党员领导干部处分的职权范围。根据《党章》和级别管理的原则，中央纪委规定：

1. 党的中央委员会、中央纪律检查委员会，负责批准对违犯党纪的副省、副部级及其以上党员干部的处分，其中包括对国务院直属局、办的局长、副局长、主任、副主任的处分；负责批准违犯党纪的中央委员会委员、候补委员，中央纪委委员，党的省、自治区、直辖市委员会委员、候补委员的处分。其中，给予上述人员撤销党内职务以上处分的，由党的中央委员会批准，给予警告、严重警告处分的，由中央纪律检查委员会批准。

各省、自治区、直辖市党委、纪委负责批准各自管理的违犯党纪的正、副厅（局）级党员干部的党纪处分；负责批准违犯党纪的党的地（市）级委员会委员、候补委员、纪委委员的党纪处分。地（市）级、县级党委、纪委，也都按照分级管理的原则，负责批准下一级违犯党纪的党员干部的党纪处分。

2. 对于在同一案件中，涉及多人共同违纪，都应给予党纪处分的，按照级别管理的原则，有以下两种处理方式：

（1）按照其中职务级别最高的党员的批准权进行统一审批。根据《党章》和《批准权限规定》，党员的处分，必须按照批准权限报有批准权的机关进行审批；上级党委、纪委有权直接给予党员纪律处分。因此，案件中职务级别最高党员的处分，必须报对其有批准权的党委、纪委审批，而该级党委、纪委也有权批准给予案件中其他违纪的党员党纪处分。

（2）由有批准权的党委、纪委对所有违纪人员进行区分后，分别审批。由有批准权的党委、纪委对违纪人员中职务级别最高的违纪党员批准或决定给予党纪处分，而对其他违纪的党员提出处分意见，由下级党委、纪委根据批准权限的规定，分别作出党纪处分决定。

3. 对于上级纪委直接立案调查的下级党委管理的党员的案件，在给予处分时，一般应由上级纪委根据调查的情况提出处理意见，并将有关材料一并转下级党委、纪委，由下级党委、纪委作出处分决定，按照批准权限逐级报批。也可由上级纪委直接作出处分决定。但上级纪委直接立案调查的下一级党的委员会委员、候补委员，需要给予撤销党内职务、留党察看、开除党籍处分的，应向下一级党委提出建议，由下一级党的委员会全体会议或常务委员会根据《党章》的规定作出处理决定，并经上级纪委报同级党委批准后，由下一级党委或纪委下达处分决定。

4. 退（离）休和退居二线的党员违犯党纪需给予党纪处分的，按原任职务规定的批准权限办理报批手续。离休后提高了级别的，按提高后的职级报批。

5. 军队转业干部到地方工作，被安排在比原职务低的职位上工作，但仍保留原职级待遇的，一般是按其现任职务进行管理，应按现任职务和处分违纪党员的批准权限报批。

三、党纪处分批准权限的具体范围

根据《党章》和《批准权限规定》，给予违纪党员和党组织纪律处分，有的由党的各级委员会批准，有的由党的各级纪委批准，具体职权范围如下：

（一）党的各级委员会的批准权限

1. 给予各级党委委员、候补委员、纪委委员撤销党内职务、留党察看、开除党籍处分。

（1）根据《党章》规定，对党的中央委员会和地方各级委员会委员、候补委员，给以撤销党内职务、留党察看或开除党籍的处分，必须由本人所在的委员会全体会议 2/3 以上的多数决定。对地方各级委员会委员、候补委员的上述处分，须报上级党的委员会批准。

（2）对党的中央纪律检查委员会委员，给予撤销党内职务、留党察看、开除党籍处分，由本人所在的委员会全体会议 2/3 以上多数决定，报党的中央委员会批准。对省、自治区、直辖市党的纪律检查委员会书记、副书记，给予撤销党内职务、留党察看、开除党籍处分，由本人所在的委员会 2/3 以上多数决定，报党的中央委员会批准；给予各省、自治区、直辖市党的纪律检查委员会书记、副书记、常委以外的其他委员撤销党内职务、留党察看、开除党籍处分，由省、自治区、直辖市党的委员会批准，报中央纪律检查委员会备案。

（3）在特殊情况下，给予党的中央委员会委员、候补委员上述处分，可以先由中央政治局决定，待下一次中央委员会全体会议追认；给予党的地方各级委员会委员、候补委员上述处分，先由同级党的常务委员会决定，报上级党的委员会批准，待下一次全体会议追认。

（4）对于严重触犯刑律的中央委员会委员、候补委员，由中央政治局决定开除其党籍；对于严重触犯刑律的地方各级委员会委员、候补委员，由同级党的委员会常务委员会决定开除其党籍，并报上级党的委员会批准。

2. 给予各级党委管理的党员干部以撤销党内职务、留党察看、开除党籍处分。根据《党章》的规定，既可由党的委员会批准，也可由党的纪律检查委员会批准。《批准权限规定》依据干部由哪一级组织任命，撤销其职务也由哪一级组织批准的原则，规定给予中央管理的副省、副部级以上党员干部以及国务院直属局、办的局长、副局长、主任、副主任撤销党内职务、留党察看、开除党籍处分，报中央批准。各省、自治区、直辖市纪委制定的本地区的批准权限，也应按此原则作出相应规定。

3. 党的基层委员会的批准权限。党的基层委员会负责批准属于基层党委管理的一般党员以及党员干部的纪律处分。根据《党章》的规定，对党员的纪律处分，必须经过支部大会讨论决定，报党的基层委员会批准。但涉及的问题比较重要、复杂的，或给党员以开除党籍处分的，应区分不同情况，报县级或县级以上党的纪律检查委员会批准。

4. 根据《党章》的规定，在特殊情况下，县级和县级以上各级党委，可以直接决定给党员以纪律处分。其中特殊情况是指以下几种情况：（1）确有违纪问题应给予党纪处分的党员，其工作的秘密程度较高，或其违纪问题涉及的秘密程度较高，不宜由基层党组织讨论的；（2）确有违纪问题应给予党纪处分的党员，其所在的基层党组织瘫痪，或该基层党组织领导人同违纪问题有直接牵连的；（3）已查明某党员确有违纪问题，而其所在的党组织拒不处理或故意拖延不作处理的；（4）确有违纪问题应给予党纪处分的党员，原来所在的基层党组织被撤销或合并，无法由原基层党组织和新单位党组织作出处理的；（5）跨地区、跨单位的集团性违纪案件中确实需要由这些地区、单位共同的上级党组织一并作出处理的；（6）遇到各种紧急情况，需要迅速作出处理的；（7）其他省级或省级以上党组织认为必须直接作出处分决定的情况；（8）由于党员外出较多，无法召开支部大会的。

5. 对于严重违纪的党组织的处分批准权限。根据《党章》的规定，对于严重违犯党的纪律、本身又不能纠正的党组织，应该给予改组或解散。给予严重违犯党的纪律的党组织纪律处分，由该组织的上一级党委作出处分决定，并需报再上一级党委审查批准。

6. 改变同级纪委、下级党委、纪委对违纪案件所作的处理决定。根据《党章》的规定，上级党的委员会发现同级纪律检查委员会、党的下级委员会、下级纪律检查委员会对违纪案件的处理不当，有权作出改变。

（二）党的各级纪律检查委员会的批准权限

1. 给予中央委员会委员、候补委员以警告、严重警告处分，报中央或中央纪律检查委员会批准，凡经中央纪律检查委员会批准的，要报中央备案。给党的地方各级委员会委员、候补委员以警告、严重警告处分，报上一级党的纪律检查委员会批准，然后由这一级纪律检查委员会报同级党委备案。

2. 给予各省、自治区、直辖市纪律检查委员会常委撤销党内职务、留党察看、开除党籍处分，由中央纪律检查委员会批准；给予各省、自治区、直辖市纪律检查委员会书记、副书记，常委警告、严重警告处分，报中央纪律检查委员会批准，报中央备案；给予纪律检查委员会的其他委员上述处分，由省、自治区、直辖市党的纪律检查委员会批准，报中央纪律检查委员会备案。

3. 对《中央管理干部职务名称表》中所列中央直属机关、中央国家机关以及企业、事业单位、高等院校的副部长级以上干部，各部委、办以及属于这一级的中央直属机关、中央国家机关、企业、事业单位的党组成员，国务院直属局局长、党组书记，给予警告、严重警告处分，由中央纪律检查委员会批准，报中央备案；对列入《中央管理干部职务名称表》的不是副部长级干部的，给予撤销党内职务、留党察看、开除党籍处分，由中央纪律检查委员会批准，报中央备案。对各省、自治区、直辖市人民政府省长、副省长，主席、副主席，市长、副市长，人大常委会主任、副主任，政协主席、副主席，高级人民法院院长，人民检察院检察长，给予警告、严重警告处分，由中央纪律检查委员会批准，报中央备案。

4. 给予基层党委管辖的党员开除党籍处分。《党章》规定：给党员开除党籍处分，应分别不同情况，报县级或县级以上党的纪律检查委员会审查批准。这里讲的县级纪委，不仅包括县、县级市、旗等地方纪委，同时也包括县级或县级以上企业、事业单位经过党的代表大会或党员大会选举产生的纪律检查委员会，都可以根据《党章》第42条的规定，审查批准给党员开除党籍处分。如果给党员领导干部以开除党籍处分，还应按处分党员的批准权限的具体规定报批。

关于基层单位的纪委是否有给予违纪党员纪律处分批准权的问题。我们认为，乡镇或其他基层单位设立纪委的，原则上可给予一定的处分违纪党员的批准权。在农村的乡镇、城市的街道，企业、事业单位，上级党的委员会和纪律检查委员会，可以对基层党委、纪委的批准权限作适当的划分。例如可将警告、严重警告处分交由党的基层纪委办理，撤销党内职务、留党察看、开除党籍处分由基层党委办理。但是，给予党员开除党籍处分，则必须报县级或县级以上党委、纪委批准。

5. 特殊情况下直接决定给违纪党员以纪律处分。《党章》第42条规定："在特殊情况下，县级和县级以上各级党的委员会和纪律检查委员会有权直接决定给党员以纪律处分。"根据这一规定，县级和县级以上各级纪委，对本级纪委批准权限内和下级党委、纪委批准权限内的违纪党员，直接作出处分决定。如果违纪党员的处分按照批准权限应由同级党委或者上级党委、纪委批准的，那么这一级纪委在作出处分决定后，应报同级党委或上级党委、纪委批准后方能生效。

6. 改变下级纪委对于案件所作的决定。《党章》第47条规定，上级纪律检查委员会有权改变下级纪律检查委员会对于案件所作的决定。但如果所要改变的下级纪委的决定，已经得到它的同级党委批准，上级纪委应当尽量与下级党委协商，如果下级党委同意改变，则由他们先自行作出改变的决定，然后由上级纪委批复。如果经过协商意见仍不一致时，这种改变必须经过它的上一级党的委员会批准。

7. 根据《中国共产党纪律处分条例》的规定，需要比照处理的案件，按照处分党员批准权限的规定，应当由省（部）级党委、纪委批准处理的案件，报请中央纪委批准；应当由省（部）级以下党委、纪委批准处理的案件，由省（部）级纪委（不含副省级市纪委）批准并报中央纪委备案。

第二节　政务处分权限

一、政务处分权限的概念和划分原则

监察机关的政务处分权，是指监察机关给予监察对象政务处分的权力。监察机关的政务处分权限，是指监察机关对监察对象行使政务处分权的分工和范围，即划分各级监察机关在给予不同级别的监察对象以不同处分种类上的权力界限。

监察机关的政务处分权限可以根据被调查的公职人员的具体身份，依照相关法律法规、国务院决定和规章对违法行为及其适用处分的规定，给予政务处分。

二、政务处分权的内容

监察机关的政务处分权包含两个方面的内容：直接政务处分权和提出给予监察对象政务处分的监察建议权（以下简称政务处分建议权）。

（一）监察机关的直接处分权

依据《监察法》规定，监察机关有直接给予公职人员政务处分的权力。对有职务违法行为但情节较轻的公职人员，按照管理权限，直接或者委托有

关机关、人员，进行谈话提醒、批评教育、责令检查，或者予以诫勉；对违法的公职人员依照法定程序作出警告、记过、记大过、降级、撤职、开除等政务处分决定；但是，对公职人员的政务处分适用规则，会由于公职人员具体身份的不同，在适用法律、法规和国务院的决定和规章等依据的不同而不同。这其中涉及纪法衔接的问题。

1. 中共党员严重违反党纪，并涉嫌犯罪的，应当由党组织先作出党纪处分决定，并由监察机关依法给予政务处分决定后，再依法追究刑事责任。但是，如果党员现已经受到行政处罚和刑事责任追究的，党组织和监察机关应依据已生效的行政处罚决定和司法生效判决和裁定，依纪依法予以政务处分。这样对党员的违纪违法行为的处理有了清晰的程序要求，达到了纪法的有效衔接。

2. 非党员既违法又涉嫌犯罪的，应当先由监察机关给予政务处分，再追究刑事责任。

3. 对于基层群众性自治组织、国有企业等单位从事管理的人员和依法受委托管理公共事务的组织中从事公务的人员，监察机关除依据《监察法》给予谈话提醒、批评教育、责令检查、诫勉外，还可以采取警示谈话、通报批评、停职检查、责令辞职措施。

（二）监察机关的处分建议权

1. 处分建议权的概念。监察机关的处分建议权是指监察机关在立案调查的基础上，确认某一监察对象违反了国家政策、法律或者违反了政纪，应给予政务处分，向其主管机关或所在部门提出具有一定法律效力的处分建议的权力。这里所讲的有一定的法律效力的建议，和一般的工作建议不同，它是针对监察对象的错误向对该监察对象有管理权的单位或机关提出的正式监察建议，有一定的约束力。对不履行或者不正确履行职责负有责任的领导人员，按照管理权限依据或参照《中国共产党问责条例》《关于实行党政领导干部问责的暂行规定》等规定，作出通报批评、诫勉、停职检查、责令辞职等问责决定，或者向有权作出问责决定的机关提出降职、免职等问责建议。

2. 行使处分建议权。根据《监察法》第45条规定，对不履行或者不正确履行职责负有责任的领导人员，按照管理权限对其直接作出问责决定，或者向有权作出问责决定的机关提出问责建议；对监察对象所在单位廉政建设和履行职责存在的问题等提出监察建议。

三、政务处分权限的具体规定

2007 年 6 月施行的《公务员处分条例》对给予行政机关公务员行政处分的权限和程序作出了规定。《公务员处分条例》第 34 条是对行政机关公务员处分权限的一般规定。目前实际工作中，监察机关应根据《公务员处分条例》第 40 条，按照下列权限和程序，给予监察对象政务处分：

1. 对各级监察机关查处的由下级人民代表大会及其常务委员会选举、任命的下级人民政府领导人员，拟给予降级（含降级）以下处分的，由负责案件查处的监察机关提出处分意见，报本级人民政府批准。拟给予撤职、开除处分的，负责案件查处的监察机关将处理意见报本级人民政府，经本级人民政府同意后，向下一级人民政府提出处分建议，由下一级人民政府向其同级人民代表大会提出罢免建议，或者向同级人民代表大会常务委员会提出撤销职务的建议，在其作出相应的罢免或者撤销职务的决定后，由负责案件查处的监察机关下达监察决定。

2. 对各级监察机关查处的地方各级人民代表大会及其常务委员会选举、任命的地方各级人民政府部门负责人，拟给予降级（含降级）以下处分的，由负责案件查处的监察机关提出处分意见，由本级人民政府批准，监察机关再下达监察决定。拟给予撤职、开除处分的，由负责案件查处的监察机关向本级人民政府提出处分意见，再由本级人民政府提请同级人民代表大会罢免职务，或者向同级人民代表大会常务委员会提请免去或撤销职务后，由监察机关下达监察决定。

3. 对本级人民政府任命的人员，拟给予警告、记过、记大过、降级处分的，由监察机关直接作出监察决定，报本级人民政府备案；拟给予撤职、开除处分的，监察机关应当向本级人民政府提出处分意见，经本级人民政府批准后，由监察机关下达监察决定。

4. 对本级人民政府所属各部门和下一级人民政府及其所属各部门任命的人员，拟给予政务处分的，由监察机关直接作出监察决定。其中，县级人民政府监察机关给予被监察人员开除处分的，应当报县级人民政府批准。

📚 阅读链接：

理清管辖权限的若干思考

来源：中国纪检监察报　2018 年 9 月 5 日

《中华人民共和国监察法》颁布实施后，相关的配套制度逐渐开始颁布、施行。《国家监察委员会管辖规定（试行）》（以下简称《管辖规定》）是对《监察法》第 3 章"监察范围和管辖"的细化规定，解答了"归谁管""能管谁""管哪些"三个问题，笔者认为，理清这三个问题，有助于基层监委在开展工作中对标、聚焦，下面就这三个问题谈谈自己的理解。

一、"归谁管"就是要明确监察对象的职务违法和职务犯罪应当归哪一级、哪一地的监委管辖

《管辖规定》第 3 条"按照干部管理权限和属地管辖相结合的原则，实行分级分工负责"，规定了"分级管辖"是监委管辖的一般原则，以干部管理权限为级别管辖，以属地管辖作为地域管辖，而且干部管理权限的级别管辖优先。除一般管辖外，《管辖规定》还规定了补充管辖原则，包括第 23 条的"提级管辖"，第 24 条的"指定管辖"，第 25 条的"报请提级管辖"。

此外，《管辖规定》第 19、20 条还规定了管辖争议的解决原则。笔者将其分为"外"争议和"内"争议，"外"争议是当公职人员既涉嫌严重职务违法、犯罪，又涉嫌其他犯罪案件时，一般以监委调查为主，其他机关予以配合，这和刑事诉讼法关于管辖罪名出现争议、以涉嫌主罪的机关调查为主的原则不同，笔者认为这是为了强化监察机关对于职务违法、犯罪案件专职专责的定位；"内"争议是几个监察机关都有管辖权的案件，由最初受理监察机关管辖，必要时由主要犯罪地监察机关管辖，如有争议，就逐级上报直至共同上级的监察机关解决。同时对于干部管理权限在主管部门，但是又在地方工作的公职人员涉嫌职务违法、犯罪行为的管辖，《管辖规定》第 29 条中也作了详细的规定。基于干部管理权限的管辖优于地域管辖的原则，本着谁主管谁负责的原则，这部分公务人员一般由派驻该单位的纪检监察组管辖，此外，根据有关规定，派驻纪检监察组也可以和地方纪委监委联合调查，也可以委托地方纪委监委调查。

二、"能管谁"是指管辖规定对监委监察对象范围的确定

《管辖规定》第 2 章"监察对象"就规定了哪些人员归监委管辖。按照《监察法》第 15 条的规定，监察对象是所有行使公权力的公职人员和有关人员。管辖规定对于哪些人员属于监察对象，采取了概括加列举式的解释方法，这种解释方法有利于在实践中更准确把握立法者的立法意图，也更具有实际操作性。将监察法对于监察对象的分类方法和《刑法》第 93 条关于国家工作人员认定的规定进行比较，有助于正确把握、深入理解监察对象的范围。《刑法》第 93 条规定了四类国家工作人员：一是国家机关中从事公务的人员；二是国有公司、企业、事业单位、人民团体中从事公务的人员；三是国家机关、国有公司、企业、事业单位委派到非国有公司、企业、事业单位、社会团体中从事公务的人员；四是其他依照法律从事公务的人员。

《管辖规定》中对于监察对象范围的规定，对比《刑法》第 93 条关于国家工作人员的认定，其实二者的范围既高度一致，又有所扩大。高度一致，如《管辖规定》第 4 条规定的第一、二类人员，实际上所对应的就是《刑法》中第一类；第三、四类人员，所对应的是《刑法》中第二、三类；第五、六类人员，所对应的是《刑法》中第四类；有所扩大，如《刑法》关于职务犯罪主体"从事公务"的人员认定相比较于监察法中"从事管理"的监察对象规定，笔者认为"管理"的外延应当大于"公务"的外延，相较于"公务"，可以对"管理"的概念、内涵、外延进行扩大、扩充解释，从而审慎地扩大监察对象的范围。

三、"管哪些"，管辖规定采取了列举加兜底的形式加以解释

《管辖规定》第 4 章共列举了监委对于职务犯罪案件管辖罪名共 88 个，其中贪污贿赂、滥用职权、玩忽职守、徇私舞弊四类犯罪案件共 58 个罪名，除非国家工作人员受贿罪、对非国家工作人员行贿罪、对外国公职人员行贿罪也可由公安机关管辖外，55 个罪名是监委单独管辖罪名；而其余的 30 个罪名，如果是公职人员以外的人员实施，则是由公安机关管辖。

《管辖规定》出台之前，刑法对于基层组织人员处理集体事务不认定为"其他依照法律从事公务人员"，而《管辖规定》明确规定"基层群众性自治组织中从事管理的人员"包括"从事集体事务管理的人员"，也就是说这类监察对象的职务违法、犯罪行为，如在从事管理过程中收受他人财物、侵占集体资产或者挪用了集体资金等问题，就属于《管辖规定》中列举的监委管辖

的范围，从而有效解决了基层自治组织人员职务违法、犯罪行为管辖问题。除此以外，《管辖规定》第18条还兜底规定了公职人员行使公权力过程中的职务违法、犯罪行为，有利于更加全面地把握和理解监察事项。

（作者：徐军）

思考题

1. 党的各级纪律检查委员会的党纪处分批准权限是什么？
2. 监察机关的政务处分权限是如何规定的？

材料分析：节选《关于处分违犯党纪的党员批准权限的具体规定》修订探讨

来源：国家风尚网　2012年8月17日

滞后于干部人事制度改革实际。

一是党和国家机关实行了公务员制度，对纪律惩戒工作提出了许多新要求。二是2011年3月，国家明确要求，对面向社会提供公益服务的事业单位，逐步取消行政级别，新设立的一律不予明确行政级别。三是1999年9月，党的十五届四中全会决定对企业及企业领导人不再确定行政级别。四是中央管理干部的范围几经调整。五是干部管理体制中垂直管理与双重管理趋多。六是行政体制改革不断推进。

此外，《批准权限规定》制定时依据的是党的十二大通过的《党章》，但党的十四大通过的《党章》明确取消了中央和各省、自治区、直辖市的顾问委员会的设置，《批准权限规定》相应内容也应自然失效。

滞后于查办案件工作实际。

一是立案批准权限与处分批准权限不协调。《中国共产党纪律检查机关案件检查工作条例》规定，对于各级纪委委员违犯党纪的，由同级纪委报请同级党委批准立案；而《批准权限规定》规定各级纪委对于给予本级纪委委员警告或严重警告处分具有批准权，这意味着纪委对本级纪委委员没有立案批准权，却有一定的党纪处分批准权，这在法理上和逻辑上说不通。

二是备案案件和特别重要或复杂案件的范围不够明确。《批准权限规定》规定，对各省、自治区、直辖市的正部、厅、局级党员干部，所受撤销党内职务、留党察看、开除党籍处分，经有关党组织批准后，向中央纪律检查委员会备案。但对于上述党员干部是否必须列入《向中央备案的干部职务名单》则没有明确，致使实践中不好把握。对《党章》第44条所述"特别重要或复杂的案件"如何理解，在实践中一直没有明确。

三是派驻机构办案体制改革。党的十五届六中全会决定，纪委对派出机构实行统一管理。此后，纪委对派驻纪检组管理体制进行了调整，由以往与驻在部门双重领导改为直接领导、统一管理，办案体制发生了很大变化。

滞后于党员权利保障实际。

一是受审查党员是否有权参加党的基层委员会及以上党组织讨论决定对其党纪处分的会议不够明确。党的十二大以来的《党章》均明确规定，在党组织讨论决定对党员的党纪处分时，本人有权参加和进行申辩。这里的"党组织"是否不限于党的支部大会，一直是理论上争论的热点和实务操作中的难点。

二是恢复党员权利程序不够明确。《批准权限规定》规定，对于受留党察看处分的党员，由支部大会作出恢复他的党员权利的决定，报党的基层委员会或上一级党的纪律检查委员会批准。对此，哪些案件需报党的基层委员会批准？哪些案件需报上一级党的纪律检查委员会批准？是否需根据干部管理权限报相应纪委审批？支部大会讨论后形不成决议怎么办？没有条件召开支部大会怎么办？需延长留党察看期限是否需报原处分决定机关审批等一系列问题，在理论和实务上一直有争议。

三是申诉受理机关规定不够明确。中央纪委1991年7月印发的《审理工作程序规定》、1993年5月印发的《中国共产党纪律检查机关控告申诉工作条例》和《批准权限规定》规定的申诉受理承办机关不同。从实务角度，由原作出处分决定的党组织承办更符合实际。

（作者：董芳）

 思考题

请分析党纪政务处分批准权限存在的问题。

第三部分

申诉复查

第七章

申诉复查工作概述

第一节　申诉复查工作的概念、地位和作用

一、申诉复查工作的概念

申诉复查工作是指党员、党组织和监察对象对所受到的党纪、政务处分决定或者审查结论不服，提出申诉，纪检监察机关依据有关规定对原处分决定或者审查结论进行全面审核处理的工作。

申诉复查工作的具体任务可以概括为以下几个方面：

一是处理申诉信件。处理申诉信件是申诉复查工作的一项基本职责。纪检监察机关案件审理部门或者负责申诉复查工作的部门收到的申诉信件的渠道、种类是不一样的。从申诉信件本身的来源看，有当事人本人提出的，有当事人的亲属和其他人员提出的，有各级人大代表或者政协委员提出的有关案件的议案，也有各级组织提起的，等等。申诉信件的种类也是多种多样的，有向作出处分的纪检监察机关提出申诉的，也有向上级纪检监察机关提出申诉的。

纪检监察机关负责申诉复查工作的部门和人员对收到的申诉信件要认真审阅，弄清申诉人的自然状况、受处理的情况、申诉的理由、请求的事项、是否经过复议、复查或者复审（复查）、复核、结论如何等。在此基础上，采取反映、受理、转办、督办、联合办理等基本办理方式，妥善处理申诉信件，做到申诉信件件件有着落，使党员和监察对象的合法权利切实得到保障。

反映建议，是指对申诉信件中反映的重要情况和问题，采取书面形式进行反映并提出建议。反映情况可采用申诉摘报、申诉情况反映、专题报告等

形式向领导反映并提出建议，通过反映情况、积极建议，促进申诉信件反映的问题及时得到有效处理。

报告受理，是指对应由本级纪检监察机关按照规定进行复议、复查或者复审（复查）、复核的申诉信件，提出受理建议，报经领导批准后进入申诉案件的办理程序。

转交承办，是指对应由下级纪检监察机关受理的申诉案件或者应由下级纪检监察机关具体办理的申诉信件，按照分级负责的原则，将申诉信件转交下级纪检监察机关处理。

过问督办，是指对重要的申诉信件，可函请下级纪检监察机关办理，并要求报告处理结果。交办单位可采取检查、督办、参与研究处理意见等方法，促使该申诉信件及时、正确地得到处理。

联合办理，是指案件审理部门或者负责申诉复查工作的部门，联合本级机关其他部门或者联合下级纪检监察机关共同办理申诉信件的形式。

对领导交办或者上级纪检监察机关督办的申诉信件，承办机关应及时将办理结果进行报告。

处理申诉信件的程序包括：（1）接收登记。对收到的申诉信件，要由专人负责对申诉信件进行登记。登记的内容包括申诉人的自然状况、受处分的时间、主要违纪事实、处分档次、申诉的主要理由和请求事项、是否经过复议、复查或复审（复查）、复核、结论如何、该申诉信件是本机关第几次收到的，等等。（2）办理。①对应由本级纪检监察机关按程序进行复议、复查或复审（复查）、复核的申诉信件，提出受理的建议后，报本级纪检监察机关领导同意后按照规定程序办理。②对有关领导批办的申诉信件，要认真审查或向有关单位了解情况，提出办理意见后报领导审批。③对按程序规定不属于本级纪检监察机关受理的申诉信件，经分管领导同意后转相关单位办理。④对按照职责分工不属于纪检监察机关受理范围的申诉信件，可将申诉信件转信访部门处理。（3）归档。申诉信件办结后，要将相关材料归档，形成案卷。并在此基础上，建立申诉信件资料档案，根据实际工作需要进行分门别类的统计分析，实行规范化管理。

二是接待申诉人员。对申诉人员直接到纪检监察机关申诉的，应认真记录申诉人的申诉理由和请求事项，对已经递交过申诉材料的，应注意记录申诉人书面材料以外的新的申诉内容；对没有递交申诉材料的或者没有能力提交书面申诉材料的，应将申诉人员的当面申诉作为办理的依据。

三是办理申诉案件。办理申诉案件是申诉复查工作的一项基本职责。党员、党组织和监察对象对处分决定或审查结论不服提出申诉，是党员和监察对象法定的民主权利。受理他们的申诉不仅是保障党员和监察对象民主权利的一项重要措施，也是正确执行纪律的保证。案件审理部门或者负责申诉复查工作的其他职能部门，对原处分决定或者审查结论进行重新审查，提出维持、变更或者撤销原处分或结论的审理意见，按程序办理各种手续。从而维持正确的处分或结论，纠正错误的处分或结论，做到既维护党纪政纪的严肃性，又保障申诉人的合法权利，切实体现了纪检监察机关实事求是的原则和客观公正、秉公执纪的精神。

四是监督案件查审。申诉复查工作不但是纠正处理错误案件的重要途径，也是监督所办案件的重要程序。申诉复查工作对案件审查、案件审理的监督主要体现在两个方面：一方面是通过办理申诉信件和申诉案件，对案件审查部门调查和案件审理部门审理的案件，在事实、证据、定性、处理、手续、程序等方面加以监督，对处理正确的案件予以维持，对处理错误的案件予以纠正或者撤销；另一方面是通过对案件质量的监督、检查、考核、通报等，推动和促进案件检查、案件审理，切实提高办案质量。

五是教育申诉人员。对申诉人员进行教育也是申诉复查工作的重要职责。申诉人对处分决定或者审查结论不服提出申诉，很多是属于思想认识问题，有的对党纪政纪条规不了解或片面理解，有的对认定的错误事实不认同，有的对应负的责任不认可，有的存在攀比和侥幸心理，等等。针对申诉人不同的申诉理由和请求，有针对性地进行思想教育，通过加强党纪政纪教育、政策法规教育、事实证据教育，促使申诉人明辨是非，正确对待，吸取教训，改正错误。

六是组织协调各方。申诉复查工作具有工作对象特殊、时间跨度长、案件比较复杂、工作难度大、涉及面宽、政策性强等特点，加强组织协调、加强与相关部门的配合，是做好申诉复查工作的一种具体、行之有效的工作方法。

七是对下指导监督。绝大多数申诉信件和申诉案件发生在地市级以下的基层单位，由于基层审理人员少、审理的审核把关作用发挥不够，案件质量存在一些问题。因此，加强调查研究，对下级纪检监察申诉复查工作进行业务指导和监督，提高各级纪检监察机关申诉复查工作的整体水平和人员素质，是申诉复查工作的一项经常性的任务。

八是起草程序性规定。党内法规和国家法律法规是开展申诉复查工作的基本依据。现行的党内法规和国家法律法规对不服党纪政务处分决定或审查结论的申诉及办理程序作出了明确的规定，保证了申诉复查工作规范有序地开展。但在有些方面还缺乏具体的规定。为提高申诉案件的办理质量，实现申诉复查工作制度化、规范化，案件审理部门或者负责申诉复查工作职能的其他部门，应根据申诉复查工作的实际需要，草拟申诉复查工作程序方面的条规和规范，加强申诉复查工作的制度建设和业务建设。

二、申诉复查工作的地位和作用

(一) 申诉复查工作是纪检监察工作的重要组成部分

申诉复查工作是检验纪检监察机关办案质量和效果的最后一道关口，是纪检监察机关查处案件内部监督制约的重要组成部分，对于违反党纪政纪案件的查处工作具有重要的监督作用。申诉复查的过程，既是解决申诉问题的过程，也是监督案件检查和案件审理的过程。申诉复查与案件审理、案件审查是辩证统一的关系。做好案件审查、案件审理工作，把案件调查清楚、把好案件质量关，使所办案件都符合"二十四字"办案基本要求，是减少申诉的根本途径；做好申诉复查工作，坚持实事求是，全面、客观地对申诉信件和申诉案件进行再审查，是对案件审查和案件审理工作的监督，也是对纪检监察机关查处案件质量好坏的检验。

(二) 申诉复查工作是保障党员和监察对象合法权利，加强政治文明建设的重要途径

党员和监察对象的申诉权是《党章》、《宪法》和《监察法》规定的、党员和监察对象依法享有的合法权利，任何个人、组织都无权剥夺。《党章》规定，党员对党纪处分不服，有权向党的上级组织直至中央提出申诉，并要求有关组织给以负责的答复。各级纪委负责受理党员的申诉。党的十六大修改的《党章》增加了保障党员权利的内容。《中国共产党党员权利保障条例》（中发〔2004〕19号，以下简称《党员权利保障条例》）、《中国共产党党内监督条例（试行）》（中发〔2003〕17号，以下简称《党内监督条例（试行）》）、《中国共产党纪律检查机关控告申诉工作条例》（中纪发〔1993〕8

号，以下简称《控告申诉工作条例》）等党内法规，对党员的申诉及其办理程序和要求都作出了明确规定。《监察法》《公务员法》《公务员处分条例》等法律法规，对国家公务员和国家行政机关任命的其他人员不服主管行政机关作出的政务处分决定、不服监察决定的申诉及其办理程序和要求都作出了明确而具体的规定。这些都充分体现了党和国家对保障党员和监察对象的合法权利，特别是申诉权利的高度重视。

（三）申诉复查工作是正确执行纪律，维护党纪、政纪严肃性的制度保证

违反党纪、政纪的案件往往是错综复杂的，虽然在案件的调查处理过程中，经过了初核、立案、调查、审理、集体审议、批准、执行等一系列程序，但是，仍难免有少数案件在认定事实，确定性质，适用法律、法规、政策以及在处理方面发生差错。申诉复查工作，就是纪检监察机关根据申诉人所提出的申诉理由和有关规定，对原处分决定或审查结论所认定的事实、证据、定性处理和是否遵守法定程序等进行再审核，一方面可以使原来处理不当的案件得到纠正；另一方面，可以使决定或结论得到维护，使违纪者受到应有的处理。这既维护了党纪、政纪的严肃性，也能对犯错误人员进行教育，有利于他们认识问题、改正错误。

第二节　申诉复查工作的原则

一、客观公正原则

复查大计，公正第一。公正，就是要不偏不倚，居中处理，即做到公平，维护正义，要在认真把握作为客观存在的违纪事实的基础上，按照有关规定客观、公正地处理当事人的申诉。客观，就要求"以事实为依据，重证据，不主观臆断，不带框框"。申诉复查工作特别要注意既不可主观臆断，也不可先入为主。申诉复查工作是以当事人不服原处分决定或审查结论为提起条件的，申诉人与原作出处理决定或审查结论的机关在一定程度上是对立的两个方面，做好申诉复查工作还应注意不能戴有色眼镜看待任何一方，不能被个人感情色彩所左右。客观公正包括程序上的客观公正和实体上的客观公正。程序上客观公正，要求申诉复查工作除应按规定的程序实事求是地进行审查外，还要做到回避，原审理此案的人员不能再承办该案的申诉复查工作。实

体上的客观公正，就是要求承办人员按照"二十四字"基本要求，全面审查原案的事实、证据、定性、处理、手续和程序。无论在哪一方面存在问题，都要实事求是地指出问题，该纠正的要认真纠正。审查时不要局限于申诉所提出的问题，而是要对全案进行全面审查。办理申诉案件，只有全面了解案情，结合全案通盘考虑问题，才能正确判断原处分或原审查结论在认定事实、运用证据、确定性质、执行纪律方面是否正确，才能使存在于原案中的错误全部得到纠正。

二、首诉必办原则

首诉必办，是指党员、党组织或者监察对象不服党纪政务处分或者处理决定首次向纪检监察机关提出的申诉，承办申诉的机关要按照规定的程序和权限进行认真的复议、复查或者复审（复查）、复核，并给予申诉人负责任的答复。《控告申诉工作条例》规定：党员、党组织对所受党纪处分不服的申诉，由批准处分的党的委员会或纪律检查委员会承办。一般情况下，对党员、党组织不服党纪处分的首次申诉，应实事求是地进行复议或者复查。

《监督执纪工作规则（试行）》规定：对不服处分决定的申诉，应当由批准处分的党委或者纪检机关受理；需要复议复查的，由纪检机关相关负责人批准后受理。复议复查工作应当在 90 日内办结。

《监察法》明确规定，对监察机关作出的涉及本人的处理决定不服的，可以自收到处理决定之日起 1 个月内，向作出决定的监察机关申请复审，复审机关应当在 1 个月内作出复审决定。监察对象对复审决定仍不服的，可以在收到复审决定之日起 1 个月内，向上一级纪检机关申请复核，复核机关应该在 2 个月内作出复核决定。

三、申诉不加重处分原则

申诉不加重处分，是指党员、党组织或者监察对象对所受到的党纪、政务处分不服提出申诉，纪检监察机关受理申诉后，在复议、复查或者复审（复查）、复核时，应该围绕原处分决定认定的事实、证据、定性等方面进行审核，审核时认定的违纪事实一般不能超越原处分决定认定的范围。尤其不能因申诉人提出申诉，将原来的处分变更为更重的处分。之所以要遵循申诉不加重处分的原则，就是要切实保障党员、党组织和监察对象的申诉权利。

如果在复议、复查或者复审（复查）、复核过程中，发现了当事人新的违纪线索或者新的违纪事实应当受到纪律追究，原处理决定作出时并未就该问题进行调查，可以将新发现的违纪线索或者新发现的违纪事实，移交给相关的部门进行调查处理。

四、分级办理原则

分级办理，是指处理申诉信件或者办理申诉案件时，要按照党纪处分的批准权限和政务处分权限的规定由有管辖权的纪检监察机关分别办理。

根据《控告申诉工作条例》《监察机关处理不服行政处分申诉的办法》等规定，党纪申诉案件和政务申诉案件都实行分级审理的原则，对于处分或其他处理不服的申诉，都应先由原批准或者作出决定的党委、纪委或监察机关进行复议、复查或复审，申诉人如果对复议、复查决定或复审决定仍然不服的，再由上一级党委、纪委或监察机关复议、复查或者复核。上级纪检监察机关有权对管辖范围内的申诉案件直接进行复查、复议或复审、复核。上级纪检监察机关认为有必要时，也可以指定有关纪检监察机关办理。

五、基本事实清楚、基本证据确凿、处分基本恰当原则

这里所讲的基本事实，是指和案件的定性、处理有直接关系，对定性、处理起关键作用的事实。一般包括三个方面：第一，能够确定受处分人是否构成违纪的事实；第二，对于从重、加重、从轻、减轻处分有影响的事实；第三，对于认定违纪性质有影响的事实。基本证据，是指对认定基本事实是否存在起决定性证明作用的证据。处分基本恰当，是指所给处分不畸轻畸重。对于基本事实清楚、基本证据确凿、处分基本恰当、不存在影响客观公正处理的重大程序问题的申诉案件，应当维持原处分决定或审查结论。如果基本事实、基本证据发生了足以影响案件定性、处理的重大变化，或者基本事实、基本证据没有变化，但处分畸轻畸重或有重大程序问题影响客观公正处理的，则应对原处分或原结论进行实事求是的纠正。

六、有错必纠原则

有错必纠，是指办理申诉案件要坚持全错全纠、部分错部分纠、不错不纠的原则。

全错全纠，是指原处分决定或审查结论所依据的基本事实不清楚、不存在，或者认定基本事实所依据的主要证据发生了重大变化，从而使原定性处理失去了基础，原处分决定或审查结论就应该全部纠正。其中主要有两种情况：一是原处分或其他处理所依据的事实不存在，因而定性及处理错误，应该全部予以纠正；二是原处分或其他处理所依据的事实存在，由于政治背景的变化，发现当时对该问题的是非搞颠倒了，定性错了，处理也就错了，应予全部纠正。

部分错部分纠，是指原处分决定或审查结论所依据的基本事实或基本证据没有发生变化，但案件的某一方面或某一部分存有不当或出现了错误，则只对不当之处或错误之处予以变更。具体情况大致有以下几种：一是原处分或其他处理所依据的材料部分失实，造成定性和处理部分错误；二是处分或其他处理依据的事实存在，但定性不准，造成处理失当；三是处分或其他处理所依据的事实存在，定性也准确，但处分不恰当。这三种情况都应视为该案部分错，应予部分纠正。实践中应注意不能因为原认定的事实基本存在而对该纠正的部分不予纠正，也不能因为出现了部分错误而将全案否定。

不错不纠，是指原处分或其他处理认定的事实存在，并且定性准确，处理恰当，手续完备；或者发现虽个别情节有出入，但不影响对全案的定性和处理的，则应视该案处理正确。对原处理正确的案件，尽管当事人对处分或其他处理不服，反复申诉，仍要坚持原则，维持原来正确的处分或处理决定。

思考题

1. 申诉复查工作的具体任务是什么？
2. 申诉复查工作的原则是什么？

材料分析：解除困扰纠"不当"——运用法治思维和方式提升申诉复查工作水平

来源：中国廉政网　时间：2015年1月13日

申诉复查，是纪检监察机关案件审理环节的一项重要职责。对申诉案件复查复议，是保障党员干部合法权利的一个重要措施，也是纠正处理不当案件的重要途径。

近年来，基层纪检监察机关在申诉复查工作中尽管取得了长足进步，但随着反腐败工作的不断深入，基层申诉复查工作也出现了与新形势、新情况、新任务不相适应的现象。审复不分、制度不全、力量不足，依然是困扰基层纪检监察机关开展申诉复查工作的难题。

因此，如何运用法治思维和法治方式，指导提升申诉复查工作水平，是各级纪检监察机关必须且亟待解决的问题。

当前纪检监察机关开展申诉复查工作现状

当前，基层纪检监察机关申诉复查工作相对滞后的现状与反腐败斗争新形势、新任务、新要求明显不相匹配。

机构设置不统一。从机构设置看，大多数省（区、市）纪检监察机关均将这项工作放在审理室，与审理工作人员一同办公，只有少数地方纪委单独设有复查复议室。承担此项工作的人员较为紧缺，一些基层纪检监察机关只安排1名或2名审理人员兼职负责申诉复查工作。

审复工作难以分开。审复分设是保证申诉复查工作监督制约功能和案件公正处理的重要机制。然而，大多数基层纪检监察机关没有单设复查复议机构来单独受理复查复议案件，申诉案件的受理均存在同案同审同复现象，这不仅违反了法律规定的回避等制度，同时也会导致程序上的违法，还可能使办案人员及个别领导难以跳出先入为主思维定式的怪圈，无法从客观的角度再次审视同一问题，某种程度上影响了案件实体处理的公正性。

人员更换调整频繁。各地各部门在对申诉复查工作的重视程度上有差异，有的地方将申诉复查工作边缘化，对负责申诉工作人员调动频繁，致使工作人员思想不稳定，有些工作没有连续性，衔接不够。此外，一些基层单位办理申诉复查案件的工作人员处于不固定状态，查办人员多是案件审理人员或者临时指定人员，甚至在申诉案件办理过程中还存在更换调整办案人的情况，严重影响了申诉复查案件的办理质量。

人员素质参差不齐。一些地方一些领导对复查复议工作不重视，存在申诉复查工作人员政策理论水平较低、政治敏感性较差、对业务工作不熟悉、对党纪政纪法规掌握不准的现状，在办理申诉案件时不能很好地把握申诉复查案件的规律、特点。一些申诉复查工作人员不够认真，对申诉人所申诉的问题不做认真细致的研究，简单应付，缺少耐心，导致信访问题时有发生。复查复议是对案件检查和案件审理的内部监督机制，一些申诉复查工作人员存在工作畏难情绪，在受理查办复杂疑难的申诉案件时，有的同志认为有些申诉人的处分决定都是上一届领导定的，即使存在处理上的瑕疵也不好纠正，怕得罪人、不敢碰硬、不愿较真，影响了申诉案件复查复议质量。

如何运用法治思维和方式提升申诉复查工作水平

各级纪检监察机关应当运用法治思维和法治方式指导和提升申诉复查工作水平，将此作为做好未来申诉复查工作的基本要求。

运用法治思维强化复查复议工作

法治思维的核心是权利义务观念，对于党员干部特别是对领导干部而言，除了具有公民应有的权利义务观念外，还要有法治的权力观，即守护法律、维护宪法与法律权威的责任意识。申诉复查工作肩负着维护和保障党员干部和监察对象的合法利益的重要职责，同时也肩负着维护社会稳定，维护党和政府的形象，维护纪检监察机关权威的重要任务。

运用法治思维强化复查复议工作，首先，各级纪检监察机关的领导要高度重视，切实把申诉复查工作摆上重要工作日程，纳入对各项纪检监察工作的管理之中，要指派专人负责，要与各项工作同部署、同落实、同检查、同考核。其次，复查复议工作必须坚持"复查大计、公正第一""办案大计，质量第一"的基本原则，严格依纪依法、稳妥地处理好每一起申诉案件、每一件申诉信件和申诉人信访。最后，必须把贯彻执行客观公正的原则放在首位，凡是关系到申诉人政治生命，涉及申诉人切身利益的申诉案件，在工作中都要做到既要维护党纪政纪的严肃性，也要切实保障党员和监察对象的合法权利。

运用法治思维思考指导复查复议工作

法治思维是一种权限思维、规则思维、程序思维、权赋思维、公平思维，这就要求凡事必须在法定的程序及法定权限内运行，自觉地在法治轨道上想问题、做决策、办事情，使"合不合法，合不合程序"成为一种惯性思维。

各级纪检监察机关负责申诉复查工作的领导及工作人员，要善于运用法治思维，去思考、指导复查复议工作。在机构调整建设中，有条件的地市应单独设立复查复议机构，如因目前工作量小将其归并到审理室的，也应指定申诉复查工作的具体负责人，专门承担此项工作，同时要实行原案件主审人员回避制度。

没有条件单设复查复议室，且不将复查复议工作归并在审理室的地区，建议考虑成立申诉复查工作组，由纪检监察机关的一名领导分管。申诉复查工作组人员采取分散集中的工作方式，平时没有复查任务时，可以在原部门工作，有任务时集中工作，机动灵活地受理和承办申诉复查案件。

另外，有条件的地方应在省级范围内建立复查复议人才库，有目标、有方向地探讨试行异地交叉复审、联片会审、公开听证等工作方式，在实际工作中解决审复不分等违反程序的问题。

运用法治思维培训提高复查复议工作人员的素质

申诉复查是一项政治性、政策性和业务性都很强的工作，要求申诉复查干部综合素质要高，要具备一定的政策理论水平和业务工作能力。各级纪检监察机关应运用法治思维，培训提高复查复议干部的综合素质，提高依法办案的工作能力。

组织申诉复查人员认真学习《控告申诉工作条例》《监察机关处理不服行政处分申诉的办法》以及相关法律法规和政策，提高申诉复查干部的政策理论水平和综合素质。

集中组织申诉复查人员广泛开展业务培训，通过强化各类业务培训，增强综合分析、判断问题和依法办事的工作能力，提高应对和处置复杂疑难申诉案件的综合能力。

加强对各地受理的典型申诉复查案件的研讨、分析和交流活动，把握不同时期申诉人员的申诉特点和规律，熟悉、了解和掌握申诉时间跨度大、情况复杂、工作难度大的申诉案件办理的方式和方法。

运用法治思维完善复查复议工作制度和机制

用法治思维思考复查复议工作的制度和机制建设，是进一步推动复查复议工作实现制度化、法律化、程序化、规范化的重要前提。

要加强党纪政纪申诉复查工作的顶层设计，使申诉复查工作有法可依。省级纪委复查复议室应收集、整理和提取那些零散在国家各种法律、党纪政纪法规中申诉复查方面的有关规定，结合本省出台办理党纪、政纪申诉案件工作程序的相关暂行规定等法规性文件，配附当地办理申诉复查案件的典型案例，编撰成书，同时制作标准申诉复查模拟案卷与文书，从法律角度规范指导申诉复查工作。

要建立各类相关工作制度，完善协调机制。沟通主动，省级纪委应与省政府法制办、省高级人民法院、各地市中级人民法院建立行政复议和行政应诉工作联系制度，及时获得涉及监察机关行政复议和行政诉讼的信息，增强工作主动性。工作联动，与案件管理室、信访室、案件审理室等部门建立信息共享制度，及时掌握行政复议方面的信息和来信来访中涉及的行政复议事项，畅通渠道，形成互相支持、互相配合的局面。机制传动，探索建立省级申诉复查协调机制，成立复查复议工作领导小组，建立申诉复查人才库并构建使用机制，研究探索建立公开答复、公开听证等制度，提高和增强申诉复查案件处理的透明度。如：基层受理的复查申诉案件，按照制度规定，先由基层单位申报，再由上级申诉复查工作领导小组调配人才库人员到申报单位办理申诉复查疑难案件。

(作者：黑龙江省纪委复查复议室副主任 华玉清)

 **思考题**

根据材料，分析如何提高申诉复查工作的水平？

第八章

申诉案件的办理程序

第一节　党纪申诉案件的办理程序

一、党纪申诉案件审理程序的概念

党纪申诉案件的审理程序，是指纪检机关依照《党章》及其他党内法规的规定，对不服党纪处分决定或审查结论的申诉进行全面审查并作出相应决定的工作程序。

《党章》规定，党员有权向党的上级组织直至中央提出请示、申诉和控告，并要求有关组织给以负责的答复。《党章》还规定，如果本人对处分决定不服，可以提出申诉，有关党组织必须负责办理或者迅速转递，不得扣压。纪检机关是党内的监督机关，也是党内的执纪机关，其主要任务之一就是对违纪的党组织或党员执行纪律。受理申诉也是纪检机关的重要任务之一。案件审理部门作为纪检机关内部的职能部门，承担着受理申诉的任务。《案件审理工作条例》、《控告申诉工作条例》和《审理工作程序规定》不仅规定了受理申诉是纪检机关的重要任务之一，还对受理党纪申诉案件的具体程序，作了明确规定。这些条例和规定，既是审理申诉案件的依据，也是审理申诉案件的规范，必须遵照执行。

二、申诉的受理

党纪申诉案件的受理是指纪检监察机关申诉复查工作部门接到申诉材料后，根据有关规定进行初步审核，认为符合受理条件的，按程序报批予以受理的工作程序。

1. 申诉的提起。申诉的提起主要来自以下几个方面：

（1）受处分党员本人的申诉（本人丧失行为能力或者死亡的，可以由夫、妻、父、母、子、女代为提出）

按照《党章》的规定，受处分党员如果对处分决定或审查结论不服，可以向党组织、纪检机关直至中央提出申诉。这是提起案件复议、复查最大量的也是最主要的来源。

（2）受处分党员的亲属和其他人员提出的申诉和意见

受处分党员的亲属和其他人员，包括其他党员在内，认为处分决定或结论不符合实际情况，可以向党组织、纪检机关提出意见，要求对案件复议、复查。这里所说的其他人员，主要是指受处分党员的同事。

（3）机关、团体、企事业单位及人民群众的来信

任何机关、团体、企事业单位及各界群众，发现已经生效的处分决定有错误，有权向党组织和纪检机关提出意见，要求予以复议复查和纠正。

（4）各级人大代表或政协委员提出的有关案件的议案

各级人民代表大会代表和政协委员，在视察工作或调查研究过程中，认为处分决定有错误时，根据规定程序提出的议案，也是提起案件复议、复查的来源。

（5）党组织、纪检机关或有关领导认为已处理的案件有错误并有必要提起复议、复查的

如上级纪检机关对下级纪检机关进行案件质量检查、业务指导过程中，或本级纪检机关内部对已经处理过的案件主动进行定期或不定期的检查时，发现案件中存在错误而提起复议、复查。由于某些特殊原因，纪检机关也会对某一历史时期的案件主动进行全面审查，比如 1979 年纪检机关恢复后，中央、中央纪委及各级党委、纪委对历史遗留案件进行的全面审查。

有了提起案件复议、复查的材料，并不等于必须进行复议、复查。对申诉是否进行复议、复查，要看这些材料是否符合复议、复查的受理条件，由有关纪检机关作出决定。

2. 受理的范围。审理部门接到申诉材料或案件材料后，首先要对材料进行初步审核，看其是否符合受理条件。符合受理条件和要求的，即应受理并转入审理。申诉案件的受理条件如下：

根据中央纪委《审理工作程序规定》和《控告申诉工作条例》，对党组

织或党员的申诉，一般由原来决定或批准处分的党委或纪委受理，进行复议或复查。如果原办案单位已撤销的，由现在的相当于原决定或批准处分的一级党委或纪委复议、复查。必要时，上级纪委可以直接进行复议、复查，也可以责成有关党委、纪委复议、复查。

申诉复查工作部门受理申诉案件的具体范围如下：

（1）同级党委、本级纪委批准或作出处分决定的案件中受处分党员、党组织对处分决定或结论不服的申诉。

（2）上级党委、纪委批准的案件中受处分党员、党组织对处分决定或结论不服提出的申诉。

（3）下级党委、纪委批准的案件中经下级党委、纪委复议、复查后申诉人对复议、复查结论仍不服，下级党委、纪委呈报请求审查决定的案件。

（4）下级党委、纪委呈报审批的申诉案件。这是指原由下级党委、纪委作出处分决定经本级党委、纪委批准的案件中，受处分党员或党组织对处分决定或结论不服提出申诉，经下级党委、纪委复议、复查并作出复议、复查结论，报本级党委、本级纪委批准的案件。

（5）下级纪委对同级党委处理案件的决定有不同意见，请求上级纪委予以复议或复查的案件。

（6）本级纪委领导同志或上级党组织交办的案件。

3. 受理的一般条件。

（1）申诉应当由本人提出。本人丧失行为能力或者死亡的，可以由夫、妻、父、母、子、女代为提出。

（2）应当提交申诉书，申诉书应当载明申诉人的基本情况（包括：姓名、性别、民族、出生年月、籍贯、参加工作时间和入党时间、工作单位和职务职级等）、通信地址、联系方式和申诉的事项、理由、要求及提出申诉的日期等内容。

（3）提交原党纪处分决定和相关处理决定、复议决定、复查决定等材料的复制件。夫、妻、父、母、子、女代为提出申诉的，还应同时提交与申诉人关系的证明材料。

4. 对下级党委、纪委呈报的申诉案件的材料要求。下级党委、纪委呈报审批或审查决定的申诉案件，应报送下列材料：

（1）呈报审批或审查决定的请示；

（2）复议或复查报告及主要证据材料；

（3）复议或复查决定；

（4）有关党组织的意见；

（5）申诉人对复议、复查决定的意见及有关组织对申诉人意见的说明；

（6）原处分决定、原调查报告及主要证据材料；

（7）受处分党员的申诉。

5. 申诉材料的处理。各级纪检机关对收到的申诉材料，应及时办理，不得延误，经初步审核后，根据不同情况，作如下处理：

（1）对应由本级处理的申诉，符合受理条件的，呈报领导批准后予以受理，并按照党的纪检机关执纪审理工作的有关规定进行复议、复查。

（2）对应由上级处理的申诉，应迅速报告上级处理；对应由下级处理的申诉，迅速转交下级处理；所反映问题不属于纪检机关受理范围的，转有关部门处理。

（3）申诉材料或呈报审批或审查决定的申诉案件材料不齐全的，可请申诉人或原报案单位补报材料。

（4）对于不需要进行复议、复查的，要向申诉人说明情况，做好工作。对申诉的问题已经得到正确处理，而本人拒不接受，仍无理纠缠，影响工作秩序的，应当进行批评教育；对无正当理由反复申诉的，有关党组织应当正式通知本人不再受理并在适当范围内宣布；对不听劝告、屡教不改的，可请公安部门协助处理。

三、申诉案件的审理

1. 审理的方式。申诉案件的审理方式主要有两种：复议和复查。应根据案件的具体情况，决定采用不同的方式。

（1）复议。复议，是指在审理申诉案件时，根据申诉人的申诉，只就案卷材料包括原案卷材料、下级党委、纪委报送的复议、复查案卷材料及申诉人的申诉材料进行阅卷审查，从而得出结论性意见的工作方式。

复议的方式不需重新调查取证，节省人力和物力，可以使案件及时得到处理，较为常用。但是，这种审理方式只是就书面材料进行审理，因而有一定的局限性。在实践中，复议方式主要适用于以下几种案件：①事实清楚，证据确凿，申诉人只对定性、处分提出不同意见的案件。②申诉人虽然对错误事实提出不同意见，但案卷材料齐全，能够解决申诉人所提出的问题，审理部门可以得出结论性意见的案件。③其他只需要审查案卷材料就能解决问题的案件。

（2）复查。复查，是指在审理申诉案件时需要对原案中存在的问题重新进行调查取证的活动。

通过对案卷材料中存在的问题进行补充调查，有利于弄清事实真相。但是，这种审理方式需花费人力、物力，所需时间也比较长。在实践中，对于事实不清、证据不足需要调查补证而又不适宜或不需要退回原办案单位的案件，适用复查的审理方式。

需要说明的是，对复议和复查的定义，现有法规没有作出明确规定。

2. 审理程序

（1）指定承办人。审理部门在受理申诉后，首先要指定承办人。一般案件由 2 人承办。重要、复杂的案件由 2 人以上的审议组承办，其中 1 人主办。指定承办人时，应注意不要指定原承办本案的人员，而要指定其他人承办，避免办案人员先入为主或者出于其他个人考虑而影响到对案件的公正处理。

（2）调卷阅卷。承办人受理申诉后，不论是采用复议还是复查的审理方式，都应首先从原办案单位调入原案卷材料进行阅卷。阅卷的方法和审理违纪案件的阅卷方法基本相同。但应特别注意要将原处分决定和复议、复查决定相对照，原调查报告和复议、复查报告相对照，原证据和复查时新取的证据相对照。然后进行综合、分析、判断，看原处分决定或结论中所认定的事实是否存在，原案中的证据是否确实、充分，有无变化。如有，则要看证据的变化是否有道理，其变化是在主要事实、关键情节上发生了变化，还是在细枝末节上发生了变化，这种变化是由什么引起的。工作中要防止因证据发生了一点变化就全盘否定原认定的事实，也要防止在证据不确实、不充分的情况下坚持原认定的事实不改，同时还要看原处分或原结论是否恰当。

（3）补充调查。补充调查不是申诉复查工作的一个必经程序，经过阅卷，事实清楚、证据确实充分，根据分析证据情况可以认定申诉人的申诉理由不能成立的，就没有必要进行补充调查。如发现事实不清、证据不足的，应进行补充调查。在调查违纪案件中所采用的手段和措施，在补充调查时都可采用。承办人在阅卷和补充调查的基础上，提出承办人的意见，提请审理部门集体审议。

（4）集体审议。目前，各地申诉复查工作职能部门的组成形式比较多，有的成立单独的申诉复查室，有的仍放在审理室，还有的放在法规室、信访室等。在集体审议时有的成立申诉复查协调小组，有的由室（处、科）务会议集体对案件进行审查，提出意见。承办人根据集体审议的意见，写出复议或复查报告，提请纪委常委会议讨论决定。

（5）申诉谈话。申诉谈话是申诉复查工作的一种方式、手段，并不是所有的申诉案件都要进行谈话。通过申诉谈话，可以与申诉人就案件的事实、证据、手续、程序、情节等方面进行沟通，有利于做好申诉人的思想工作，促使其认识错误，更好地工作。对拒不承认错误、坚持错误认识的，要进行严肃批评教育。

3. 重点审核的内容。复议、复查党纪申诉案件应当按照党的纪检机关执纪审理工作的有关规定办理。要注意审阅原处理案卷材料，对照原处分决定和证据，审核改变处理的依据是否充分。如果原证据和复查时取得的证据有矛盾，应认真鉴别。实践中，复议、复查申诉案件必须调阅原案的全部材料，进行全面审查，应重点查明：

（1）事实是否清楚，证据是否确实充分。

（2）适用法规、规定和定性是否准确。

（3）处理是否恰当。

（4）手续是否完备，程序是否符合规定。

（5）其他需要查清的事项。

四、申诉案件的批准

《控告申诉工作条例》规定：经过复议、复查，如果原结论或处理决定是正确的，应作出维持原结论或处理的决定，并报原批准的党的委员会或纪律检查委员会批准结案；需要改变原结论或处理决定的，应作出新的处理决定，并经原批准的党的委员会或纪律检查委员会批准执行。如果复议、复查结论和决定是由原批准的党的委员会或纪律检查委员会作出的，则不必办理上述批准手续。根据上述规定和其他党内有关条规的规定，申诉案件的批准有下列情况：

1. 复议、复查的结论或决定，要报原批准处分的党委或纪委审批。按照组织原则，只有原批准机关自己作出改变本身作出的决定才有效，其下级组织或者其他平等组织等无权改变原批准机关作出的决定。此外，原批准机关熟悉原来的处理情况，可以全面地、历史地分析研究案件情况，作出恰当的判断。

2. 如果复议、复查的结论或决定是原批准处分的党委或纪委作出的，则不必办理批准手续。

3. "文化大革命"前，经中央或中央监委批准处理的案件，经过复议、复查需要改变原结论或处分的，报中央纪委审批，由中央纪委报中央备案；原经中央局批准处理的案件，由有关省、自治区、直辖市党委、纪委审批，报中央纪委备案。各地区、各部门处理的，按各地区、各部门的有关规定办理。

五、申诉案件的决定和执行

（一）作出处理决定

根据现有规定，结合办理党纪申诉案件实践，党纪申诉案件经复议、复查后，应分别作出相应处理。

1. 维持。认为原党纪处理决定具备下列条件的，应当维持原处理决定：

（1）事实清楚，证据确实充分；

（2）适用法规、规定和定性准确；

（3）处理恰当；

（4）程序合法。

2. 变更。有下列情形之一的，应当变更原处理决定，或者责令原处理决定机关变更处理决定：

（1）认定的事实不清楚；

（2）适用法规规定和定性不准确；

（3）处理明显不当。

3. 撤销。有下列情形之一的，应当撤销原处理决定，重新作出决定或者责令原处理决定机关重新作出决定：

（1）认定的事实不存在；

（2）认定的事实不清，证据不足；

（3）违反法定程序，影响案件公正处理。

（二）执行

申诉案件经纪委常委会议讨论决定后，申诉复查工作部门根据常委会议的意见，办理以下手续：

1. 由本级纪委批复的案件，由申诉复查工作部门起草批复，报本级纪委领导签发。

2. 本级纪委直接作出复议、复查决定的，申诉复查工作部门起草复议或复查决定，报本级纪委领导签发。复议、复查决定书应载明下列内容：

（1）申诉人的基本情况；

（2）原案处理情况或复议情况；

（3）申诉的事项、理由及要求；

（4）经复议、复查认定的事实、定性及适用的法规依据；

（5）复议、复查结论；

（6）告知申诉人的申诉权利、途径及时限；

（7）复议、复查决定机关的名称和决定日期，加盖公章；

（8）其他需要载明的内容。

3. 需要报同级党委、上级党委、纪委批准的，由申诉复查工作部门起草请示，经本级纪委领导签发后，连同有关材料报同级党委、上级党委、纪委审批。

4. 需要向同级党委、上级党委、纪委备案的，申诉复查工作部门起草备案报告，经本级纪委领导签发后，办理备案手续。

5. 需要抄送有关组织、人事部门的，由申诉复查工作部门按照干部管理权限负责将有关材料抄送有关组织、人事部门，并由组织、人事部门办理有关手续。

6. 复议、复查的结论或决定应和申诉人见面，听取本人意见，复议、复查结论或决定以及批复应交给申诉人一份。

六、审查决定

审查决定，是指申诉人对复议、复查结论仍然不服，由批准的党委或纪委，将申诉人的意见及复议、复查的结论和有关材料，一并报上一级纪委，由上一级纪委对复议、复查结论进行再审查并作出相应的结论。根据党章和《控告申诉工作条例》规定：

1. 申诉人对复议、复查结论或决定仍不服的，根据《党章》的规定，可以继续提出申诉。

2. 对申诉人的申诉，由批准复议、复查结论的党委或纪委将申诉人的申诉及复议、复查结论和有关材料报上一级党委或纪委审查决定。

3. 申诉复查工作部门在收到呈报审查决定的申诉材料后，要按照"二十四字"办案要求，对案卷材料进行认真的审核，审核主要采用复议的方式。如认为事实不清、证据不足，可以直接进行补充调查或提出问题请原报案单位进行补充调查。具体程序可以参照复议、复查申诉案件的程序。

4. 承办人将审核意见提交申诉复查工作部门集体审议后，根据集体审议的意见，写出复议或复查报告，提请纪委常委会议讨论决定。经纪委常委会议对呈报审查的案件讨论通过后，作出维持、变更、撤销或责令下级变更、撤销等决定。根据有关规定，本级纪委拟变更或撤销的下级纪委所作的复议、复查决定，如果是经过它的同级党委同意的，那么这种改变或撤销也要经过该级党委同意。审查决定也应给申诉人本人一份。

5. 按照《党章》和《控告申诉工作条例》的规定，审查决定并不是最终决定，申诉人对审查决定仍不服的，可以继续提出申诉。申诉人再次提出申诉的，如果在其申诉中没有提出新的事实和理由，一般情况下，审理部门可不再受理。但是，如果申诉中提出新的事实和理由并足以影响案件定性和处理的，或者发现原处理的案件中仍有错误的，即使申诉案件已经过上级党委、纪委审查并作出决定的，仍应复议、复查。

第二节　政务申诉案件的审理程序

政务申诉案件审理程序，是指监察对象对政务处分决定或政务处分的复审（复查）决定不服，提出申诉，监察机关依据有关规定进行复审（复查）或复核并作出相应决定的活动。包括复审（复查）程序和复核程序。

按照《公职人员政务处分暂行规定》《监察法》中有关申诉复查工作的规定，变更、撤销政务处分的情形和法律后果，根据受处分公职人员的具体身份，依照或参照《公务员处分条例》《事业单位工作人员处分暂行规定》等规定执行。在此，我们以行政申诉案件的审理程序为例，以供参考。

一、复审（复查）程序

复审程序，是指监察对象对监察机关的政务处分决定不服，在法定期限内，向监察机关提出申诉，监察机关依据有关规定，对原处分决定重新进行审查并作出复审决定的工作程序。

复查程序，是指国家行政机关公务员和国家行政机关任命的其他人员对主管行政机关作出的政务处分决定或政务处分的复核决定不服，向监察机关提出申诉，监察机关在法定期限内对原处分决定重新进行审查并作出复查决定的工作程序。因复查程序和复审程序基本相同，故不再单独论述。

（一）受理

政务申诉案件的受理，是指监察机关收到申诉书后，由负责申诉复查工作的部门对申诉书进行初步审查，提出受理意见报监察机关领导批准决定受理的活动。

1. 受理的条件。监察机关受理申诉应符合下列条件：

（1）申诉应由受处分人提出。申诉应当由受到政务处分的监察对象本人提起。若受处分人丧失行为能力或者死亡的，可以由其近亲属代为提起。近亲属代为提起申诉时，应说明与申诉人的关系。

（2）申诉人应提出具体的申诉请求和事实。申诉请求是指申诉人在申诉书中提出的要求，如要求撤销原处分，或者虽然承认错误事实，但认为处分太重，等等。在提出申诉请求的同时，申诉人还要提出支持自己请求的事实根据。这里所称的事实根据，既包括案件事实依据，也包括证据依据，还包括法律、政策依据。如证明自己的错误事实不存在的证据，处分决定适用的法律、法规、条规不当，等等。

（3）申诉人应提交申诉书。申诉人向监察机关提出不服政务处分申诉时，应提交申诉书。采取书面形式申诉，不仅有利于申诉人全面、准确、详细地表达自己的请求及目的，阐述申诉复审、复核的事由和根据，也有利于复审、复核机关准确了解有关情况，及时进行审查判断。

申请人提交申诉书时，要附原政务处分决定书复制件。申诉书应当载明下列内容：①申诉人的基本情况，具体包括申诉人的姓名、性别、年龄、职业、住址等。②作出政务处分决定的机关名称。③申诉的请求和理由。这一部分是申诉书的主要内容，应写明请求的具体内容和申请复审的理由。④提出申诉的日期。

（4）有明确的作出政务处分决定的机关。作出政务处分决定的机关，是指对该申诉人作出政务处分决定的监察机关、政府或行政主管部门。应注意的是，上述机关或部门的工作人员不能成为申诉人申诉的对象。如果申诉人认为某工作人员在办案中有弄虚作假、打击迫害等行为，可以向有关部门控告，由有关部门进行处理。

（5）符合受理范围的要求。监察机关负责申诉复查工作的部门只能受理本级监察机关管辖范围内的申诉案件。根据《监察机关处理不服行政处分申诉的办法》第 6 ~ 12 条的规定，各级监察机关对申诉案件的管辖范围如下：①监察部受理下列不服行政处分的申诉案件：不服监察部行政处分决定的；不服省、自治区、直辖市监察厅（局）和监察部派出监察机构行政处分复审决定的；不服国务院各部门行政处分决定的；不服省、自治区、直辖市人民政府行政处分决定的。②省、自治区、直辖市监察厅（局）受理下列不服行政处分的申诉案件：不服本厅（局）行政处分决定的；不服下一级监察机关和本厅（局）派出监察机构行政处分复审决定的；不服本级人民政府各部门行政处分决定的；不服自治州、设区的市、直辖市辖区（县）人民政府行政处分决定的。③自治州、设区的市的监察局受理下列不服行政处分的申诉案件：不服本局行政处分决定的；不服下一级监察机关和本局派出监察机构行政处分复审决定的；不服本级人民政府各部门行政处分决定的；不服县、自治县、不设区的市、市辖区人民政府行政处分决定的。④县、自治县、不设区的市、市辖区的监察局受理下列不服行政处分的申诉案件：不服本局行政处分决定的；不服本级人民政府各部门行政处分决定的；不服乡、民族乡、镇人民政府行政处分决定的。⑤监察机关的派出监察机构受理下列不服行政处分的申诉案件：不服本派出监察机构政纪处分决定的；不服与派驻部门有垂直领导关系的下级行政部门行政处分决定的；不服与派驻部门有垂直领导关系的下级行政部门的监察机构的行政处分复审决定的。

此外，监察机关还可以受理由上级领导机关交办的不服行政处分的申诉案件和认为需要由本机关办理的其他不服行政处分的申诉案件。

（6）在法定申诉期限内。提起复审的申请，必须有严格的时间限制。根据《监察法》的规定，监察对象对政务处分决定不服的，在收到政务处分决定之日起一个月内向监察机关申请复审。这种时间上的限制，就是复审申请权的时效。规定申请时效，主要基于以下两方面考虑：一方面，受处分人如果认为监察机关、主管行政部门、政府的惩处行为侵犯了自己的合法权益，要通过复审得到补救，就应及时提出申请，否则时间太长就会使监察机关、主管行政机关、政府的管理活动长期处于不稳定状态，就会影响正常的管理秩序；另一方面，时间拖得太长，也会因时过境迁等因素的变化，影响复审的正确性和及时性。

2. 受理前的审查。《监察机关处理不服行政处分申诉的办法》监察机关受理申诉案件的程序作出了明确规定。

（1）受理审查的期限为自收到申诉书次日起15日内应作出是否受理的决定。

（2）审查的主要内容：复审申请是否属于本部门的受理范围；是否在法定期限内提出；申诉书的内容是否符合有关规定。

（3）根据审查结果，分别作出以下处理：①属于本部门受理范围，申诉书符合要求，并在法定期限内提出的申诉，应予受理，并以书面或口头方式告知申诉人。②虽属本部门受理并符合申诉期限，但申诉书未按《监察机关处理不服行政处分申诉的办法》第15条的规定载明有关内容且不予补正就无法进行复审的，应把申诉书发还申诉人，提出补正意见，限期补正。过期不补正的，视为放弃复审申请。至于要求申诉人补正的时间，不宜超过法定申请复审的时间。③经审查，对不属于本级监察机关管辖的申诉案件，移送有权处理的监察机关或者其他有关机关、单位，并告知申诉人。④对不予受理的申诉，要向申诉人说明理由。

3. 对政务处分不服提出申诉的时限规定。国家行政机关公务员和国家行政机关任命的其他人员对主管行政机关作出的处分决定不服的，可以自收到处分决定之日起30日内向监察机关提出申诉，监察机关应当自收到申诉之日起30日内作出复查决定；对复查决定仍不服的，可以自收到复查决定之日起30日内向上一级监察机关申请复核。

对监察决定不服的，可以自收到监察决定之日起30日内向作出决定的监察机关申请复审，监察机关应当自收到复审申请之日起30日内作出复审决定；对复审决定仍不服的，可以自收到复审决定之日起30日内向上一级监察机关申请复核。

关于超过规定的期限而提起的申诉是否受理的问题。规定申诉期限的意义在于督促申诉人及时行使申诉权，以维护正常的行政秩序和监察工作秩序。因此，对超过规定期限而提出申诉的，原则上不予受理，可由监察机关的信访部门按规定予以处理。为便于申诉人及时行使申诉权，保障申诉人的合法权益，监察机关应在处分决定上写明申诉的期限。

（二）审理

1. 审理方式。复审申诉案件，主要采用三种方式：书面审理、直接调查核实、与原办案部门共同调查核实。具体采用哪一种方式，应根据具体案件的情况来决定。书面审理适用于案卷材料比较齐全的案件。直接调查核实或与原办案单位共同调查核实，适用于原案材料不齐全、证据不足或案卷材料不能回答申诉人所提出的问题的案件。对需要进一步调查核实的，应当确定需要调查核实的主要问题，拟制调查核实方案，报部门和监察机关领导同意后，按规定程序进行。必要时，可以根据有关规定使用调查政纪案件的措施和手段。

2. 复审期限。复审期限指负责申诉复查工作的部门从收到申诉之日起到作出复审决定之日止所需的时间。根据《监察法》第49条的规定，监察对象对监察机关作出的涉及本人的处理决定不服的，可以在收到处理决定之日起1个月内，向作出决定的监察机关申请复审。复审机关应该在1个月内作出复审决定。规定反映出提起复审的主体只能是本人，同时还有期限的约束。

3. 指定承办人。负责申诉复查工作的部门受理复审申请后，应当指定原承办本案以外的人员办理。一般案件，由2人承办；重要、复杂的案件，由2人以上承办。

4. 阅卷。负责申诉复查工作的部门应从原办案单位调取原案卷材料，进行阅卷。阅卷时，要弄清申诉人的自然情况和原处分的情况，包括作出处分决定的单位、原处分的时间、处分所依据的事实、是否有领导同志的重要批示等。重点审查原处分所依据的事实是否清楚；证据是否确实、充分；定性是否准确；政务处分是否恰当；是否符合规定的办案程序以及其他需要弄清的问题。

承办人在阅卷过程中，应当制作阅卷笔录。

5. 补充调查。承办人在阅卷过程中如发现事实不清、证据不足的，应进行补充调查。补充调查可以由负责申诉复查工作的部门单独进行，也可以和原办案部门共同进行调查。调查的具体程序、方法及手段与审理违纪案件补充调查的程序、方法及手段相同。

承办人在阅卷及补充调查的基础上，提出承办人的意见，提请负责申诉复查工作的部门集体审议。

6. 集体审议。先由承办人汇报办理申诉案件的情况、承办人的意见及理由。与会成员集体讨论后，提出部门意见。承办人根据集体审议的意见，制作复审报告，提交监察机关领导办公会议讨论决定。

（三）批准

1. 认为原处分决定事实清楚，证据确实充分，适用法律、法规、政策正确，定性准确，处分恰当的，作出维持的决定。

2. 认为原处分决定适用法律、法规、政策不当，定性不准确或者处分明显不当，应予变更的案件，如果原处分是监察机关或者主管部门作出的，决定变更；如果原处分是经本级人民政府同意的，变更处分的决定应报本级政府同意；如果原处分决定是下一级人民政府作出的，建议该人民政府予以变更，或者由监察机关报经本级人民政府或者上一级监察机关同意后直接予以变更。

3. 原认定的违纪违法事实不存在的，或者原认定事实不清、证据不足的，或者违反法定程序，影响案件公正处理，应予撤销原处分的，如果原处分是由监察机关或主管部门作出的，即决定撤销；如果原处分是经本级人民政府同意的，撤销决定应报本级政府同意；若原处分是由下一级人民政府作出的，建议该人民政府予以撤销，或者由监察机关报经本级人民政府或者上一级监察机关同意后直接予以撤销。其中属于原认定事实不清、证据不足或者违反法定程序、影响案件公正处理的，由原决定机关重新审理。

（四）决定和执行

负责申诉复查工作的部门在接到监察机关领导办公会对案件的处理意见后，负责办理下列手续：

1. 对于向下一级人民政府提出变更或撤销处分建议的，申诉复查工作部门负责起草监察建议书，经监察机关负责人签发。

2. 向同级人民政府、上级监察机关提出变更或撤销处分请示的，由申诉复查工作部门负责起草请示，由监察机关负责人签报。

3. 对申诉案件作出维持、变更或撤销原处分决定的，申诉复查工作部门负责起草复审决定书，经监察机关负责人签发后，送达申诉人和原作出政务处分决定的机关。

（五）复审决定书的送达

送达是指复审机关依照法定程序将复审决定书交给申诉人和原作出行政处分决定的机关的一种法律行为。《监察机关处理不服行政处分申诉的办法》第29条规定："复审或者复核决定书由监察机关直接送达申诉人和原作出行政处分决定或者复审决定的机关，也可以留置送达、邮寄送达，或者委托其他监察机关、主管部门代为送达。"

送达复审决定书，必须有送达回证，由受送达人在送达回证上记明收到日期、签名或者盖章。受送达人在送达回证上的签收日期为送达日期。邮寄送达，以挂号回执上注明的收件日期为送达日期。

二、复核程序

申诉案件的复核程序，是指监察对象对监察机关复审（复查）决定不服，在法定期限内，向作出复审（复查）决定的上一级监察机关提出申诉，上一级监察机关依据国家有关法律、法规、政策的规定，对复审（复查）决定重新进行审查并作出相应决定的工作程序。

复核是对复审（复查）案件进行全面再审查，查明复审（复查）决定中所认定的案件事实是否清楚，证据是否确实、充分，适用法律、法规和政策是否正确，程序是否合法，处理是否恰当，从而维护正确的决定，纠正错误的决定，使案件得到正确的处理。

（一）受理

受理不服复审（复查）决定的申诉，应符合下列条件：

1. 申诉应由受政务处分的监察对象本人提起，也可以由其近亲属代为提起。

2. 下一级监察机关已作出复审（复查）决定。

3. 有具体的申诉理由和事实根据。

4. 申诉人应提交书面申诉书，并附有复审决定书的复制件。

5. 在法定的提起复核的申诉期限内，根据《监察法》的规定，监察对象对政务处分复审决定仍不服的，可以在收到复审决定之日起 30 日内向作出复审决定的上一级监察机关申请复核。

6. 符合受理范围的要求。根据《行政监察法实施条例》《监察机关处理不服行政处分申诉的办法》，各级监察机关受理复核案件的范围如下：

（1）监察部受理不服省、自治区、直辖市监察厅（局、委）和监察部派出机构复审（复查）决定的申诉。

（2）省、自治区、直辖市监察厅（局、委）受理不服下一级监察机关和本监察厅（局、委）派出机构复审（复查）决定的申诉。

（3）自治州、设区的市的监察局受理不服下一级监察机关和本监察局派出机关复审（复查）决定的申诉。

（4）监察机关派出机构受理不服派驻部门有垂直领导关系的下级行政部门的监察机关的复审（复查）决定的申诉。

（二）审理

审理复核案件的程序和方法，参照审理复审案件的规定进行，也需经过指定承办人、阅卷、补充调查、集体审议等程序。最后，根据集体审议意见，制作复核报告，提请监察机关领导办公会讨论审定。

（三）批准

复核案件的批准程序和权限，参照复审案件的批准程序和权限的规定办理。经监察机关领导办公会议讨论，对复审决定作出维持、变更或撤销的决定。

（四）决定和执行

申诉复查工作部门在接到监察机关领导办公会议的处理意见后，办理以下手续：

1. 需向同级人民政府和上级监察机关请示的，由申诉复查工作部门负责起草请示，并办理请示的手续。

2. 对复审决定作出维持、变更或撤销决定的，申诉复查工作部门负责起草复核决定书，经监察机关负责人签发后，送达申诉人和作出复审决定的机关。复核决定书的内容、形式和送达的方式，参照复审决定书的规定执行。

（五）复核的期限

根据《监察法》和《监察机关处理不服行政处分申诉的办法》的规定，对不服行政处分复审决定的复核申请，可以在收到复核决定之日起 1 个月内，向上级监察机关申请复核，上级监察机关应当自收到复核申请之日起 2 个月内作出复核决定。

（六）上一级监察机关的复核决定是最终决定

受政务处分的监察对象对复核决定不服的申诉，申诉复查工作部门可以不再受理。监察部是最高监察机关，监察部的复审决定为最终决定。

📚✍ **思考题**

1. 党纪申诉案件的受理范围有哪些？

2. 监察对象不服主管行政机关处分决定，向同级监察机关提出申诉，监察机关应如何办理？

第一节　党纪申诉案件的批准权限

一、党纪申诉案件批准权限的概念和意义

（一）批准权限的概念

党纪申诉案件的批准权，是指各级党的委员会和纪律检查委员会批准维持或者变更、撤销原给予的党纪处分的权力。党纪申诉案件的批准权限，是指各级党的委员会和纪律检查委员会在批准维持或者变更、撤销原给予党员、党组织党纪处分方面的职权范围。这种批准权限的划分，主要是根据党纪处分的批准权限来划分的。

（二）划分批准权限的意义

正确划分党纪申诉案件的批准权限，有利于及时处理党员、党组织不服党纪处分或者其他处理决定的申诉，切实保障他们的民主权利。批准权限首先明确了对党员、党组织不服党纪处分或者其他处理决定由哪一级党委、纪委负责办理的问题，其次明确划分了各级党委、纪委批准维持或者变更、撤销原处分的职权范围。各级党委、纪委按照批准权限的分工，各司其职，有利于申诉案件得到及时、负责、恰当的处理。更为重要的是，划分批准权限，有利于党员的民主权利得到保障。《党章》明确规定，党员对于党组织给予本人的处分不服，可以向党上级组织直至中央提出申诉。如果不划分批准权利，就会因分工不明确导致党组织之间相互推诿，使得党员虽然有向党的上级组织直至中央提出申诉的权利，但这项权利得不到落实或者不能得到及时落实。因此，划分党纪申诉案件的批准权限，有利于党员的申诉权得到实现，党员

的民主权利得到切实保障。

二、党纪申诉案件批准权限的具体规定

《党章》规定，党员对于党组织给予本人的处分不服，可以提出申诉，有关党组织必须负责处理或者迅速转递，不得扣押。

(一) 一般批准程序

《控告申诉工作条例》规定：对申诉案件经过复议、复查，如果原结论或处理决定是正确的，应作出维持原结论或处理的决定，并报原批准的党的委员会或纪律检查委员会批准结案；需要改变原结论或处理决定的，应作出新的处理决定，并经原批准的党的委员会或纪律检查委员会批准执行。如果复议、复查结论或决定是由原批准的党的委员会或纪律检查委员会作出的，则不必办理上述批准手续。根据上述规定，对党员的申诉，一般情况下，由原来批准或作出处分决定的党组织进行复议或复查。经过复议、复查，作出维持、改变或撤销原处分或结论的决定，报原来批准给予处分的党委或纪委批准。按照组织原则，只有原批准机关自己作出改变本身作出的决定才有效，其下级组织或者其他平等组织等无权改变原批准机关作出的决定。此外，原批准机关熟悉原来的处理情况，可以全面、历史地分析研究案件情况，作出恰当的判断。如果原批准机关的上级组织，认为原批准机关不能作出正确的复查结论或决定，有权直接作出改变原处分的决定。

《控告申诉工作条例》规定：申诉人如果对复议、复查结论仍然不服，由批准的党的委员会或纪律检查委员会，将申诉人的意见及复议、复查的结论和有关材料，一并报上一级党的委员会或纪律检查委员会审查决定。据此，申诉人如果对复议、复查结论或决定不服的，可以继续提出申诉，批准复议、复查结论或决定的党委、纪委应将申诉人的意见、复议或者复查的结论或决定及有关材料一并报上一级党委或者纪委审查决定。

(二) 特殊批准程序

由于对违犯党纪案件的申诉没有规定申诉期限，受处分党员对各个历史时期党组织和纪检机关所给予的处分提出的申诉，都属于纪检机关的受理范围。实践中，有的单位撤销了，有的单位合并了，又设立了一些新的单位。针对这些情况，中央纪委规定了特殊的批准程序，主要有以下两种情况：

1. 对于申诉案件，如果原办案单位已经撤销或合并的，由申诉人现在所

在单位复议、复查，复议、复查的结论或决定，按照批准权限，由现在所在单位党组织或其上级党组织、纪检机关审批。必要时，可以由上级党组织、纪检机关直接复议、复查，作出决定。

2. 对于复议、复查历史遗留案件的批准权限，经中央同意，中央纪委规定：

（1）"文化大革命"前经中央、中央监委批准处理的案件，由原决定处理的机关或党员现在单位党组织进行复议或复查。经过复议、复查，需要改变原结论或处分决定的，报中央纪委批准，由中央纪委向中央备案。

（2）"文化大革命"前经中央局批准处理的案件，经原决定处分单位或党员现在所在单位党组织复议、复查，需要改变原结论和处分决定的，委托有关省、自治区、直辖市党委或纪委审批，报中央纪委备案。中央纪委批准改变处分后，应即向中央备案，如果中央发现改变原处分不当的，应及时予以纠正。

第二节　政纪申诉案件的批准权限

一、政纪申诉案件批准权限的概念和意义

政纪申诉案件的批准权限，是指根据法律、法规的规定，监察机关在办理监察对象不服人民政府、主管行政机关、监察机关所作政务处分决定的申诉时，批准维持、变更或者撤销原处分决定的权限范围。

正确划分政纪申诉案件的批准权限，有利于及时按照法律的规定，对监察对象不服政务处分提出的申诉及时进行办理，既维护当事人的合法权利，又促进监察机关依法行政、依法监察，提高行政效率，充分适应建设法治化政府的要求。

二、政纪申诉案件批准权限的具体规定

监察对象对政务处分不服的申诉，一般由作出处分决定的监察机关受理，进行复审，作出复审决定。对复审决定不服的，可以提请上一级监察机关进行复核，作出复核决定。根据《监察法》《监察机关处理不服行政处分申诉的办法》等规定，监察机关除对本级监察机关政务处分不服的申诉进行复审和

对下级监察机关或本级监察机关派出机构复审决定不服的申诉进行复核外，还负责对主管行政机关作出的政务处分不服的申诉进行复查。因作出处分决定或复审决定的单位和机关不同，政务处分的权限和程序也不同，监察机关复审（复查）、复核的权限和程序也不同。主要有以下几种情况：

1. 经过复审（复查）或复核，认为原处分决定或复审（复查）决定事实清楚，证据充分，定性准确，适用法律、法规、政策正确，处理恰当的，监察机关可直接作出维持原处分决定或复审决定的决定。

2. 经过复审（复查）或复核，认为原处分决定或复审（复查）决定违纪违法事实不存在，或事实不清、证据不足的，或适用法律、法规、政策不当，定性不准的，或违反法定程序、影响案件公正处理的，或处分明显不当，应予撤销或变更的，如果该处分决定或复审（复查）决定是由监察机关或主管部门作出的，监察机关可以直接撤销原处分决定或复审决定；如果该处分决定是由下级人民政府作出的，监察机关可以提出监察建议，由下级人民政府予以撤销。也可以由监察机关提出意见，经同级人民政府或上级监察机关同意后，由监察机关直接予以撤销或变更。

3. 如果原处分决定或复审（复查）决定是经过同级政府或上级监察机关同意的，复审（复查）意见或复核意见也应报同级政府或上级监察机关同意后，再下达复审（复查）决定或复核决定。

思考题

1. 划分党纪申诉案件批准权限的意义是什么？
2. 政纪申诉案件批准权限的具体规定有哪些？

附　录

《中国共产党纪律处分条例》

第一编 总 则

第一章 指导思想、原则和适用范围

第一条 为了维护党章和其他党内法规，严肃党的纪律，纯洁党的组织，保障党员民主权利，教育党员遵纪守法，维护党的团结统一，保证党的路线、方针、政策、决议和国家法律法规的贯彻执行，根据《中国共产党章程》，制定本条例。

第二条 党的纪律建设必须坚持以马克思列宁主义、毛泽东思想、邓小平理论、"三个代表"重要思想、科学发展观、习近平新时代中国特色社会主义思想为指导，坚持和加强党的全面领导，坚决维护习近平总书记党中央的核心、全党的核心地位，坚决维护党中央权威和集中统一领导，落实新时代党的建设总要求和全面从严治党战略部署，全面加强党的纪律建设。

第三条 党章是最根本的党内法规，是管党治党的总规矩。党的纪律是党的各级组织和全体党员必须遵守的行为规则。党组织和党员必须牢固树立政治意识、大局意识、核心意识、看齐意识，自觉遵守党章，严格执行和维护党的纪律，自觉接受党的纪律约束，模范遵守国家法律法规。

第四条 党的纪律处分工作应当坚持以下原则：

（一）坚持党要管党、全面从严治党。加强对党的各级组织和全体党员的教育、管理和监督，把纪律挺在前面，注重抓早抓小、防微杜渐。

（二）党纪面前一律平等。对违犯党纪的党组织和党员必须严肃、公正执行纪律，党内不允许有任何不受纪律约束的党组织和党员。

（三）实事求是。对党组织和党员违犯党纪的行为，应当以事实为依据，以党章、其他党内法规和国家法律法规为准绳，准确认定违纪性质，区别不同情况，恰当予以处理。

（四）民主集中制。实施党纪处分，应当按照规定程序经党组织集体讨论决定，不允许任何个人或者少数人擅自决定和批准。上级党组织对违犯党纪的党组织和党员作出的处理决定，下级党组织必须执行。

（五）惩前毖后、治病救人。处理违犯党纪的党组织和党员，应当实行惩戒与教育相结合，做到宽严相济。

第五条 运用监督执纪"四种形态"，经常开展批评和自我批评、约谈函询，让"红红脸、出出汗"成为常态；党纪轻处分、组织调整成为违纪处理的大多数；党纪重处分、重大职务调整的成为少数；严重违纪涉嫌违法立案审查的成为极少数。

第六条 本条例适用于违犯党纪应当受到党纪责任追究的党组织和党员。

第二章　违纪与纪律处分

第七条 党组织和党员违反党章和其他党内法规，违反国家法律法规，违反党和国家政策，违反社会主义道德，危害党、国家和人民利益的行为，依照规定应当给予纪律处理或者处分的，都必须受到追究。

重点查处党的十八大以来不收敛、不收手，问题线索反映集中、群众反映强烈，政治问题和经济问题交织的腐败案件，违反中央八项规定精神的问题。

第八条 对党员的纪律处分种类：

（一）警告；

（二）严重警告；

（三）撤销党内职务；

（四）留党察看；

（五）开除党籍。

第九条 对于违犯党的纪律的党组织，上级党组织应当责令其作出检查或者进行通报批评。对于严重违犯党的纪律、本身又不能纠正的党组织，上一级党的委员会在查明核实后，根据情节严重的程度，可以予以：

（一）改组；

（二）解散。

第十条　党员受到警告处分一年内、受到严重警告处分一年半内，不得在党内提升职务和向党外组织推荐担任高于其原任职务的党外职务。

第十一条　撤销党内职务处分，是指撤销受处分党员由党内选举或者组织任命的党内职务。对于在党内担任两个以上职务的，党组织在作处分决定时，应当明确是撤销其一切职务还是一个或者几个职务。如果决定撤销其一个职务，必须撤销其担任的最高职务。如果决定撤销其两个以上职务，则必须从其担任的最高职务开始依次撤销。对于在党外组织担任职务的，应当建议党外组织依照规定作出相应处理。

对于应当受到撤销党内职务处分，但是本人没有担任党内职务的，应当给予其严重警告处分。同时，在党外组织担任职务的，应当建议党外组织撤销其党外职务。

党员受到撤销党内职务处分，或者依照前款规定受到严重警告处分的，二年内不得在党内担任和向党外组织推荐担任与其原任职务相当或者高于其原任职务的职务。

第十二条　留党察看处分，分为留党察看一年、留党察看二年。对于受到留党察看处分一年的党员，期满后仍不符合恢复党员权利条件的，应当延长一年留党察看期限。留党察看期限最长不得超过二年。

党员受留党察看处分期间，没有表决权、选举权和被选举权。留党察看期间，确有悔改表现的，期满后恢复其党员权利；坚持不改或者又发现其他应当受到党纪处分的违纪行为的，应当开除党籍。

党员受到留党察看处分，其党内职务自然撤销。对于担任党外职务的，应当建议党外组织撤销其党外职务。受到留党察看处分的党员，恢复党员权利后二年内，不得在党内担任和向党外组织推荐担任与其原任职务相当或者高于其原任职务的职务。

第十三条　党员受到开除党籍处分，五年内不得重新入党，也不得推荐担任与其原任职务相当或者高于其原任职务的党外职务。另有规定不准重新入党的，依照规定。

第十四条　党的各级代表大会的代表受到留党察看以上（含留党察看）处分的，党组织应当终止其代表资格。

第十五条 对于受到改组处理的党组织领导机构成员，除应当受到撤销党内职务以上（含撤销党内职务）处分的外，均自然免职。

第十六条 对于受到解散处理的党组织中的党员，应当逐个审查。其中，符合党员条件的，应当重新登记，并参加新的组织过党的生活；不符合党员条件的，应当对其进行教育、限期改正，经教育仍无转变的，予以劝退或者除名；有违纪行为的，依照规定予以追究。

第三章　纪律处分运用规则

第十七条 有下列情形之一的，可以从轻或者减轻处分：

（一）主动交代本人应当受到党纪处分的问题的；

（二）在组织核实、立案审查过程中，能够配合核实审查工作，如实说明本人违纪违法事实的；

（三）检举同案人或者其他人应当受到党纪处分或者法律追究的问题，经查证属实的；

（四）主动挽回损失、消除不良影响或者有效阻止危害结果发生的；

（五）主动上交违纪所得的；

（六）有其他立功表现的。

第十八条 根据案件的特殊情况，由中央纪委决定或者经省（部）级纪委（不含副省级市纪委）决定并呈报中央纪委批准，对违纪党员也可以在本条例规定的处分幅度以外减轻处分。

第十九条 对于党员违犯党纪应当给予警告或者严重警告处分，但是具有本条例第十七条规定的情形之一或者本条例分则中另有规定的，可以给予批评教育、责令检查、诫勉或者组织处理，免予党纪处分。对违纪党员免予处分，应当作出书面结论。

第二十条 有下列情形之一的，应当从重或者加重处分：

（一）强迫、唆使他人违纪的；

（二）拒不上交或者退赔违纪所得的；

（三）违纪受处分后又因故意违纪应当受到党纪处分的；

（四）违纪受到党纪处分后，又被发现其受处分前的违纪行为应当受到党纪处分的；

（五）本条例另有规定的。

第二十一条　从轻处分，是指在本条例规定的违纪行为应当受到的处分幅度以内，给予较轻的处分。

从重处分，是指在本条例规定的违纪行为应当受到的处分幅度以内，给予较重的处分。

第二十二条　减轻处分，是指在本条例规定的违纪行为应当受到的处分幅度以外，减轻一档给予处分。

加重处分，是指在本条例规定的违纪行为应当受到的处分幅度以外，加重一档给予处分。

本条例规定的只有开除党籍处分一个档次的违纪行为，不适用第一款减轻处分的规定。

第二十三条　一人有本条例规定的两种以上（含两种）应当受到党纪处分的违纪行为，应当合并处理，按其数种违纪行为中应当受到的最高处分加重一档给予处分；其中一种违纪行为应当受到开除党籍处分的，应当给予开除党籍处分。

第二十四条　一个违纪行为同时触犯本条例两个以上（含两个）条款的，依照处分较重的条款定性处理。

一个条款规定的违纪构成要件全部包含在另一个条款规定的违纪构成要件中，特别规定与一般规定不一致的，适用特别规定。

第二十五条　二人以上（含二人）共同故意违纪的，对为首者，从重处分，本条例另有规定的除外；对其他成员，按照其在共同违纪中所起的作用和应负的责任，分别给予处分。

对于经济方面共同违纪的，按照个人所得数额及其所起作用，分别给予处分。对违纪集团的首要分子，按照集团违纪的总数额处分；对其他共同违纪的为首者，情节严重的，按照共同违纪的总数额处分。

教唆他人违纪的，应当按照其在共同违纪中所起的作用追究党纪责任。

第二十六条　党组织领导机构集体作出违犯党纪的决定或者实施其他违犯党纪的行为，对具有共同故意的成员，按共同违纪处理；对过失违纪的成员，按照各自在集体违纪中所起的作用和应负的责任分别给予处分。

第四章　对违法犯罪党员的纪律处分

第二十七条　党组织在纪律审查中发现党员有贪污贿赂、滥用职权、玩忽职守、权力寻租、利益输送、徇私舞弊、浪费国家资财等违反法律涉嫌犯罪行为的，应当给予撤销党内职务、留党察看或者开除党籍处分。

第二十八条 党组织在纪律审查中发现党员有刑法规定的行为，虽不构成犯罪但须追究党纪责任的，或者有其他违法行为，损害党、国家和人民利益的，应当视具体情节给予警告直至开除党籍处分。

第二十九条 党组织在纪律审查中发现党员严重违纪涉嫌违法犯罪的，原则上先作出党纪处分决定，并按照规定给予政务处分后，再移送有关国家机关依法处理。

第三十条 党员被依法留置、逮捕的，党组织应当按照管理权限中止其表决权、选举权和被选举权等党员权利。根据监察机关、司法机关处理结果，可以恢复其党员权利的，应当及时予以恢复。

第三十一条 党员犯罪情节轻微，人民检察院依法作出不起诉决定的，或者人民法院依法作出有罪判决并免予刑事处罚的，应当给予撤销党内职务、留党察看或者开除党籍处分。

党员犯罪，被单处罚金的，依照前款规定处理。

第三十二条 党员犯罪，有下列情形之一的，应当给予开除党籍处分：

（一）因故意犯罪被依法判处刑法规定的主刑（含宣告缓刑）的；

（二）被单处或者附加剥夺政治权利的；

（三）因过失犯罪，被依法判处三年以上（不含三年）有期徒刑的。

因过失犯罪被判处三年以下（含三年）有期徒刑或者被判处管制、拘役的，一般应当开除党籍。对于个别可以不开除党籍的，应当对照处分党员批准权限的规定，报请再上一级党组织批准。

第三十三条 党员依法受到刑事责任追究的，党组织应当根据司法机关的生效判决、裁定、决定及其认定的事实、性质和情节，依照本条例规定给予党纪处分，是公职人员的由监察机关给予相应政务处分。

党员依法受到政务处分、行政处罚，应当追究党纪责任的，党组织可以根据生效的政务处分、行政处罚决定认定的事实、性质和情节，经核实后依照规定给予党纪处分或者组织处理。

党员违反国家法律法规，违反企事业单位或者其他社会组织的规章制度受到其他纪律处分，应当追究党纪责任的，党组织在对有关方面认定的事实、性质和情节进行核实后，依照规定给予党纪处分或者组织处理。

党组织作出党纪处分或者组织处理决定后，司法机关、行政机关等依法改变原生效判决、裁定、决定等，对原党纪处分或者组织处理决定产生影响的，党组织应当根据改变后的生效判决、裁定、决定等重新作出相应处理。

第五章　其他规定

第三十四条　预备党员违犯党纪，情节较轻，可以保留预备党员资格的，党组织应当对其批评教育或者延长预备期；情节较重的，应当取消其预备党员资格。

第三十五条　对违纪后下落不明的党员，应当区别情况作出处理：

（一）对有严重违纪行为，应当给予开除党籍处分的，党组织应当作出决定，开除其党籍；

（二）除前项规定的情况外，下落不明时间超过六个月的，党组织应当按照党章规定对其予以除名。

第三十六条　违纪党员在党组织作出处分决定前死亡，或者在死亡之后发现其曾有严重违纪行为，对于应当给予开除党籍处分的，开除其党籍；对于应当给予留党察看以下（含留党察看）处分的，作出违犯党纪的书面结论和相应处理。

第三十七条　违纪行为有关责任人员的区分：

（一）直接责任者，是指在其职责范围内，不履行或者不正确履行自己的职责，对造成的损失或者后果起决定性作用的党员或者党员领导干部。

（二）主要领导责任者，是指在其职责范围内，对直接主管的工作不履行或者不正确履行职责，对造成的损失或者后果负直接领导责任的党员领导干部。

（三）重要领导责任者，是指在其职责范围内，对应管的工作或者参与决定的工作不履行或者不正确履行职责，对造成的损失或者后果负次要领导责任的党员领导干部。

本条例所称领导责任者，包括主要领导责任者和重要领导责任者。

第三十八条　本条例所称主动交代，是指涉嫌违纪的党员在组织初核前向有关组织交代自己的问题，或者在初核和立案审查其问题期间交代组织未掌握的问题。

第三十九条　计算经济损失主要计算直接经济损失。直接经济损失，是指与违纪行为有直接因果关系而造成财产损失的实际价值。

第四十条 对于违纪行为所获得的经济利益,应当收缴或者责令退赔。

对于违纪行为所获得的职务、职称、学历、学位、奖励、资格等其他利益,应当由承办案件的纪检机关或者由其上级纪检机关建议有关组织、部门、单位按照规定予以纠正。

对于依照本条例第三十五条、第三十六条规定处理的党员,经调查确属其实施违纪行为获得的利益,依照本条规定处理。

第四十一条 党纪处分决定作出后,应当在一个月内向受处分党员所在党的基层组织中的全体党员及其本人宣布,是领导班子成员的还应当向所在党组织领导班子宣布,并按照干部管理权限和组织关系将处分决定材料归入受处分者档案;对于受到撤销党内职务以上(含撤销党内职务)处分的,还应当在一个月内办理职务、工资、工作及其他有关待遇等相应变更手续;涉及撤销或者调整其党外职务的,应当建议党外组织及时撤销或者调整其党外职务。特殊情况下,经作出或者批准作出处分决定的组织批准,可以适当延长办理期限。办理期限最长不得超过六个月。

第四十二条 执行党纪处分决定的机关或者受处分党员所在单位,应当在六个月内将处分决定的执行情况向作出或者批准处分决定的机关报告。

党员对所受党纪处分不服的,可以依照党章及有关规定提出申诉。

第四十三条 本条例总则适用于有党纪处分规定的其他党内法规,但是中共中央发布或者批准发布的其他党内法规有特别规定的除外。

第二编 分 则

第六章 对违反政治纪律行为的处分

第四十四条 在重大原则问题上不同党中央保持一致且有实际言论、行为或者造成不良后果的,给予警告或者严重警告处分;情节较重的,给予撤销党内职务或者留党察看处分;情节严重的,给予开除党籍处分。

第四十五条 通过网络、广播、电视、报刊、传单、书籍等,或者利用讲座、论坛、报告会、座谈会等方式,公开发表坚持资产阶级自由化立场、反对四项基本原则,反对党的改革开放决策的文章、演说、宣言、声明等的,给予开除党籍处分。

发布、播出、刊登、出版前款所列文章、演说、宣言、声明等或者为上述行为提供方便条件的，对直接责任者和领导责任者，给予严重警告或者撤销党内职务处分；情节严重的，给予留党察看或者开除党籍处分。

第四十六条　通过网络、广播、电视、报刊、传单、书籍等，或者利用讲座、论坛、报告会、座谈会等方式，有下列行为之一，情节较轻的，给予警告或者严重警告处分；情节较重的，给予撤销党内职务或者留党察看处分；情节严重的，给予开除党籍处分：

（一）公开发表违背四项基本原则，违背、歪曲党的改革开放决策，或者其他有严重政治问题的文章、演说、宣言、声明等的；

（二）妄议党中央大政方针，破坏党的集中统一的；

（三）丑化党和国家形象，或者诋毁、诬蔑党和国家领导人、英雄模范，或者歪曲党的历史、中华人民共和国历史、人民军队历史的。

发布、播出、刊登、出版前款所列内容或者为上述行为提供方便条件的，对直接责任者和领导责任者，给予严重警告或者撤销党内职务处分；情节严重的，给予留党察看或者开除党籍处分。

第四十七条　制作、贩卖、传播第四十五条、第四十六条所列内容之一的书刊、音像制品、电子读物、网络音视频资料等，情节较轻的，给予警告或者严重警告处分；情节较重的，给予撤销党内职务或者留党察看处分；情节严重的，给予开除党籍处分。

私自携带、寄递第四十五条、第四十六条所列内容之一的书刊、音像制品、电子读物等入出境，情节较重的，给予警告或者严重警告处分；情节严重的，给予撤销党内职务、留党察看或者开除党籍处分。

第四十八条　在党内组织秘密集团或者组织其他分裂党的活动的，给予开除党籍处分。

参加秘密集团或者参加其他分裂党的活动的，给予留党察看或者开除党籍处分。

第四十九条　在党内搞团团伙伙、结党营私、拉帮结派、培植个人势力等非组织活动，或者通过搞利益交换、为自己营造声势等活动捞取政治资本的，给予严重警告或者撤销党内职务处分；导致本地区、本部门、本单位政治生态恶化的，给予留党察看或者开除党籍处分。

第五十条 党员领导干部在本人主政的地方或者分管的部门自行其是，搞山头主义，拒不执行党中央确定的大政方针，甚至背着党中央另搞一套的，给予撤销党内职务、留党察看或者开除党籍处分。

落实党中央决策部署不坚决，打折扣、搞变通，在政治上造成不良影响或者严重后果的，给予警告或者严重警告处分；情节严重的，给予撤销党内职务、留党察看或者开除党籍处分。

第五十一条 对党不忠诚不老实，表里不一，阳奉阴违，欺上瞒下，搞两面派，做两面人，情节较轻的，给予警告或者严重警告处分；情节较重的，给予撤销党内职务或者留党察看处分；情节严重的，给予开除党籍处分。

第五十二条 制造、散布、传播政治谣言，破坏党的团结统一的，给予警告或者严重警告处分；情节较重的，给予撤销党内职务或者留党察看处分；情节严重的，给予开除党籍处分。

政治品行恶劣，匿名诬告，有意陷害或者制造其他谣言，造成损害或者不良影响的，依照前款规定处理。

第五十三条 擅自对应当由党中央决定的重大政策问题作出决定、对外发表主张的，对直接责任者和领导责任者，给予严重警告或者撤销党内职务处分；情节严重的，给予留党察看或者开除党籍处分。

第五十四条 不按照有关规定向组织请示、报告重大事项，情节较重的，给予警告或者严重警告处分；情节严重的，给予撤销党内职务或者留党察看处分。

第五十五条 干扰巡视巡察工作或者不落实巡视巡察整改要求，情节较轻的，给予警告或者严重警告处分；情节较重的，给予撤销党内职务或者留党察看处分；情节严重的，给予开除党籍处分。

第五十六条 对抗组织审查，有下列行为之一的，给予警告或者严重警告处分；情节较重的，给予撤销党内职务或者留党察看处分；情节严重的，给予开除党籍处分：

（一）串供或者伪造、销毁、转移、隐匿证据的；

（二）阻止他人揭发检举、提供证据材料的；

（三）包庇同案人员的；

（四）向组织提供虚假情况，掩盖事实的；

（五）有其他对抗组织审查行为的。

第五十七条　组织、参加反对党的基本理论、基本路线、基本方略或者重大方针政策的集会、游行、示威等活动的，或者以组织讲座、论坛、报告会、座谈会等方式，反对党的基本理论、基本路线、基本方略或者重大方针政策，造成严重不良影响的，对策划者、组织者和骨干分子，给予开除党籍处分。

对其他参加人员或者以提供信息、资料、财物、场地等方式支持上述活动者，情节较轻的，给予警告或者严重警告处分；情节较重的，给予撤销党内职务或者留党察看处分；情节严重的，给予开除党籍处分。

对不明真相被裹挟参加，经批评教育后确有悔改表现的，可以免予处分或者不予处分。

未经组织批准参加其他集会、游行、示威等活动，情节较轻的，给予警告或者严重警告处分；情节较重的，给予撤销党内职务或者留党察看处分；情节严重的，给予开除党籍处分。

第五十八条　组织、参加旨在反对党的领导、反对社会主义制度或者敌视政府等组织的，对策划者、组织者和骨干分子，给予开除党籍处分。

对其他参加人员，情节较轻的，给予警告或者严重警告处分；情节较重的，给予撤销党内职务或者留党察看处分；情节严重的，给予开除党籍处分。

第五十九条　组织、参加会道门或者邪教组织的，对策划者、组织者和骨干分子，给予开除党籍处分。

对其他参加人员，情节较轻的，给予警告或者严重警告处分；情节较重的，给予撤销党内职务或者留党察看处分；情节严重的，给予开除党籍处分。

对不明真相的参加人员，经批评教育后确有悔改表现的，可以免予处分或者不予处分。

第六十条　从事、参与挑拨破坏民族关系制造事端或者参加民族分裂活动的，对策划者、组织者和骨干分子，给予开除党籍处分。

对其他参加人员，情节较轻的，给予警告或者严重警告处分；情节较重的，给予撤销党内职务或者留党察看处分；情节严重的，给予开除党籍处分。

对不明真相被裹挟参加，经批评教育后确有悔改表现的，可以免予处分或者不予处分。

有其他违反党和国家民族政策的行为，情节较轻的，给予警告或者严重警告处分；情节较重的，给予撤销党内职务或者留党察看处分；情节严重的，给予开除党籍处分。

　　第六十一条　组织、利用宗教活动反对党的路线、方针、政策和决议，破坏民族团结的，对策划者、组织者和骨干分子，给予开除党籍处分。

　　对其他参加人员，给予撤销党内职务或者留党察看处分；情节严重的，给予开除党籍处分。

　　对不明真相被裹挟参加，经批评教育后确有悔改表现的，可以免予处分或者不予处分。

　　有其他违反党和国家宗教政策的行为，情节较轻的，给予警告或者严重警告处分；情节较重的，给予撤销党内职务或者留党察看处分；情节严重的，给予开除党籍处分。

　　第六十二条　对信仰宗教的党员，应当加强思想教育，经党组织帮助教育仍没有转变的，应当劝其退党；劝而不退的，予以除名；参与利用宗教搞煽动活动的，给予开除党籍处分。

　　第六十三条　组织迷信活动的，给予撤销党内职务或者留党察看处分；情节严重的，给予开除党籍处分。

　　参加迷信活动，造成不良影响的，给予警告或者严重警告处分；情节较重，给予撤销党内职务或者留党察看处分；情节严重的，给予开除党籍处分。

　　对不明真相的参加人员，经批评教育后确有悔改表现的，可以免予处分或者不予处分。

　　第六十四条　组织、利用宗族势力对抗党和政府，妨碍党和国家的方针政策以及决策部署的实施，或者破坏党的基层组织建设的，对策划者、组织者和骨干分子，给予开除党籍处分。

　　对其他参加人员，给予撤销党内职务或者留党察看处分；情节严重的，给予开除党籍处分。

　　对不明真相被裹挟参加，经批评教育后确有悔改表现的，可以免予处分或者不予处分。

　　第六十五条　在国（境）外、外国驻华使（领）馆申请政治避难，或者违纪后逃往国（境）外、外国驻华使（领）馆的，给予开除党籍处分。

　　在国（境）外公开发表反对党和政府的文章、演说、宣言、声明等的，依照前款规定处理。

故意为上述行为提供方便条件的，给予留党察看或者开除党籍处分。

第六十六条　在涉外活动中，其言行在政治上造成恶劣影响，损害党和国家尊严、利益的，给予撤销党内职务或者留党察看处分；情节严重的，给予开除党籍处分。

第六十七条　不履行全面从严治党主体责任、监督责任或者履行全面从严治党主体责任、监督责任不力，给党组织造成严重损害或者严重不良影响的，对直接责任者和领导责任者，给予警告或者严重警告处分；情节严重的，给予撤销党内职务或者留党察看处分。

第六十八条　党员领导干部对违反政治纪律和政治规矩等错误思想和行为不报告、不抵制、不斗争，放任不管，搞无原则一团和气，造成不良影响的，给予警告或者严重警告处分；情节严重的，给予撤销党内职务或者留党察看处分。

第六十九条　违反党的优良传统和工作惯例等党的规矩，在政治上造成不良影响的，给予警告或者严重警告处分；情节较重的，给予撤销党内职务或者留党察看处分；情节严重的，给予开除党籍处分。

第七章　对违反组织纪律行为的处分

第七十条　违反民主集中制原则，有下列行为之一的，给予警告或者严重警告处分；情节严重的，给予撤销党内职务或者留党察看处分：

（一）拒不执行或者擅自改变党组织作出的重大决定的；

（二）违反议事规则，个人或者少数人决定重大问题的；

（三）故意规避集体决策，决定重大事项、重要干部任免、重要项目安排和大额资金使用的；

（四）借集体决策名义集体违规的。

第七十一条　下级党组织拒不执行或者擅自改变上级党组织决定的，对直接责任者和领导责任者，给予警告或者严重警告处分；情节严重的，给予撤销党内职务或者留党察看处分。

第七十二条　拒不执行党组织的分配、调动、交流等决定的，给予警告、严重警告或者撤销党内职务处分。

在特殊时期或者紧急状况下，拒不执行党组织决定的，给予留党察看或者开除党籍处分。

第七十三条 有下列行为之一，情节较重的，给予警告或者严重警告处分：

（一）违反个人有关事项报告规定，隐瞒不报的；

（二）在组织进行谈话、函询时，不如实向组织说明问题的；

（三）不按要求报告或者不如实报告个人去向的；

（四）不如实填报个人档案资料的。

篡改、伪造个人档案资料的，给予严重警告处分；情节严重的，给予撤销党内职务或者留党察看处分。

隐瞒入党前严重错误的，一般应当予以除名；对入党后表现尚好的，给予严重警告、撤销党内职务或者留党察看处分。

第七十四条 党员领导干部违反有关规定组织、参加自发成立的老乡会、校友会、战友会等，情节严重的，给予警告、严重警告或者撤销党内职务处分。

第七十五条 有下列行为之一的，给予警告或者严重警告处分；情节较重的，给予撤销党内职务或者留党察看处分；情节严重的，给予开除党籍处分：

（一）在民主推荐、民主测评、组织考察和党内选举中搞拉票、助选等非组织活动的；

（二）在法律规定的投票、选举活动中违背组织原则搞非组织活动，组织、怂恿、诱使他人投票、表决的；

（三）在选举中进行其他违反党章、其他党内法规和有关章程活动的。

搞有组织的拉票贿选，或者用公款拉票贿选的，从重或者加重处分。

第七十六条 在干部选拔任用工作中，有任人唯亲、排斥异己、封官许愿、说情干预、跑官要官、突击提拔或者调整干部等违反干部选拔任用规定行为，对直接责任者和领导责任者，情节较轻的，给予警告或者严重警告处分；情节较重的，给予撤销党内职务或者留党察看处分；情节严重的，给予开除党籍处分。

用人失察失误造成严重后果的，对直接责任者和领导责任者，依照前款规定处理。

第七十七条 在干部、职工的录用、考核、职务晋升、职称评定和征兵、安置复转军人等工作中，隐瞒、歪曲事实真相，或者利用职权或者职务上的影响违反有关规定为本人或者其他人谋取利益的，给予警告或者严重警告处分；情节较重的，给予撤销党内职务或者留党察看处分；情节严重的，给予开除党籍处分。

弄虚作假，骗取职务、职级、职称、待遇、资格、学历、学位、荣誉或者其他利益的，依照前款规定处理。

第七十八条 侵犯党员的表决权、选举权和被选举权，情节较重的，给予警告或者严重警告处分；情节严重的，给予撤销党内职务处分。

以强迫、威胁、欺骗、拉拢等手段，妨害党员自主行使表决权、选举权和被选举权的，给予撤销党内职务、留党察看或者开除党籍处分。

第七十九条 有下列行为之一的，给予警告或者严重警告处分；情节较重的，给予撤销党内职务或者留党察看处分；情节严重的，给予开除党籍处分：

（一）对批评、检举、控告进行阻挠、压制，或者将批评、检举、控告材料私自扣压、销毁，或者故意将其泄露给他人的；

（二）对党员的申辩、辩护、作证等进行压制，造成不良后果的；

（三）压制党员申诉，造成不良后果的，或者不按照有关规定处理党员申诉的；

（四）有其他侵犯党员权利行为，造成不良后果的。

对批评人、检举人、控告人、证人及其他人员打击报复的，从重或者加重处分。

党组织有上述行为的，对直接责任者和领导责任者，依照第一款规定处理。

第八十条 违反党章和其他党内法规的规定，采取弄虚作假或者其他手段把不符合党员条件的人发展为党员，或者为非党员出具党员身份证明的，对直接责任者和领导责任者，给予警告或者严重警告处分；情节严重的，给予撤销党内职务处分。

违反有关规定程序发展党员的，对直接责任者和领导责任者，依照前款规定处理。

第八十一条 违反有关规定取得外国国籍或者获取国（境）外永久居留资格、长期居留许可的，给予撤销党内职务、留党察看或者开除党籍处分。

第八十二条 违反有关规定办理因私出国（境）证件、前往港澳通行证，或者未经批准出入国（边）境，情节较轻的，给予警告或者严重警告处分；情节较重的，给予撤销党内职务处分；情节严重的，给予留党察看处分。

第八十三条 驻外机构或者临时出国（境）团（组）中的党员擅自脱离组织，或者从事外事、机要、军事等工作的党员违反有关规定同国（境）外机构、人员联系和交往的，给予警告、严重警告或者撤销党内职务处分。

第八十四条 驻外机构或者临时出国（境）团（组）中的党员，脱离组织出走时间不满六个月又自动回归的，给予撤销党内职务或者留党察看处分；脱离组织出走时间超过六个月的，按照自行脱党处理，党内予以除名。

故意为他人脱离组织出走提供方便条件的，给予警告、严重警告或者撤销党内职务处分。

第八章 对违反廉洁纪律行为的处分

第八十五条 党员干部必须正确行使人民赋予的权力，清正廉洁，反对任何滥用职权、谋求私利的行为。

利用职权或者职务上的影响为他人谋取利益，本人的配偶、子女及其配偶等亲属和其他特定关系人收受对方财物，情节较重的，给予警告或者严重警告处分；情节严重的，给予撤销党内职务、留党察看或者开除党籍处分。

第八十六条 相互利用职权或者职务上的影响为对方及其配偶、子女及其配偶等亲属、身边工作人员和其他特定关系人谋取利益搞权权交易的，给予警告或者严重警告处分；情节较重的，给予撤销党内职务或者留党察看处分；情节严重的，给予开除党籍处分。

第八十七条 纵容、默许配偶、子女及其配偶等亲属、身边工作人员和其他特定关系人利用党员干部本人职权或者职务上的影响谋取私利，情节较轻的，给予警告或者严重警告处分；情节较重的，给予撤销党内职务或者留党察看处分；情节严重的，给予开除党籍处分。

党员干部的配偶、子女及其配偶等亲属和其他特定关系人不实际工作而获取薪酬或者虽实际工作但领取明显超出同职级标准薪酬，党员干部知情未予纠正的，依照前款规定处理。

第八十八条 收受可能影响公正执行公务的礼品、礼金、消费卡和有价证券、股权、其他金融产品等财物，情节较轻的，给予警告或者严重警告处分；情节较重的，给予撤销党内职务或者留党察看处分；情节严重的，给予开除党籍处分。

收受其他明显超出正常礼尚往来的财物的，依照前款规定处理。

第八十九条　向从事公务的人员及其配偶、子女及其配偶等亲属和其他特定关系人赠送明显超出正常礼尚往来的礼品、礼金、消费卡和有价证券、股权、其他金融产品等财物，情节较重的，给予警告或者严重警告处分；情节严重的，给予撤销党内职务或者留党察看处分。

第九十条　借用管理和服务对象的钱款、住房、车辆等，影响公正执行公务，情节较重的，给予警告或者严重警告处分；情节严重的，给予撤销党内职务、留党察看或者开除党籍处分。

通过民间借贷等金融活动获取大额回报，影响公正执行公务的，依照前款规定处理。

第九十一条　利用职权或者职务上的影响操办婚丧喜庆事宜，在社会上造成不良影响的，给予警告或者严重警告处分；情节严重的，给予撤销党内职务处分；借机敛财或者有其他侵犯国家、集体和人民利益行为的，从重或者加重处分，直至开除党籍。

第九十二条　接受、提供可能影响公正执行公务的宴请或者旅游、健身、娱乐等活动安排，情节较重的，给予警告或者严重警告处分；情节严重的，给予撤销党内职务或者留党察看处分。

第九十三条　违反有关规定取得、持有、实际使用运动健身卡、会所和俱乐部会员卡、高尔夫球卡等各种消费卡，或者违反有关规定出入私人会所，情节较重的，给予警告或者严重警告处分；情节严重的，给予撤销党内职务或者留党察看处分。

第九十四条　违反有关规定从事营利活动，有下列行为之一，情节较轻的，给予警告或者严重警告处分；情节较重的，给予撤销党内职务或者留党察看处分；情节严重的，给予开除党籍处分：

（一）经商办企业的；

（二）拥有非上市公司（企业）的股份或者证券的；

（三）买卖股票或者进行其他证券投资的；

（四）从事有偿中介活动的；

（五）在国（境）外注册公司或者投资入股的；

（六）有其他违反有关规定从事营利活动的。

利用参与企业重组改制、定向增发、兼并投资、土地使用权出让等决策、审批过程中掌握的信息买卖股票,利用职权或者职务上的影响通过购买信托产品、基金等方式非正常获利的,依照前款规定处理。

违反有关规定在经济组织、社会组织等单位中兼职,或者经批准兼职但获取薪酬、奖金、津贴等额外利益的,依照第一款规定处理。

第九十五条 利用职权或者职务上的影响,为配偶、子女及其配偶等亲属和其他特定关系人在审批监管、资源开发、金融信贷、大宗采购、土地使用权出让、房地产开发、工程招投标以及公共财政支出等方面谋取利益,情节较轻的,给予警告或者严重警告处分;情节较重的,给予撤销党内职务或者留党察看处分;情节严重的,给予开除党籍处分。

利用职权或者职务上的影响,为配偶、子女及其配偶等亲属和其他特定关系人吸收存款、推销金融产品等提供帮助谋取利益的,依照前款规定处理。

第九十六条 党员领导干部离职或者退(离)休后违反有关规定接受原任职务管辖的地区和业务范围内的企业和中介机构的聘任,或者个人从事与原任职务管辖业务相关的营利活动,情节较轻的,给予警告或者严重警告处分;情节较重的,给予撤销党内职务处分;情节严重的,给予留党察看处分。

党员领导干部离职或者退(离)休后违反有关规定担任上市公司、基金管理公司独立董事、独立监事等职务,情节较轻的,给予警告或者严重警告处分;情节较重的,给予撤销党内职务处分;情节严重的,给予留党察看处分。

第九十七条 党员领导干部的配偶、子女及其配偶,违反有关规定在该党员领导干部管辖的地区和业务范围内从事可能影响其公正执行公务的经营活动,或者在该党员领导干部管辖的地区和业务范围内的外商独资企业、中外合资企业中担任由外方委派、聘任的高级职务或者违规任职、兼职取酬的,该党员领导干部应当按照规定予以纠正;拒不纠正的,其本人应当辞去现任职务或者由组织予以调整职务;不辞去现任职务或者不服从组织调整职务的,给予撤销党内职务处分。

第九十八条 党和国家机关违反有关规定经商办企业的,对直接责任者和领导责任者,给予警告或者严重警告处分;情节严重的,给予撤销党内职务处分。

第九十九条 党员领导干部违反工作、生活保障制度,在交通、医疗、警卫等方面为本人、配偶、子女及其配偶等亲属和其他特定关系人谋求特殊待遇，情节较重的，给予警告或者严重警告处分；情节严重的，给予撤销党内职务或者留党察看处分。

第一百条　在分配、购买住房中侵犯国家、集体利益，情节较轻的，给予警告或者严重警告处分；情节较重的，给予撤销党内职务或者留党察看处分；情节严重的，给予开除党籍处分。

第一百零一条　利用职权或者职务上的影响，侵占非本人经管的公私财物，或者以象征性地支付钱款等方式侵占公私财物，或者无偿、象征性地支付报酬接受服务、使用劳务，情节较轻的，给予警告或者严重警告处分；情节较重的，给予撤销党内职务或者留党察看处分；情节严重的，给予开除党籍处分。

利用职权或者职务上的影响，将本人、配偶、子女及其配偶等亲属应当由个人支付的费用，由下属单位、其他单位或者他人支付、报销的，依照前款规定处理。

第一百零二条　利用职权或者职务上的影响，违反有关规定占用公物归个人使用，时间超过六个月，情节较重的，给予警告或者严重警告处分；情节严重的，给予撤销党内职务处分。

占用公物进行营利活动的，给予警告或者严重警告处分；情节较重的，给予撤销党内职务或者留党察看处分；情节严重的，给予开除党籍处分。

将公物借给他人进行营利活动的，依照前款规定处理。

第一百零三条　违反有关规定组织、参加用公款支付的宴请、高消费娱乐、健身活动，或者用公款购买赠送或者发放礼品、消费卡（券）等，对直接责任者和领导责任者，情节较轻的，给予警告或者严重警告处分；情节较重的，给予撤销党内职务或者留党察看处分；情节严重的，给予开除党籍处分。

第一百零四条　违反有关规定自定薪酬或者滥发津贴、补贴、奖金等，对直接责任者和领导责任者，情节较轻的，给予警告或者严重警告处分；情节较重的，给予撤销党内职务或者留党察看处分；情节严重的，给予开除党籍处分。

第一百零五条　有下列行为之一，对直接责任者和领导责任者，情节较轻的，给予警告或者严重警告处分；情节较重的，给予撤销党内职务或者留党察看处分；情节严重的，给予开除党籍处分：

（一）公款旅游或者以学习培训、考察调研、职工疗养等为名变相公款旅游的；

（二）改变公务行程，借机旅游的；

（三）参加所管理企业、下属单位组织的考察活动，借机旅游的。

以考察、学习、培训、研讨、招商、参展等名义变相用公款出国（境）旅游的，依照前款规定处理。

第一百零六条 违反公务接待管理规定，超标准、超范围接待或者借机大吃大喝，对直接责任者和领导责任者，情节较重的，给予警告或者严重警告处分；情节严重的，给予撤销党内职务处分。

第一百零七条 违反有关规定配备、购买、更换、装饰、使用公务交通工具或者有其他违反公务交通工具管理规定的行为，对直接责任者和领导责任者，情节较重的，给予警告或者严重警告处分；情节严重的，给予撤销党内职务或者留党察看处分。

第一百零八条 违反会议活动管理规定，有下列行为之一，对直接责任者和领导责任者，情节较重的，给予警告或者严重警告处分；情节严重的，给予撤销党内职务处分：

（一）到禁止召开会议的风景名胜区开会的；

（二）决定或者批准举办各类节会、庆典活动的。

擅自举办评比达标表彰活动或者借评比达标表彰活动收取费用的，依照前款规定处理。

第一百零九条 违反办公用房管理等规定，有下列行为之一，对直接责任者和领导责任者，情节较重的，给予警告或者严重警告处分；情节严重的，给予撤销党内职务处分：

（一）决定或者批准兴建、装修办公楼、培训中心等楼堂馆所的；

（二）超标准配备、使用办公用房的；

（三）用公款包租、占用客房或者其他场所供个人使用的。

第一百一十条 搞权色交易或者给予财物搞钱色交易的，给予警告或者严重警告处分；情节较重的，给予撤销党内职务或者留党察看处分；情节严重的，给予开除党籍处分。

第一百一十一条 有其他违反廉洁纪律规定行为的，应当视具体情节给予警告直至开除党籍处分。

第九章　对违反群众纪律行为的处分

第一百一十二条　有下列行为之一，对直接责任者和领导责任者，情节较轻的，给予警告或者严重警告处分；情节较重的，给予撤销党内职务或者留党察看处分；情节严重的，给予开除党籍处分：

（一）超标准、超范围向群众筹资筹劳、摊派费用，加重群众负担的；

（二）违反有关规定扣留、收缴群众款物或者处罚群众的；

（三）克扣群众财物，或者违反有关规定拖欠群众钱款的；

（四）在管理、服务活动中违反有关规定收取费用的；

（五）在办理涉及群众事务时刁难群众、吃拿卡要的；

（六）有其他侵害群众利益行为的。

在扶贫领域有上述行为的，从重或者加重处分。

第一百一十三条　干涉生产经营自主权，致使群众财产遭受较大损失的，对直接责任者和领导责任者，给予警告或者严重警告处分；情节严重的，给予撤销党内职务或者留党察看处分。

第一百一十四条　在社会保障、政策扶持、扶贫脱贫、救灾救济款物分配等事项中优亲厚友、明显有失公平的，给予警告或者严重警告处分；情节较重的，给予撤销党内职务或者留党察看处分；情节严重的，给予开除党籍处分。

第一百一十五条　利用宗族或者黑恶势力等欺压群众，或者纵容涉黑涉恶活动、为黑恶势力充当"保护伞"的，给予撤销党内职务或者留党察看处分；情节严重的，给予开除党籍处分。

第一百一十六条　有下列行为之一，对直接责任者和领导责任者，情节较重的，给予警告或者严重警告处分；情节严重的，给予撤销党内职务或者留党察看处分：

（一）对涉及群众生产、生活等切身利益的问题依照政策或者有关规定能解决而不及时解决，庸懒无为、效率低下，造成不良影响的；

（二）对符合政策的群众诉求消极应付、推诿扯皮，损害党群、干群关系的；

（三）对待群众态度恶劣、简单粗暴，造成不良影响的；

（四）弄虚作假，欺上瞒下，损害群众利益的；

（五）有其他不作为、乱作为等损害群众利益行为的。

第一百一十七条 盲目举债、铺摊子、上项目，搞劳民伤财的"形象工程""政绩工程"，致使国家、集体或者群众财产和利益遭受较大损失的，对直接责任者和领导责任者，给予警告或者严重警告处分；情节严重的，给予撤销党内职务、留党察看或者开除党籍处分。

第一百一十八条 遇到国家财产和群众生命财产受到严重威胁时，能救而不救，情节较重的，给予警告、严重警告或者撤销党内职务处分；情节严重的，给予留党察看或者开除党籍处分。

第一百一十九条 不按照规定公开党务、政务、厂务、村（居）务等，侵犯群众知情权，对直接责任者和领导责任者，情节较重的，给予警告或者严重警告处分；情节严重的，给予撤销党内职务或者留党察看处分。

第一百二十条 有其他违反群众纪律规定行为的，应当视具体情节给予警告直至开除党籍处分。

第十章　对违反工作纪律行为的处分

第一百二十一条 工作中不负责任或者疏于管理，贯彻执行、检查督促落实上级决策部署不力，给党、国家和人民利益以及公共财产造成较大损失的，对直接责任者和领导责任者，给予警告或者严重警告处分；造成重大损失的，给予撤销党内职务、留党察看或者开除党籍处分。

贯彻创新、协调、绿色、开放、共享的发展理念不力，对职责范围内的问题失察失责，造成较大损失或者重大损失的，从重或者加重处分。

第一百二十二条 有下列行为之一，造成严重不良影响，对直接责任者和领导责任者，情节较轻的，给予警告或者严重警告处分；情节较重的，给予撤销党内职务或者留党察看处分；情节严重的，给予开除党籍处分：

（一）贯彻党中央决策部署只表态不落实的；

（二）热衷于搞舆论造势、浮在表面的；

（三）单纯以会议贯彻会议、以文件落实文件，在实际工作中不见诸行动的；

（四）工作中有其他形式主义、官僚主义行为的。

第一百二十三条 党组织有下列行为之一，对直接责任者和领导责任者，情节较重的，给予警告或者严重警告处分；情节严重的，给予撤销党内职务或者留党察看处分：

（一）党员被依法判处刑罚后，不按照规定给予党纪处分，或者对违反国家法律法规的行为，应当给予党纪处分而不处分的；

（二）党纪处分决定或者申诉复查决定作出后，不按照规定落实决定中关于被处分人党籍、职务、职级、待遇等事项的；

（三）党员受到党纪处分后，不按照干部管理权限和组织关系对受处分党员开展日常教育、管理和监督工作的。

第一百二十四条　因工作不负责任致使所管理的人员叛逃的，对直接责任者和领导责任者，给予警告或者严重警告处分；情节严重的，给予撤销党内职务处分。

因工作不负责任致使所管理的人员出走，对直接责任者和领导责任者，情节较重的，给予警告或者严重警告处分；情节严重的，给予撤销党内职务处分。

第一百二十五条　在上级检查、视察工作或者向上级汇报、报告工作时对应当报告的事项不报告或者不如实报告，造成严重损害或者严重不良影响的，对直接责任者和领导责任者，给予警告或者严重警告处分；情节严重的，给予撤销党内职务或者留党察看处分。

在上级检查、视察工作或者向上级汇报、报告工作时纵容、唆使、暗示、强迫下级说假话、报假情的，从重或者加重处分。

第一百二十六条　党员领导干部违反有关规定干预和插手市场经济活动，有下列行为之一，造成不良影响的，给予警告或者严重警告处分；情节较重的，给予撤销党内职务或者留党察看处分；情节严重的，给予开除党籍处分：

（一）干预和插手建设工程项目承发包、土地使用权出让、政府采购、房地产开发与经营、矿产资源开发利用、中介机构服务等活动的；

（二）干预和插手国有企业重组改制、兼并、破产、产权交易、清产核资、资产评估、资产转让、重大项目投资以及其他重大经营活动等事项的；

（三）干预和插手批办各类行政许可和资金借贷等事项的；

（四）干预和插手经济纠纷的；

（五）干预和插手集体资金、资产和资源的使用、分配、承包、租赁等事项的。

第一百二十七条 党员领导干部违反有关规定干预和插手司法活动、执纪执法活动，向有关地方或者部门打听案情、打招呼、说情，或者以其他方式对司法活动、执纪执法活动施加影响，情节较轻的，给予严重警告处分；情节较重的，给予撤销党内职务或者留党察看处分；情节严重的，给予开除党籍处分。

党员领导干部违反有关规定干预和插手公共财政资金分配、项目立项评审、政府奖励表彰等活动，造成重大损失或者不良影响的，依照前款规定处理。

第一百二十八条 泄露、扩散或者打探、窃取党组织关于干部选拔任用、纪律审查、巡视巡察等尚未公开事项或者其他应当保密的内容的，给予警告或者严重警告处分；情节较重的，给予撤销党内职务或者留党察看处分；情节严重的，给予开除党籍处分。

私自留存涉及党组织关于干部选拔任用、纪律审查、巡视巡察等方面资料，情节较重的，给予警告或者严重警告处分；情节严重的，给予撤销党内职务处分。

第一百二十九条 在考试、录取工作中，有泄露试题、考场舞弊、涂改考卷、违规录取等违反有关规定行为的，给予警告或者严重警告处分；情节较重的，给予撤销党内职务或者留党察看处分；情节严重的，给予开除党籍处分。

第一百三十条 以不正当方式谋求本人或者其他人用公款出国（境），情节较轻的，给予警告处分；情节较重的，给予严重警告处分；情节严重的，给予撤销党内职务处分。

第一百三十一条 临时出国（境）团（组）或者人员中的党员，擅自延长在国（境）外期限，或者擅自变更路线的，对直接责任者和领导责任者，给予警告或者严重警告处分；情节严重的，给予撤销党内职务处分。

第一百三十二条 驻外机构或者临时出国（境）团（组）中的党员，触犯驻在国家、地区的法律、法令或者不尊重驻在国家、地区的宗教习俗，情节较重的，给予警告或者严重警告处分；情节严重的，给予撤销党内职务、留党察看或者开除党籍处分。

第一百三十三条 在党的纪律检查、组织、宣传、统一战线工作以及机关工作等其他工作中，不履行或者不正确履行职责，造成损失或者不良影响的，应当视具体情节给予警告直至开除党籍处分。

第十一章　对违反生活纪律行为的处分

第一百三十四条　生活奢靡、贪图享乐、追求低级趣味，造成不良影响的，给予警告或者严重警告处分；情节严重的，给予撤销党内职务处分。

第一百三十五条　与他人发生不正当性关系，造成不良影响的，给予警告或者严重警告处分；情节较重的，给予撤销党内职务或者留党察看处分；情节严重的，给予开除党籍处分。

利用职权、教养关系、从属关系或者其他相类似关系与他人发生性关系的，从重处分。

第一百三十六条　党员领导干部不重视家风建设，对配偶、子女及其配偶失管失教，造成不良影响或者严重后果的，给予警告或者严重警告处分；情节严重的，给予撤销党内职务处分。

第一百三十七条　违背社会公序良俗，在公共场所有不当行为，造成不良影响的，给予警告或者严重警告处分；情节较重的，给予撤销党内职务或者留党察看处分；情节严重的，给予开除党籍处分。

第一百三十八条　有其他严重违反社会公德、家庭美德行为的，应当视具体情节给予警告直至开除党籍处分。

第三编　附　则

第一百三十九条　各省、自治区、直辖市党委可以根据本条例，结合各自工作的实际情况，制定单项实施规定。

第一百四十条　中央军事委员会可以根据本条例，结合中国人民解放军和中国人民武装警察部队的实际情况，制定补充规定或者单项规定。

第一百四十一条　本条例由中央纪律检查委员会负责解释。

第一百四十二条　本条例自 2018 年 10 月 1 日起施行。

本条例施行前，已结案的案件如需进行复查复议，适用当时的规定或者政策。尚未结案的案件，如果行为发生时的规定或者政策不认为是违纪，而本条例认为是违纪的，依照当时的规定或者政策处理；如果行为发生时的规定或者政策认为是违纪的，依照当时的规定或者政策处理，但是如果本条例不认为是违纪或者处理较轻的，依照本条例规定处理。

《中国共产党纪律检查机关监督执纪工作规则（试行）》

（2017 年 1 月 8 日中国共产党第十八届中央纪律检查委员会第七次全体会议通过）

第一章 总 则

第一条 为全面从严治党，维护党的纪律，规范纪检机关监督执纪工作，根据《中国共产党章程》，结合工作实践，制定本规则。

第二条 监督执纪工作以马克思列宁主义、毛泽东思想、邓小平理论、"三个代表"重要思想、科学发展观为指导，深入贯彻习近平总书记系列重要讲话精神，坚持依规治党、依规执纪，把监督执纪权力关进制度笼子，落实打铁还需自身硬要求，建设忠诚干净担当的纪检干部队伍。

第三条 监督执纪工作应当遵循以下原则：

（一）坚持以习近平同志为核心的党中央集中统一领导，牢固树立政治意识、大局意识、核心意识、看齐意识，体现监督执纪的政治性，严守政治纪律和政治规矩；

（二）坚持纪律检查工作双重领导体制，监督执纪工作以上级纪委领导为主，线索处置、立案审查在向同级党委报告的同时必须向上级纪委报告；

（三）坚持以事实为依据，以党规党纪为准绳，把握政策、宽严相济、惩前毖后、治病救人；

（四）坚持信任不能代替监督，严格工作程序、有效管控风险点，强化对监督执纪各环节的监督制约。

第四条 监督执纪工作应当把纪律挺在前面，把握"树木"与"森林"的关系，运用监督执纪"四种形态"，让"红红脸、出出汗"成为常态；党纪轻处分、组织调整成为违纪处理的大多数；党纪重处分、重大职务调整的成为少数；严重违纪涉嫌违法立案审查的成为极少数。

第五条 创新组织制度，建立执纪监督、执纪审查、案件审理相互协调、相互制约的工作机制。市地级以上纪委可以探索执纪监督和执纪审查部门分设，执纪监督部门负责联系地区和部门的日常监督，执纪审查部门负责对违纪行为进行初步核实和立案审查；案件监督管理部门负责综合协调和监督管理，案件审理部门负责审核把关。

第二章　领导体制

第六条 监督执纪工作实行分级负责制：

（一）中央纪律检查委员会受理和审查中央委员、候补中央委员，中央纪委委员，中央管理的党员领导干部，以及党中央工作部门、党中央批准设立的党组（党委），各省、自治区、直辖市党委、纪委等党组织的违纪问题。

（二）地方各级纪律检查委员会受理和审查同级党委委员、候补委员，同级纪委委员，同级党委管理的党员干部，以及同级党委工作部门、党委批准设立的党组（党委），下一级党委、纪委等党组织的违纪问题。

（三）基层纪律检查委员会受理和审查同级党委管理的党员，以及同级党委下属的各级党组织的违纪问题；未设立纪律检查委员会的党的基层委员会，由该委员会负责监督执纪工作。

第七条 对党的组织关系在地方、干部管理权限在主管部门的党员干部违纪问题，应当按照谁主管谁负责的原则进行监督执纪，并及时向对方通报情况。

第八条 上级纪检机关有权指定下级纪检机关对其他下级纪检机关管辖的党组织和党员干部违纪问题进行执纪审查，必要时也可直接进行执纪审查。

第九条 严格执行请示报告制度，对作出立案审查决定、给予党纪处分等重要事项，纪检机关应当向同级党委（党组）请示汇报并向上级纪委报告，形成明确意见后再正式行文请示。遇有重要事项应当及时报告，既要报告结果也要报告过程。

坚持民主集中制，线索处置、谈话函询、初步核实、立案审查、案件审理、处置执行中的重要问题，应当经集体研究后，报纪检机关主要负责人、相关负责人审批。

第十条　纪检机关案件监督管理部门负责对监督执纪工作全过程进行监督管理，履行线索管理、组织协调、监督检查、督促办理、统计分析等职能。

第十一条　派出机关应当加强对派驻纪检组监督执纪工作的领导，经常听取工作汇报。派驻纪检组依据有关规定和派出机关授权，对被监督单位党的组织和党员干部开展监督执纪工作，重要问题应当向派出机关请示报告，必要时可以向被监督单位党组织通报。

第三章　线索处置

第十二条　纪检机关信访部门归口受理同级党委管理的党组织和党员干部违反党纪的信访举报，统一接收下一级纪委和派驻纪检组报送的相关信访举报，分类摘要后移送案件监督管理部门。

执纪监督部门、执纪审查部门、干部监督部门发现的相关问题线索，属本部门受理范围的，应当送案件监督管理部门备案；不属本部门受理范围的，经审批后移送案件监督管理部门，由其按程序转交相关监督执纪部门。

案件监督管理部门统一受理巡视工作机构和审计机关、行政执法机关、司法机关等单位移交的相关问题线索。

第十三条　纪检机关对反映同级党委委员、纪委常委，以及所辖地区、部门主要负责人的问题线索和线索处置情况，应当向上级纪检机关报告。

第十四条　案件监督管理部门对问题线索实行集中管理、动态更新、定期汇总核对，提出分办意见，报纪检机关主要负责人批准，按程序移送承办部门。承办部门应当指定专人负责管理问题线索，逐件编号登记、建立管理台账。线索管理处置各环节均须由经手人员签名，全程登记备查。

第十五条　纪检机关应当根据工作需要，定期召开专题会议，听取问题线索综合情况汇报，进行分析研判，对重要检举事项和反映问题集中的领域深入研究，提出处置要求。

第十六条　承办部门应当结合问题线索所涉及地区、部门、单位总体情况，综合分析，按照谈话函询、初步核实、暂存待查、予以了结四类方式进行处置。

线索处置不得拖延和积压，处置意见应当在收到问题线索之日起30日内提出，并制定处置方案，履行审批手续。

第十七条　承办部门应当定期汇总线索处置情况，及时向案件监督管理部门通报。案件监督管理部门定期汇总、核对问题线索及处置情况，向纪检机关主要负责人报告。

各部门应当做好线索处置归档工作，归档材料应当齐全完整，载明领导批示和处置过程。

第四章　谈话函询

第十八条　采取谈话函询方式处置问题线索，应当拟订谈话函询方案和相关工作预案，按程序报批。对需要谈话函询的下一级党委（党组）主要负责人，应当报纪检机关主要负责人批准，必要时向同级党委主要负责人报告。

第十九条　谈话应当由纪检机关相关负责人或者承办部门主要负责人进行，可以由被谈话人所在党委（党组）或者纪委（纪检组）主要负责人陪同；经批准也可以委托被谈话人所在党委（党组）主要负责人进行。

谈话过程应当形成工作记录，谈话后可视情况由被谈话人写出书面说明。

第二十条　函询应当以纪检机关办公厅（室）名义发函给被反映人，并抄送其所在党委（党组）主要负责人。被函询人应当在收到函件后15个工作日内写出说明材料，由其所在党委（党组）主要负责人签署意见后发函回复。

被函询人为党委（党组）主要负责人的，或者被函询人所作说明涉及党委（党组）主要负责人的，应当直接回复发函纪检机关。

第二十一条　谈话函询工作应当在谈话结束或者收到函询回复后30日内办结，由承办部门写出情况报告和处置意见后报批。根据不同情形作出相应处理：

（一）反映不实，或者没有证据证明存在问题的，予以了结澄清；

（二）问题轻微，不需要追究党纪责任的，采取谈话提醒、批评教育、责令检查、诫勉谈话等方式处理；

（三）反映问题比较具体，但被反映人予以否认，或者说明存在明显问题的，应当再次谈话函询或者进行初步核实。

谈话函询材料应当存入个人廉政档案。

第五章　初步核实

第二十二条　采取初步核实方式处置问题线索，应当制定工作方案，成立核查组，履行审批程序。被核查人为下一级党委（党组）主要负责人的，纪检机关应当报同级党委主要负责人批准。

第二十三条 核查组经批准可采取必要措施收集证据，与相关人员谈话了解情况，要求相关组织作出说明，调取个人有关事项报告，查阅复制文件、账目、档案等资料，查核资产情况和有关信息，进行鉴定勘验。

需要采取技术调查或者限制出境等措施的，纪检机关应当严格履行审批手续，交有关机关执行。

第二十四条 初步核实工作结束后，核查组应当撰写初核情况报告，列明被核查人基本情况、反映的主要问题、办理依据及初核结果、存在疑点、处理建议，由核查组全体人员签名备查。

承办部门应当综合分析初核情况，按照拟立案审查、予以了结、谈话提醒、暂存待查，或者移送有关党组织处理等方式提出处置建议。

初核情况报告报纪检机关主要负责人审批，必要时向同级党委（党组）主要负责人报告。

第六章 立案审查

第二十五条 经过初步核实，对存在严重违纪需要追究党纪责任的，应当立案审查。

凡报请批准立案的，应当已经掌握部分违纪事实和证据，具备进行审查的条件。

第二十六条 对符合立案条件的，承办部门应当起草立案审查呈批报告，经纪检机关主要负责人审批，报同级党委（党组）主要负责人批准，予以立案审查。

纪检机关主要负责人主持召开执纪审查专题会议，研究确定审查方案，提出需要采取的审查措施。

立案审查决定应当向被审查人所在党委（党组）主要负责人通报。对严重违纪涉嫌犯罪人员采取审查措施，应当在 24 小时内通知被审查人亲属。

严重违纪涉嫌犯罪接受组织审查的，应当向社会公开发布。

第二十七条 纪检机关主要负责人批准审查方案。

纪检机关相关负责人批准成立审查组，确定审查谈话方案、外查方案，审批重要信息查询、涉案款物处置等事项。

执纪审查部门主要负责人研究提出审查谈话方案、外查方案和处置意见，审批一般信息查询，对调查取证审核把关。

审查组组长应当严格执行审查方案，不得擅自更改；以书面形式报告审查进展情况，遇重要事项及时请示。

第二十八条　审查组可以依照相关法律法规，经审批对相关人员进行调查谈话，查阅、复制有关文件资料，查询有关信息，暂扣、封存、冻结涉案款物，提请有关机关采取技术调查、限制出境等措施。

审查时间不得超过90日。在特殊情况下，经上一级纪检机关批准，可以延长一次，延长时间不得超过90日。

需要提请有关机关协助的，由案件监督管理部门统一办理手续，并随时核对情况，防止擅自扩大范围、延长时限。

第二十九条　审查谈话、执行审查措施、调查取证等审查事项，必须由2名以上执纪人员共同进行。与被审查人、重要涉案人员谈话，重要的外查取证，暂扣、封存涉案款物，应当以本机关人员为主，确需借调人员参与的，一般安排从事辅助性工作。

第三十条　立案审查后，应当由纪检机关相关负责人与被审查人谈话，宣布立案决定，讲明党的政策和纪律，要求被审查人端正态度、配合调查。

审查期间对被审查人以同志相称，安排学习党章党规党纪，对照理想信念宗旨，通过深入细致的思想政治工作，促使其深刻反省、认识错误、交代问题，写出忏悔和反思材料。

审查应当充分听取被审查人陈述，保障其饮食、休息，提供医疗服务。严格禁止使用违反党章党规党纪和国家法律的手段，严禁侮辱、打骂、虐待、体罚或者变相体罚。

第三十一条　外查工作必须严格按照外查方案执行，不得随意扩大调查范围、变更调查对象和事项，重要事项应当及时请示报告。

外查工作期间，执纪人员不得个人单独接触任何涉案人员及其特定关系人，不得擅自采取调查措施，不得从事与外查事项无关的活动。

第三十二条　严格依规收集、鉴别证据，做到全面、客观，形成相互印证、完整稳定的证据链。

调查取证应当收集原物原件，逐件清点编号，现场登记，由在场人员签字盖章；调查谈话应当现场制作谈话笔录并由被谈话人阅看后签字。已调取证据必须及时交审查组统一保管。

严禁以威胁、引诱、欺骗及其他违规违法方式收集证据；严禁隐匿、损毁、篡改、伪造证据。

第三十三条 暂扣、封存、冻结、移交涉案款物，应当严格履行审批手续。

执行暂扣、封存措施，执纪人员应当会同原款物持有人或者保管人、见证人，当面逐一拍照、登记、编号，现场填写登记表，由在场人员签名。对价值不明物品应当及时鉴定，专门封存保管。

纪检机关应当设立专用账户、专门场所，确定专门人员保管涉案款物，严格履行交接、调取手续，定期对账核实。严禁私自占有、处置涉案款物及其孳息。

第三十四条 审查谈话、重要的调查谈话和暂扣、封存涉案款物等调查取证环节应当全程录音录像。录音录像资料由案件监督管理部门和审查组分别保管，定期核查。

第三十五条 未经批准并办理相关手续，不得将被审查人或者其他谈话调查对象带离规定的谈话场所，不得在未配置监控设备的场所进行审查谈话或者重要的调查谈话，不得在谈话期间关闭录音录像设备。

第三十六条 执纪审查部门主要负责人、分管领导应当定期检查审查期间的录音录像、谈话笔录、涉案款物登记表，发现问题及时纠正并报告。

第三十七条 查明违纪事实后，审查组应当撰写违纪事实材料，与被审查人见面，听取意见。要求被审查人在违纪事实材料上签署意见，对签署不同意见或者拒不签署意见的，审查组应当作出说明或者注明情况。

审查工作结束，审查组应当集体讨论，形成审查报告，列明被审查人基本情况、问题线索来源及审查依据、审查过程、主要违纪事实、被审查人的态度和认识、处理建议及党纪依据，并由审查组组长及有关人员签名。

对执纪审查过程中发现的重要问题和意见建议，应当形成专题报告。

第三十八条 审查报告以及忏悔反思材料、违纪事实材料、涉案款物报告，应当报纪检机关主要负责人批准，连同全部证据和程序材料，依照规定移送审理。

审查全过程形成的材料应当案结卷成、事毕归档。

第七章　审　理

第三十九条　纪检机关案件审理部门对党组织和党员违反党纪、依照规定应当给予纪律处理或者处分的案件和复议复查案件进行审核处理。

审理工作应当严格依规依纪，提出纪律处理或者纪律处分的意见，做到事实清楚、证据确凿、定性准确、处理恰当、手续完备、程序合规。

坚持审查与审理分离，审查人员不得参与审理。

第四十条　审理工作按照以下程序进行：

（一）案件审理部门收到审查报告后，应当成立由 2 人以上组成的审理组，全面审理案卷材料，提出审理意见。

（二）对于重大、复杂、疑难案件，执纪审查部门已查清主要违纪事实并提出倾向性意见的；或者对违纪行为性质认定分歧较大的，经批准可提前介入审理。

（三）坚持集体审议，在民主讨论基础上形成处理意见；对争议较大的应当及时报告，形成一致意见后再作出决定。审理部门应当根据案件审理情况与被审查人谈话，核对违纪事实，听取辩解意见，了解有关情况。

（四）对主要事实不清、证据不足的，经纪检机关主要负责人批准，退回执纪审查部门重新调查；需要补充完善证据的，经纪检机关相关负责人批准，可以退回执纪审查部门补证。

（五）审理工作结束后形成审理报告，列明被审查人基本情况、线索来源、违纪事实、涉案款物、审查部门意见、审理意见。审理报告应当体现党内审查特色，依据《中国共产党纪律处分条例》认定违纪事实性质，分析被审查人违反党章、背离党的性质宗旨的错误本质，反映其态度、认识及思想转变过程。

对给予同级党委委员、候补委员，同级纪委委员纪律处分的，在同级党委审议前，应当同上级纪委沟通，形成处理意见。

审理工作应当自受理之日起 30 日内完成，重大复杂案件经批准可适当延长。

第四十一条　审理报告报纪检机关主要负责人批准后，提请纪委常委会会议审议。需报同级党委审批的，应当在报批前以办公厅（室）名义征求同级党委组织部门和被审查人所在党委（党组）意见。

处分决定作出后，应当通知受处分党员所在党委（党组），抄送同级党委组织部门，并在 30 日内向其所在党的基层组织中的全体党员及本人宣布。处分决定执行情况应当及时报告。

第四十二条 被审查人涉嫌犯罪的，应当由案件监督管理部门协调办理移送司法机关事宜。执纪审查部门应当在通知司法机关之日起 7 个工作日内，完成移送工作。

案件移送司法机关后，执纪审查部门应当跟踪了解处置情况，发现问题及时报告，不得违规过问、干预处置工作。

审理工作完成后，对涉及的其他党员、干部问题线索，经批准应当及时移送有关纪检机关处置。

第四十三条 对被审查人违纪所得款物，应当依规依纪予以没收、追缴、责令退赔或者登记上交。

对涉嫌犯罪所得款物，应当随案移送司法机关。

对经认定不属于违纪所得的，应当在案件审结后依纪依法予以返还，办理签收手续。

第四十四条 对不服处分决定的申诉，应当由批准处分的党委或者纪检机关受理；需要复议复查的，由纪检机关相关负责人批准后受理。

申诉办理部门成立复查组，调阅原案案卷，必要时可以调查取证，经集体研究后，提出办理意见，报纪检机关相关负责人批准或者纪委常委会会议研究决定，作出复议复查决定。决定应当告知申诉人，抄送相关单位，并在一定范围内宣布。

坚持复议复查与审查审理分离，原案审查、审理人员不得参与复议复查。

复议复查工作应当在 90 日内办结。

第八章　监督管理

第四十五条 纪检机关应当严格依照《中国共产党党内监督条例》，强化自我监督，健全内控机制，并自觉接受党内监督、社会监督、群众监督，确保权力受到严格约束。

纪检机关应当严格干部准入制度，严把政治安全关，监督执纪人员必须对党忠诚、忠于职守、敢于担当、严守纪律，具备履行职责的基本条件。

纪检机关应当加强对监督执纪工作的领导，严格教育、管理、监督，切实履行自身建设主体责任。

审查组应当设立临时党支部，加强对审查组成员的教育监督，开展政策理论学习，做好思想政治工作，及时发现问题、进行批评纠正，发挥战斗堡垒作用。

第四十六条　对纪检干部打听案情、过问案件、说情干预的，受请托人应当向审查组组长、执纪审查部门主要负责人报告并登记备案。

发现审查组成员未经批准接触被审查人、涉案人员及其特定关系人，或者存在交往情形的，应当及时向审查组组长、执纪审查部门主要负责人直至纪检机关主要负责人报告并登记备案。

第四十七条　严格执行回避制度。审查审理人员是被审查人或者检举人近亲属、主要证人、利害关系人，或者存在其他可能影响公正审查审理情形的，不得参与相关审查审理工作，应当主动申请回避，被审查人、检举人及其他有关人员也有权要求其回避。选用借调人员、看护人员、审查场所，应当严格执行回避制度。

第四十八条　审查组需要借调人员的，一般应从审查人才库抽选，由纪检机关组织部门办理手续，实行一案一借，不得连续多次借调。加强对借调人员的管理监督，借调结束后由审查组写出鉴定。借调单位和领导干部不得干预借调人员岗位调整、职务晋升等事项。

第四十九条　严格执行保密制度，控制审查工作事项知悉范围和时间，不准私自留存、隐匿、查阅、摘抄、复制、携带问题线索和涉案资料，严禁泄露审查工作情况。

审查组成员工作期间，应当使用专用手机、电脑、电子设备和存储介质，实行编号管理，审查工作结束后收回检查。

汇报案情、传递审查材料应当使用加密设施，携带案卷材料应当专人专车、卷不离身。

第五十条　纪检机关涉及监督执纪秘密人员离岗离职后，应当遵守脱密期管理规定，严格履行保密义务，不得泄露相关秘密。

监督执纪人员辞职、退休3年内，不得从事与纪律检查和司法工作相关联、可能发生利益冲突的职业。

第五十一条　在监督执纪过程中，对谈话对象检举揭发与本案不直接相关人员并属于按程序应当报纪检机关主要负责人的问题线索，应当由其本人书写，不以问答、制作笔录方式记载，密封后交由部门主要负责人径送本机关主要负责人。

第五十二条　执纪审查部门主要负责人、审查组组长是执纪审查安全第一责任人，审查组应当指定专人担任安全员。被审查人发生安全事故的，应当在24小时内逐级上报至中央纪律检查委员会，及时做好舆论引导。

发生严重安全事故的，省级纪检机关主要负责人应当向中央纪律检查委员会作出检讨，并予以通报、严肃问责。

案件监督管理部门应当开展经常性检查和不定期抽查，发现问题及时报告并督促整改。

第五十三条　对纪检干部越权接触相关地区、部门、单位党委（党组）负责人，私存线索、跑风漏气、违反安全保密规定，接受请托、干预审查、以案谋私、办人情案，以违规违法方式收集证据，截留挪用、侵占私分涉案款物，接受宴请和财物等违纪行为，依照《中国共产党纪律处分条例》严肃处理。

第五十四条　开展"一案双查"，对审查结束后发现立案依据不充分或者失实，案件处置出现重大失误，纪检干部严重违纪的，既追究直接责任，还应当严肃追究有关领导人员责任。

第九章　附　则

第五十五条　各省、自治区、直辖市纪委可以根据本规则，结合工作实际，制定实施办法。

中央军事委员会纪律检查委员会可以根据本规则，制定相关规定。

纪委派驻纪检组（派出纪检机构），国有企事业单位纪检机构，应当结合实际执行本规则。

第五十六条　本规则由中央纪律检查委员会负责解释。

第五十七条　本规则自发布之日起施行。此前发布的有关纪检机关监督执纪工作的规定，凡与本规则不一致的，按照本规则执行。

《中华人民共和国监察法》

(2018 年 3 月 20 日第十三届全国人民代表大会第一次会议通过)

目 录

第一章　总　则

第一条　为了深化国家监察体制改革，加强对所有行使公权力的公职人员的监督，实现国家监察全面覆盖，深入开展反腐败工作，推进国家治理体系和治理能力现代化，根据宪法，制定本法。

第二条　坚持中国共产党对国家监察工作的领导，以马克思列宁主义、毛泽东思想、邓小平理论、"三个代表"重要思想、科学发展观、习近平新时代中国特色社会主义思想为指导，构建集中统一、权威高效的中国特色国家监察体制。

第三条 各级监察委员会是行使国家监察职能的专责机关，依照本法对所有行使公权力的公职人员（以下称公职人员）进行监察，调查职务违法和职务犯罪，开展廉政建设和反腐败工作，维护宪法和法律的尊严。

第四条 监察委员会依照法律规定独立行使监察权，不受行政机关、社会团体和个人的干涉。

监察机关办理职务违法和职务犯罪案件，应当与审判机关、检察机关、执法部门互相配合，互相制约。

监察机关在工作中需要协助的，有关机关和单位应当根据监察机关的要求依法予以协助。

第五条 国家监察工作严格遵照宪法和法律，以事实为根据，以法律为准绳；在适用法律上一律平等，保障当事人的合法权益；权责对等，严格监督；惩戒与教育相结合，宽严相济。

第六条 国家监察工作坚持标本兼治、综合治理，强化监督问责，严厉惩治腐败；深化改革、健全法治，有效制约和监督权力；加强法治教育和道德教育，弘扬中华优秀传统文化，构建不敢腐、不能腐、不想腐的长效机制。

第二章 监察机关及其职责

第七条 中华人民共和国国家监察委员会是最高监察机关。

省、自治区、直辖市、自治州、县、自治县、市、市辖区设立监察委员会。

第八条 国家监察委员会由全国人民代表大会产生，负责全国监察工作。

国家监察委员会由主任、副主任若干人、委员若干人组成，主任由全国人民代表大会选举，副主任、委员由国家监察委员会主任提请全国人民代表大会常务委员会任免。

国家监察委员会主任每届任期同全国人民代表大会每届任期相同，连续任职不得超过两届。

国家监察委员会对全国人民代表大会及其常务委员会负责，并接受其监督。

第九条 地方各级监察委员会由本级人民代表大会产生，负责本行政区域内的监察工作。

地方各级监察委员会由主任、副主任若干人、委员若干人组成，主任由本级人民代表大会选举，副主任、委员由监察委员会主任提请本级人民代表大会常务委员会任免。

地方各级监察委员会主任每届任期同本级人民代表大会每届任期相同。

地方各级监察委员会对本级人民代表大会及其常务委员会和上一级监察委员会负责，并接受其监督。

第十条　国家监察委员会领导地方各级监察委员会的工作，上级监察委员会领导下级监察委员会的工作。

第十一条　监察委员会依照本法和有关法律规定履行监督、调查、处置职责：

（一）对公职人员开展廉政教育，对其依法履职、秉公用权、廉洁从政从业以及道德操守情况进行监督检查；

（二）对涉嫌贪污贿赂、滥用职权、玩忽职守、权力寻租、利益输送、徇私舞弊以及浪费国家资财等职务违法和职务犯罪进行调查；

（三）对违法的公职人员依法作出政务处分决定；对履行职责不力、失职失责的领导人员进行问责；对涉嫌职务犯罪的，将调查结果移送人民检察院依法审查、提起公诉；向监察对象所在单位提出监察建议。

第十二条　各级监察委员会可以向本级中国共产党机关、国家机关、法律法规授权或者委托管理公共事务的组织和单位以及所管辖的行政区域、国有企业等派驻或者派出监察机构、监察专员。

监察机构、监察专员对派驻或者派出它的监察委员会负责。

第十三条　派驻或者派出的监察机构、监察专员根据授权，按照管理权限依法对公职人员进行监督，提出监察建议，依法对公职人员进行调查、处置。

第十四条　国家实行监察官制度，依法确定监察官的等级设置、任免、考评和晋升等制度。

第三章　监察范围和管辖

第十五条　监察机关对下列公职人员和有关人员进行监察：

（一）中国共产党机关、人民代表大会及其常务委员会机关、人民政府、监察委员会、人民法院、人民检察院、中国人民政治协商会议各级委员会机关、民主党派机关和工商业联合会机关的公务员，以及参照《中华人民共和国公务员法》管理的人员；

（二）法律、法规授权或者受国家机关依法委托管理公共事务的组织中从事公务的人员；

（三）国有企业管理人员；

（四）公办的教育、科研、文化、医疗卫生、体育等单位中从事管理的人员；

（五）基层群众性自治组织中从事管理的人员；

（六）其他依法履行公职的人员。

第十六条 各级监察机关按照管理权限管辖本辖区内本法第十五条规定的人员所涉监察事项。

上级监察机关可以办理下一级监察机关管辖范围内的监察事项，必要时也可以办理所辖各级监察机关管辖范围内的监察事项。

监察机关之间对监察事项的管辖有争议的，由其共同的上级监察机关确定。

第十七条 上级监察机关可以将其所管辖的监察事项指定下级监察机关管辖，也可以将下级监察机关有管辖权的监察事项指定给其他监察机关管辖。

监察机关认为所管辖的监察事项重大、复杂，需要由上级监察机关管辖的，可以报请上级监察机关管辖。

第四章　监察权限

第十八条 监察机关行使监督、调查职权，有权依法向有关单位和个人了解情况，收集、调取证据。有关单位和个人应当如实提供。

监察机关及其工作人员对监督、调查过程中知悉的国家秘密、商业秘密、个人隐私，应当保密。

任何单位和个人不得伪造、隐匿或者毁灭证据。

第十九条 对可能发生职务违法的监察对象，监察机关按照管理权限，可以直接或者委托有关机关、人员进行谈话或者要求说明情况。

第二十条 在调查过程中，对涉嫌职务违法的被调查人，监察机关可以要求其就涉嫌违法行为作出陈述，必要时向被调查人出具书面通知。

对涉嫌贪污贿赂、失职渎职等职务犯罪的被调查人，监察机关可以进行讯问，要求其如实供述涉嫌犯罪的情况。

第二十一条　在调查过程中，监察机关可以询问证人等人员。

第二十二条　被调查人涉嫌贪污贿赂、失职渎职等严重职务违法或者职务犯罪，监察机关已经掌握其部分违法犯罪事实及证据，仍有重要问题需要进一步调查，并有下列情形之一的，经监察机关依法审批，可以将其留置在特定场所：

（一）涉及案情重大、复杂的；

（二）可能逃跑、自杀的；

（三）可能串供或者伪造、隐匿、毁灭证据的；

（四）可能有其他妨碍调查行为的。

对涉嫌行贿犯罪或者共同职务犯罪的涉案人员，监察机关可以依照前款规定采取留置措施。

留置场所的设置、管理和监督依照国家有关规定执行。

第二十三条　监察机关调查涉嫌贪污贿赂、失职渎职等严重职务违法或者职务犯罪，根据工作需要，可以依照规定查询、冻结涉案单位和个人的存款、汇款、债券、股票、基金份额等财产。有关单位和个人应当配合。

冻结的财产经查明与案件无关的，应当在查明后三日内解除冻结，予以退还。

第二十四条　监察机关可以对涉嫌职务犯罪的被调查人以及可能隐藏被调查人或者犯罪证据的人的身体、物品、住处和其他有关地方进行搜查。在搜查时，应当出示搜查证，并有被搜查人或者其家属等见证人在场。

搜查女性身体，应当由女性工作人员进行。

监察机关进行搜查时，可以根据工作需要提请公安机关配合。公安机关应当依法予以协助。

第二十五条　监察机关在调查过程中，可以调取、查封、扣押用以证明被调查人涉嫌违法犯罪的财物、文件和电子数据等信息。采取调取、查封、扣押措施，应当收集原物原件，会同持有人或者保管人、见证人，当面逐一拍照、登记、编号，开列清单，由在场人员当场核对、签名，并将清单副本交财物、文件的持有人或者保管人。

对调取、查封、扣押的财物、文件，监察机关应当设立专用账户、专门场所，确定专门人员妥善保管，严格履行交接、调取手续，定期对账核实，不得毁损或者用于其他目的。对价值不明物品应当及时鉴定，专门封存保管。

查封、扣押的财物、文件经查明与案件无关的，应当在查明后三日内解除查封、扣押，予以退还。

第二十六条 监察机关在调查过程中，可以直接或者指派、聘请具有专门知识、资格的人员在调查人员主持下进行勘验检查。勘验检查情况应当制作笔录，由参加勘验检查的人员和见证人签名或者盖章。

第二十七条 监察机关在调查过程中，对于案件中的专门性问题，可以指派、聘请有专门知识的人进行鉴定。鉴定人进行鉴定后，应当出具鉴定意见，并且签名。

第二十八条 监察机关调查涉嫌重大贪污贿赂等职务犯罪，根据需要，经过严格的批准手续，可以采取技术调查措施，按照规定交有关机关执行。

批准决定应当明确采取技术调查措施的种类和适用对象，自签发之日起三个月以内有效；对于复杂、疑难案件，期限届满仍有必要继续采取技术调查措施的，经过批准，有效期可以延长，每次不得超过三个月。对于不需要继续采取技术调查措施的，应当及时解除。

第二十九条 依法应当留置的被调查人如果在逃，监察机关可以决定在本行政区域内通缉，由公安机关发布通缉令，追捕归案。通缉范围超出本行政区域的，应当报请有权决定的上级监察机关决定。

第三十条 监察机关为防止被调查人及相关人员逃匿境外，经省级以上监察机关批准，可以对被调查人及相关人员采取限制出境措施，由公安机关依法执行。对于不需要继续采取限制出境措施的，应当及时解除。

第三十一条 涉嫌职务犯罪的被调查人主动认罪认罚，有下列情形之一的，监察机关经领导人员集体研究，并报上一级监察机关批准，可以在移送人民检察院时提出从宽处罚的建议：

（一）自动投案，真诚悔罪悔过的；

（二）积极配合调查工作，如实供述监察机关还未掌握的违法犯罪行为的；

（三）积极退赃，减少损失的；

（四）具有重大立功表现或者案件涉及国家重大利益等情形的。

第三十二条 职务违法犯罪的涉案人员揭发有关被调查人职务违法犯罪行为，查证属实的，或者提供重要线索，有助于调查其他案件的，监察机关经领导人员集体研究，并报上一级监察机关批准，可以在移送人民检察院时提出从宽处罚的建议。

第三十三条　监察机关依照本法规定收集的物证、书证、证人证言、被调查人供述和辩解、视听资料、电子数据等证据材料，在刑事诉讼中可以作为证据使用。

监察机关在收集、固定、审查、运用证据时，应当与刑事审判关于证据的要求和标准相一致。

以非法方法收集的证据应当依法予以排除，不得作为案件处置的依据。

第三十四条　人民法院、人民检察院、公安机关、审计机关等国家机关在工作中发现公职人员涉嫌贪污贿赂、失职渎职等职务违法或者职务犯罪的问题线索，应当移送监察机关，由监察机关依法调查处置。

被调查人既涉嫌严重职务违法或者职务犯罪，又涉嫌其他违法犯罪的，一般应当由监察机关为主调查，其他机关予以协助。

第五章　监察程序

第三十五条　监察机关对于报案或者举报，应当接受并按照有关规定处理。对于不属于本机关管辖的，应当移送主管机关处理。

第三十六条　监察机关应当严格按照程序开展工作，建立问题线索处置、调查、审理各部门相互协调、相互制约的工作机制。

监察机关应当加强对调查、处置工作全过程的监督管理，设立相应的工作部门履行线索管理、监督检查、督促办理、统计分析等管理协调职能。

第三十七条　监察机关对监察对象的问题线索，应当按照有关规定提出处置意见，履行审批手续，进行分类办理。线索处置情况应当定期汇总、通报，定期检查、抽查。

第三十八条　需要采取初步核实方式处置问题线索的，监察机关应当依法履行审批程序，成立核查组。初步核实工作结束后，核查组应当撰写初步核实情况报告，提出处理建议。承办部门应当提出分类处理意见。初步核实情况报告和分类处理意见报监察机关主要负责人审批。

第三十九条　经过初步核实，对监察对象涉嫌职务违法犯罪，需要追究法律责任的，监察机关应当按照规定的权限和程序办理立案手续。

监察机关主要负责人依法批准立案后，应当主持召开专题会议，研究确定调查方案，决定需要采取的调查措施。

立案调查决定应当向被调查人宣布，并通报相关组织。涉嫌严重职务违法或者职务犯罪的，应当通知被调查人家属，并向社会公开发布。

第四十条 监察机关对职务违法和职务犯罪案件，应当进行调查，收集被调查人有无违法犯罪以及情节轻重的证据，查明违法犯罪事实，形成相互印证、完整稳定的证据链。

严禁以威胁、引诱、欺骗及其他非法方式收集证据，严禁侮辱、打骂、虐待、体罚或者变相体罚被调查人和涉案人员。

第四十一条 调查人员采取讯问、询问、留置、搜查、调取、查封、扣押、勘验检查等调查措施，均应当依照规定出示证件，出具书面通知，由二人以上进行，形成笔录、报告等书面材料，并由相关人员签名、盖章。

调查人员进行讯问以及搜查、查封、扣押等重要取证工作，应当对全过程进行录音录像，留存备查。

第四十二条 调查人员应当严格执行调查方案，不得随意扩大调查范围、变更调查对象和事项。

对调查过程中的重要事项，应当集体研究后按程序请示报告。

第四十三条 监察机关采取留置措施，应当由监察机关领导人员集体研究决定。设区的市级以下监察机关采取留置措施，应当报上一级监察机关批准。省级监察机关采取留置措施，应当报国家监察委员会备案。

留置时间不得超过三个月。在特殊情况下，可以延长一次，延长时间不得超过三个月。省级以下监察机关采取留置措施的，延长留置时间应当报上一级监察机关批准。监察机关发现采取留置措施不当的，应当及时解除。

监察机关采取留置措施，可以根据工作需要提请公安机关配合。公安机关应当依法予以协助。

第四十四条 对被调查人采取留置措施后，应当在二十四小时以内，通知被留置人员所在单位和家属，但有可能毁灭、伪造证据，干扰证人作证或者串供等有碍调查情形的除外。有碍调查的情形消失后，应当立即通知被留置人员所在单位和家属。

监察机关应当保障被留置人员的饮食、休息和安全，提供医疗服务。讯问被留置人员应当合理安排讯问时间和时长，讯问笔录由被讯问人阅看后签名。

被留置人员涉嫌犯罪移送司法机关后，被依法判处管制、拘役和有期徒刑的，留置一日折抵管制二日，折抵拘役、有期徒刑一日。

第四十五条　监察机关根据监督、调查结果，依法作出如下处置：

（一）对有职务违法行为但情节较轻的公职人员，按照管理权限，直接或者委托有关机关、人员，进行谈话提醒、批评教育、责令检查，或者予以诫勉；

（二）对违法的公职人员依照法定程序作出警告、记过、记大过、降级、撤职、开除等政务处分决定；

（三）对不履行或者不正确履行职责负有责任的领导人员，按照管理权限对其直接作出问责决定，或者向有权作出问责决定的机关提出问责建议；

（四）对涉嫌职务犯罪的，监察机关经调查认为犯罪事实清楚，证据确实、充分的，制作起诉意见书，连同案卷材料、证据一并移送人民检察院依法审查、提起公诉；

（五）对监察对象所在单位廉政建设和履行职责存在的问题等提出监察建议。

监察机关经调查，对没有证据证明被调查人存在违法犯罪行为的，应当撤销案件，并通知被调查人所在单位。

第四十六条　监察机关经调查，对违法取得的财物，依法予以没收、追缴或者责令退赔；对涉嫌犯罪取得的财物，应当随案移送人民检察院。

第四十七条　对监察机关移送的案件，人民检察院依照《中华人民共和国刑事诉讼法》对被调查人采取强制措施。

人民检察院经审查，认为犯罪事实已经查清，证据确实、充分，依法应当追究刑事责任的，应当作出起诉决定。

人民检察院经审查，认为需要补充核实的，应当退回监察机关补充调查，必要时可以自行补充侦查。对于补充调查的案件，应当在一个月内补充调查完毕。补充调查以二次为限。

人民检察院对于有《中华人民共和国刑事诉讼法》规定的不起诉的情形的，经上一级人民检察院批准，依法作出不起诉的决定。监察机关认为不起诉的决定有错误的，可以向上一级人民检察院提请复议。

第四十八条　监察机关在调查贪污贿赂、失职渎职等职务犯罪案件过程中，被调查人逃匿或者死亡，有必要继续调查的，经省级以上监察机关批准，应当继续调查并作出结论。被调查人逃匿，在通缉一年后不能到案，或者死亡的，由监察机关提请人民检察院依照法定程序，向人民法院提出没收违法所得的申请。

第四十九条 监察对象对监察机关作出的涉及本人的处理决定不服的，可以在收到处理决定之日起一个月内，向作出决定的监察机关申请复审，复审机关应当在一个月内作出复审决定；监察对象对复审决定仍不服的，可以在收到复审决定之日起一个月内，向上一级监察机关申请复核，复核机关应当在二个月内作出复核决定。复审、复核期间，不停止原处理决定的执行。复核机关经审查，认定处理决定有错误的，原处理机关应当及时予以纠正。

第六章 反腐败国际合作

第五十条 国家监察委员会统筹协调与其他国家、地区、国际组织开展的反腐败国际交流、合作，组织反腐败国际条约实施工作。

第五十一条 国家监察委员会组织协调有关方面加强与有关国家、地区、国际组织在反腐败执法、引渡、司法协助、被判刑人的移管、资产追回和信息交流等领域的合作。

第五十二条 国家监察委员会加强对反腐败国际追逃追赃和防逃工作的组织协调，督促有关单位做好相关工作：

（一）对于重大贪污贿赂、失职渎职等职务犯罪案件，被调查人逃匿到国（境）外，掌握证据比较确凿的，通过开展境外追逃合作，追捕归案；

（二）向赃款赃物所在国请求查询、冻结、扣押、没收、追缴、返还涉案资产；

（三）查询、监控涉嫌职务犯罪的公职人员及其相关人员进出国（境）和跨境资金流动情况，在调查案件过程中设置防逃程序。

第七章 对监察机关和监察人员的监督

第五十三条 各级监察委员会应当接受本级人民代表大会及其常务委员会的监督。

各级人民代表大会常务委员会听取和审议本级监察委员会的专项工作报告，组织执法检查。

县级以上各级人民代表大会及其常务委员会举行会议时，人民代表大会代表或者常务委员会组成人员可以依照法律规定的程序，就监察工作中的有关问题提出询问或者质询。

　　第五十四条　监察机关应当依法公开监察工作信息，接受民主监督、社会监督、舆论监督。

　　第五十五条　监察机关通过设立内部专门的监督机构等方式，加强对监察人员执行职务和遵守法律情况的监督，建设忠诚、干净、担当的监察队伍。

　　第五十六条　监察人员必须模范遵守宪法和法律，忠于职守、秉公执法、清正廉洁、保守秘密；必须具有良好的政治素质，熟悉监察业务，具备运用法律、法规、政策和调查取证等能力，自觉接受监督。

　　第五十七条　对于监察人员打听案情、过问案件、说情干预的，办理监察事项的监察人员应当及时报告。有关情况应当登记备案。

　　发现办理监察事项的监察人员未经批准接触被调查人、涉案人员及其特定关系人，或者存在交往情形的，知情人应当及时报告。有关情况应当登记备案。

　　第五十八条　办理监察事项的监察人员有下列情形之一的，应当自行回避，监察对象、检举人及其他有关人员也有权要求其回避：

　　（一）是监察对象或者检举人的近亲属的；

　　（二）担任过本案的证人的；

　　（三）本人或者其近亲属与办理的监察事项有利害关系的；

　　（四）有可能影响监察事项公正处理的其他情形的。

　　第五十九条　监察机关涉密人员离岗离职后，应当遵守脱密期管理规定，严格履行保密义务，不得泄露相关秘密。

　　监察人员辞职、退休三年内，不得从事与监察和司法工作相关联且可能发生利益冲突的职业。

　　第六十条　监察机关及其工作人员有下列行为之一的，被调查人及其近亲属有权向该机关申诉：

　　（一）留置法定期限届满，不予以解除的；

　　（二）查封、扣押、冻结与案件无关的财物的；

　　（三）应当解除查封、扣押、冻结措施而不解除的；

　　（四）贪污、挪用、私分、调换以及违反规定使用查封、扣押、冻结的财物的；

　　（五）其他违反法律法规、侵害被调查人合法权益的行为。

受理申诉的监察机关应当在受理申诉之日起一个月内作出处理决定。申诉人对处理决定不服的，可以在收到处理决定之日起一个月内向上一级监察机关申请复查，上一级监察机关应当在收到复查申请之日起二个月内作出处理决定，情况属实的，及时予以纠正。

第六十一条 对调查工作结束后发现立案依据不充分或者失实，案件处置出现重大失误，监察人员严重违法的，应当追究负有责任的领导人员和直接责任人员的责任。

第八章 法律责任

第六十二条 有关单位拒不执行监察机关作出的处理决定，或者无正当理由拒不采纳监察建议的，由其主管部门、上级机关责令改正，对单位给予通报批评；对负有责任的领导人员和直接责任人员依法给予处理。

第六十三条 有关人员违反本法规定，有下列行为之一的，由其所在单位、主管部门、上级机关或者监察机关责令改正，依法给予处理：

（一）不按要求提供有关材料，拒绝、阻碍调查措施实施等拒不配合监察机关调查的；

（二）提供虚假情况，掩盖事实真相的；

（三）串供或者伪造、隐匿、毁灭证据的；

（四）阻止他人揭发检举、提供证据的；

（五）其他违反本法规定的行为，情节严重的。

第六十四条 监察对象对控告人、检举人、证人或者监察人员进行报复陷害的；控告人、检举人、证人捏造事实诬告陷害监察对象的，依法给予处理。

第六十五条 监察机关及其工作人员有下列行为之一的，对负有责任的领导人员和直接责任人员依法给予处理：

（一）未经批准、授权处置问题线索，发现重大案情隐瞒不报，或者私自留存、处理涉案材料的；

（二）利用职权或者职务上的影响干预调查工作、以案谋私的；

（三）违法窃取、泄露调查工作信息，或者泄露举报事项、举报受理情况以及举报人信息的；

（四）对被调查人或者涉案人员逼供、诱供，或者侮辱、打骂、虐待、体罚或者变相体罚的；

（五）违反规定处置查封、扣押、冻结的财物的；

（六）违反规定发生办案安全事故，或者发生安全事故后隐瞒不报、报告失实、处置不当的；

（七）违反规定采取留置措施的；

（八）违反规定限制他人出境，或者不按规定解除出境限制的；

（九）其他滥用职权、玩忽职守、徇私舞弊的行为。

第六十六条　违反本法规定，构成犯罪的，依法追究刑事责任。

第六十七条　监察机关及其工作人员行使职权，侵犯公民、法人和其他组织的合法权益造成损害的，依法给予国家赔偿。

第九章　附　　则

第六十八条　中国人民解放军和中国人民武装警察部队开展监察工作，由中央军事委员会根据本法制定具体规定。

第六十九条　本法自公布之日起施行。《中华人民共和国行政监察法》同时废止。

参考文献

[1] 张明楷：《刑法学》（第五版），法律出版社 2016 年版。

[2] 高铭暄、马克昌：《刑法学》（第八版），北京大学出版社 2017 年版。

[3] 陈光中：《刑事诉讼法》（第六版），北京大学出版社 2016 年版。

[4] 刘建华：《纪检监察审理教程》，中国方正出版社 2007 年版。

[5] 袁璞、王莉莉：《纪检监察案件审理教程》，中国方正出版社 1997 年版。

[6] 本书编写组：《纪检监察执纪审理工作图解》，中国方正出版社 2016 年版。

[7] 本书编写组：《常用执纪审理文书格式》，中国方正出版社 2017 年版。

[8] 本书编写组：《监督执纪问责实务问答》，中国方正出版社 2016 年版。

[9] 本书编写组：《纪检监察办案程序规定》，中国方正出版社 2015 年版。

[10] 中国纪检监察报社编委会：《以案说纪：党内重要法规解读及"六项纪律"典型案例评析》，中国方正出版社 2017 年版。

[11] 李学宏："如何发挥案件协审制度的作用"，载《中国监察》2013 年第 22 期。

[12] 杨俊杰："政纪案件复审、复核如何运作"，载《中国纪检监察报》2017 年 4 月 26 日。

[13] 杨俊杰："派驻机构如何强化执纪审查工作"，载《中国纪检监察报》2017 年 4 月 19 日。

[14] 王鹏："是'猫'就要抓'老鼠'——关于派驻机构如何加强纪律审查强化责任担当的讨论"，载《中国纪检监察报》2015 年 9 月 16 日。

[15] 陈瑞武："突出专业能力专业精神　抓好专业培训"，载《中国纪检监察报》2018 年 10 月 11 日。

[16] 徐军："理清管辖权限的若干思考"，载《中国纪检监察报》2018 年 9 月 5 日。

后 记

    我国反腐败形势依然严峻复杂，全面从严治党向纵深发展对纪检监察审理工作提出更高的专业性要求。国家监察体制改革下，纪检监察案件审理工作需要更新理念，需要以专业理念和专业思维引领案件审理工作，以"四种意识""四种形态"调整工作思路和工作方法。《纪检监察案件审理工作概论》一书是在西安市纪委和西安文理学院教务处以及马克思主义学院领导下组织编写，内容以法治思维和纪律意识为主旨，充分吸收现有研究成果和纪检监察实践经验成果。本书在马克思主义学院的统筹安排下，历经两年多的时间，通过多次评审修订，最终由常利娟和魏晓春两位老师共同完成（其中魏晓春老师完成第八章、第九章约1.5万字，其余由常利娟老师完成）。本书的编写和修订得到西安市市纪委、西安文理学院纪委和学校相关部门、马克思主义学院的支持，相关专家对本书的体例和内容提出中肯的建议。在此，特别感谢中国纪检监察学院王希鹏教授、国防大学滕刚教授，西安市纪委监委董明炎老师的指导和帮助，同时感谢马克思主义学院领导的帮助和支持。编写本书在各方的支持下竭尽全力，但因时间、水平、实践经验等因素影响，问题在所难免，希望得到同行和读者的批评与指正，以便再版修订。